-南京大学文学院新生研讨课系列教材-

文学传媒与文学传播研究

黄发有 著

南京大学出版社

总　序

　　南京大学文学院始终把培养具有独立批判精神和开拓创新能力的研究型中文人才作为我们本科生培养工作的根本目标。为此，南京大学文学院自始至终都坚持对本科生创新思维能力的培养。作为人文学科的本科毕业生，如果仅仅只是熟练掌握了一套书本上的知识点而没有根本培养起独立的批判眼光和深厚的人文精神，那将是我们大学教师的严重失职，是我们大学人文学科本科教育的根本失败。南京大学文学院作为具有深厚学术传统的院系，理应担当起培养具有独立品格和思想的中文人才之重任。欲至此目标，对学生思考力的培养则成为教学之关键。由此，南京大学文学院曾于2007年推出了一套"大学研究型课程专业系列教材·中国语言文学类"的8部"研究导引"，作为我们本科教学中重要的教材，旨在培养文学院本科生对学术研究的兴趣，培养其学术研究的眼光。与之相配套，文学院针对高年级本科生陆续开设了"高年级研讨课"，以提高学生的创造性思维能力。

　　然而，在教学实践中，我们发现，由于受到中学语文教育之弊端的影响，一年级新生往往对大学中文专业存在着严重的误解和偏见，无法很好地适应研究型大学中文专业的培养模式，对中文专业的学术研究活动相当的陌生。这就会影响到高年级研讨课的质量和效果，进而影响到学年论文和毕业论文的质量。因此，要真正在本科阶段培养起学生独立思考的能力，必须让一年级新生一入学就能够有机会领略学术研究的方法，感受到学术研究的乐趣，尽快地摆脱中学语文应试教育模式的束缚，培养起独立思考的能力。为此，文学院开设了一系列的"新生研讨课"，内容涵盖中国古代文学、中国现当代文学、外国文学、汉语言文字学、文艺学和戏剧影视等文学院主干专业方向，让一年级新生在踏入大学校门之际就能够有机会体验到大学阶段学术探讨的快乐和艰辛，近距离地感受知名学者的学术风范，彻底地摆脱中学语文应试教育重知识点的传授和技能的训练而忽视思想的启发之弊端,为他们将来顺利地进入研究生阶段的学习做充分的准备。这一套"新生研讨课系列教材"即是我们近年来本科教学改革的一个成果。

文学院近年来开设的系列新生研讨课都是由文学院学养深厚的教授主讲,其中绝大多数都是博士生导师,是文学院各个专业的学术骨干。由这批学识精深的学术骨干来给一年级新生主讲研讨课,其实也是对他们的一个考验:考验他们能否在课堂上将自己学术研究的心得、见解深入浅出地讲解给一年级的同学;能否把自己学术研究的观点化为浅显易懂的语言;能否在讲授专业基础知识的过程中通俗明晰地把该学科最本质的内涵,把学术界最前沿的观点和争论化做一个个能为一年级同学所理解的具体的问题,供他们讨论。这实在不是一件轻松简单的事情。这项工作从某种意义上讲甚至比写专业学术文章更困难。然而可喜的是,文学院一批有着相当学术成就的学者献出了许多宝贵的时间和精力,把新生研讨课变成了他们展示自己学术观点、讨论学术前沿问题的特殊平台。这套"新生研讨课系列教材"便是他们这些努力的结晶。

教学相长,文学院始终把课堂教学视为推动教师学术研究不断深入的重要动力。我坚信,这套教材的出版,不仅将提升南京大学文学院本科教学,特别是本科低年级教学的水平,而且终将使文学院的学术研究从中受益。感谢南京大学出版社为文学院这套教材的顺利出版所做的一切。我相信,这套教材作为南京大学文学院本科教学改革的呈现,对中国研究型大学中文专业的本科生培养是有积极的借鉴意义的。

2013 年 3 月

◎ 目　　录

第一章　文学传媒与新时期文学生态 ………………………………………… 1

第二章　文学风尚与时代文体
　　　　——《人民文学》(1949—1966)头条的统计分析 ……………… 18

第三章　先锋文学与期刊分化 …………………………………………………… 50

第四章　20世纪90年代以来的文学期刊改制 ………………………………… 64

第五章　文学出版的文化转型 …………………………………………………… 81

第六章　中国当代文学的版本问题 ……………………………………………… 96

第七章　人民文学出版社与当代文学 ………………………………………… 115

第八章　网络文学的可能与限度 ……………………………………………… 146

第九章　汉语网络文学的发展轨迹 …………………………………………… 158

第十章　影视时代的小说危机 ………………………………………………… 171

第十一章　当代文学评奖的文化反思 ………………………………………… 205

第十二章　传媒趣味与文学症候 ……………………………………………… 222

◎ 第一章　文学传媒与新时期文学生态

　　文学史是作者、作品、读者的三位一体,批评家与文学史家只是占少数比例的、专业的读者群,作者本身同样需要阅读作品,忽视其中的任何一个环节都不能算是健全的文学史。但是对中国当代文学(一般是指称 1949 年以来的大陆文学)的批评与研究,因袭了传统的文学史观念,一直偏重对思潮演变的审视和对作家作品的解读,即将文学史理解成了作家作品的罗列史,忽略了文学的功能史与作用史,忽略了文学是作家、作品和读者三者共同创造的产物,忽略了读者(包括批评家、学者、翻译家、编辑、文艺记者、文艺官员等专业读者)在文学史上的功绩。通过考察传媒文化对当代文学的深层影响,从传播接受的角度重建中国当代文学史,探寻文学的传播接受对文学外部环境的重塑以及对文学内部规律的渗透,能够拓展当代文学的研究视野,修正文学史研究中的偏失,摆脱一些历史盲点和思维惯性的负面影响,对被以往文学史所遮蔽的文学创作和文学现象进行再解读,对曾经在文学史上发生过重大影响的作家作品进行新的开掘,使文学史研究变得更加健全和完善,是重写文学史的重要环节。

　　接受美学又称接受理论,是由德国的汉斯·罗伯特·尧斯等在 20 世纪 60 年代末、70 年代初提出来的,其代表人物尧斯、伊瑟尔、福尔曼、普莱森丹茨、施特利德、瑙曼等均为德国的文艺理论家和教授,尧斯的"期待视野"和"审美经验",伊瑟尔的"暗隐的读者""召唤结构"和"游移视点",瑙曼的"接受前提"等概念与阐释,在反思传统文学研究的弊端的基础上,独辟蹊径地打开了文学研究的另一片天地。与接受理论相互呼应的是,20 世纪 50 年代以来,读者反应批评理论崛起于欧美,吉布森的"冒牌读者"说、普兰斯的"叙述接受者"理论、里法泰尔的"超级读者"概念、斯夸尔和威尔逊的阅读反应实验研究、菲什的"感受文体学"理论、普莱的"内在感受"说、乔纳森·

卡勒的"文学能力"说,从不同角度围绕着文本这一核心,分析读者与作者、读者与读者、读者与社会之间的复杂关系,大大提升了读者在文学生产与文学消费过程中的作用与地位,也有力地拓展了文学传播与文学接受的研究视野。但是,迄今为止,较为完整的以读者为中心的文学接受史在西方学界同样罕见。将文学的传播史与接受史有机地进行整合,更是具有很大的挑战性的研究课题。文学传播学与文学接受史都是正在生长的学科,还需要逐步完善,而文学的传播接受与公众信息的传播接受又有很大区别,因为文学的传播接受包含一个审美再创造的过程。

研究文学的传播接受,还应该从传播学中的代表性著作和代表性学说中吸取营养,诸如威尔伯·施拉姆对"传播的过程和效果"的综合分析、哈罗德·拉斯韦尔的"宣传分析"理论、拉扎斯菲尔德的"大众传播效果"理论、库尔特·勒温的"群体动力学"理论、卡尔·霍夫兰的说服研究、诺伯特·维纳的控制论、克罗德·香农的信息论、伊尼斯的"传播的偏向"、麦克卢汉的"媒介即是讯息"和"地球村"理论、鲍德里亚的"模拟"和"内爆"理论,都能够给研究带来理论启迪。法兰克福学派的理论也是重要的理论参照系,本雅明的"机械复制"概念、霍克海默和阿多诺的"文化工业"理论、哈贝马斯的"公共空间"理论,都能拓展研究的文化视野。布尔迪厄的"文学场"理论和埃斯卡皮的"文学社会学"理论,能够给这一研究领域提供更加直接的理论指导。国内的新闻事业史研究,与本书关注的文学期刊、文学出版和跨媒体传播,在研究对象上有交叉之处。中国人民大学的方汉奇教授和复旦大学的丁淦林教授都有丰硕的成果,对他们的成果的借鉴,能够有益于深入分析文学传播的模式与特性,并比较透视文学传播与其他信息传播的异同。对前述理论的兼收并蓄,都必须以发掘当代文学研究领域的新史料、掌握当代文学研究的最新动态与前沿成果作为基础,避免将相关学科的知识进行剪贴与拼凑,真正给当代文学研究引来源头活水,实实在在地将文学的生产表现与传播接受置放在一个历史的、发展的、多元的文化系统中,进行全景的、立体的研究。

一、透视媒介

在现代文学领域,张元济、张静庐、邹韬奋、茅盾、赵家璧、巴金、叶圣陶、黄源、柯灵等著名编辑家的回忆录,唐弢、黄裳、姜德明、倪墨炎、陈子善等的书话,李欧梵、陈平原、王晓明、吴福辉、陈万雄等的报纸副刊与文学期刊研究,龚明德、王建辉、杨扬、金宏宇等的文学出版与版本变迁研究,汪晖、马以鑫、王本朝等对文学制度与文学接受的研究,立体地揭示了媒体文化与现代文学的多元互动。当代文学传媒的研究起步晚,底子薄,最近几年才渐入佳境。20 世纪 90 年代以来随着大众传媒的繁荣,越来越多的批评家与学者开始注意到文学与传媒的关系,在最近十年的高校中文系中国现当代文学专业硕士学位论文和博士学位论文选题中,文学传媒研究是一个热点;但这些成果大多是一些零碎的个案研究,纯粹以现成印刷资料为依据的材料汇编与印象式文字,缺乏必要的资料准备与系统研究,急需更加系统而深入的学术推进,对相关史料的发掘、整理与甄别是尤其薄弱的环节。20 世纪 80 年代中期以来,黄秋耘、韦君宜、秦兆阳、范用、沈昌文、何启治、黄伊、许觉民、龙世辉、朱正、范若丁、丁景唐、王维玲、涂光群、崔道怡、张守仁、聂震宁等编辑家的著述具有重要的史料价值。潘旭澜主编的《新中国文学词典》①,洪子诚的《1956:百花时代》②和《问题与方法》③,陈思和的期刊出版研究以及主编"火凤凰"和《上海文学》的实践,孟繁华的《传媒与文化领导权》④,吴俊的《人民文学》研究,程光炜的《文艺报》和诗歌传媒研究,吴秉杰、於可训和洪治纲对文学评奖的论述,李频的《龙世辉的编辑生涯——从〈林海雪原〉到〈芙蓉镇〉》⑤《编辑家茅盾评传》⑥《期刊策划导论》⑦和《大众期刊运作》⑧等著作,靳大成主编的《生机:新时期著名人文期刊素描》⑨,林舟的《文学空间的裂变与

---

① 潘旭澜先生主编的《新中国文学词典》(江苏文艺出版社 1993 年版)收入了大量文学机构、文学会议、当代文学政策的主要文件、文学报刊方面的词条,附录中还有"1978—1991 全国文学奖一览"和"文学刊物刊名变更情况一览"等内容,这本来是他主持编写当代文学史的资料准备工作,遗憾的是,他构想了很长时间的当代文学史写作,一直未能付诸实施。
② 洪子诚:《1956:百花时代》,山东教育出版社 1998 年版。
③ 洪子诚:《问题与方法——中国当代文学史研究讲稿》,三联书店 2002 年版。
④ 孟繁华:《传媒与文化领导权》,山东教育出版社 2003 年版。
⑤ 李频:《龙世辉的编辑生涯——从〈林海雪原〉到〈芙蓉镇〉》,河南大学出版社 1992 年版。
⑥ 李频:《编辑家茅盾评传》,河南大学出版社 1995 年版。
⑦ 李频:《期刊策划导论》,河北教育出版社 2001 年版。
⑧ 李频:《大众期刊运作》,中国大百科全书出版社 2003 年版。
⑨ 靳大成主编:《生机:新时期著名人文期刊素描》,中国文联出版社 2003 年版。

转型》①，邵燕君的《倾斜的文学场》②等等，这些研究从不同侧面考察媒体文化与文学变迁的复杂关系。遗憾的是，不少学者将文学的传播接受作为一个静态的研究对象，忽视了对文化语境、传播接受对象的具体考察，水平也是参差不齐，缺乏对媒体在文学资源调节和配置的流程、功能和基本规律进行动态考察，一些研究文学接受史与文学传播学的论文，更是表现出将相关学科的知识进行剪贴与拼凑的倾向。对于中国当代文学在一般读者中的文化传播及其阅读反应，目前尚无系统的学术成果问世。至于综合研究中国当代文学在大陆、台港澳、海外华人社区以及非华人社会等地区的传播接受模式，更是处于空白状态。

在研究路径上，我认为扎实的文本细读和个案分析是基本前提，这是研究主体对作品、作家、读者和文学必要的尊重，更是对自己最起码的尊重。近年，随着文化批评的流行，学术界对文学传媒的研究也多有大而无当之处，不少学者习惯采用了聪明的"抽样分析"，随便读了几本杂志、几本图书、几部影像作品，就可以纵横驰骋地大谈文学传媒的历史源流与当代走向，流于空泛的现象描述与草率的价值评判。我个人以为，文本细读不仅是审美批评的起点，也是严肃的文化批评的起点。脱离了具体的文本，不仅无法研究文学的形式特点和审美品格，也无法研究外部力量对于文学的影响与渗透。现在流行的文化批评，往往把文学作品的精神表达作为社会政治分析的文化依据。须知，严格意义的社会学、政治学分析必须通过解剖真实的案例来进行分析与归纳，而根据感性的、虚构的文学经验来介入社会现实，这固然使话语表达获得了更大的自由度；但是，其主观性、臆测性显然会产生误导作用。

说到文学生态，就不能不提到生态学的理论。唐纳德·沃思特在阅读了雷切尔·卡森的《寂静的春天》之后，意识到了"人类要控制和管理自然的毁灭性的倾向"，而且"知道了生态学这门新的学科，它揭示了植物与动物之间相互关联以及有自然环境之间相互关联的各种复杂方式"③。比利时科学家 P. 迪维诺认为："生物群落与其生活环境中的各种非生物因素有着密切的关系。各种无形的链索将群落与环境紧紧地联结在一起，光照、温度、周期性、湿度以及各种化学因素等都对生物群

---

① 陈霖：《文学空间的裂变与转型》，安徽大学出版社 2004 年版。
② 邵燕君：《倾斜的文学场》，江苏人民出版社 2003 年版。
③ 唐纳德·沃思特：《中译本序》，《自然的经济体系：生态思想史》，商务印书馆 1999 年版。

落产生影响。组成生物群落的一切有机体,将这些有机体联结在一起的各种食物关系或分布关系,以及它们和环境之间的一切相互影响共同组成了生态系统。"①在生态学的视野当中,文学固有的等级关系就应该被深刻质疑,我们不能用单一标准来判断复杂而多样的文学的价值,我们必须把共同历史时空中的所有文学存在当成有机的生命系统,平等地看待它们的存在价值,而不是唯我独尊地以一种价值形态排斥其他的价值形态。只有这样,我们才能看清每一种文学形态在功能系统中的独特位置,才能维持文学的总量与结构平衡。就自然生态而言,生物的多样性增强了环境的稳定性,生物多样性的丧失是环境恶化的重要表征,"在退化的情况下,一个具有多样性的生态系统转变成单调的生态系统时,伴随出现的将是由稳定变成不稳定"②。与此相应,在文学的发展过程中,某种性质、功能单一的文学形态一元独大时,文学的环境也呈现出恶化的趋向,典型如"十七年"与"文革"时期,文学的政治功能的极度膨胀,严重地破坏了文学的结构平衡。20世纪90年代,文学的商业与娱乐功能不断地得到复原,同时呈现出失控的媚俗倾向,媒体在摆脱了过分严厉的政治控制的情境之中,商业趣味抑制了审美趣味的自由生长,审美的多样性让位于消费美学的单一性。因此,媒体"制造"文学的冲动过于强烈,显然会窒息文学多种可能性的自然生长。而且,文学发展从一个极端走向另一个极端的震荡,无法营造一个宽松的环境,让文学在连续性的、自由竞争的、多元共存的、在正常的新陈代谢中平稳过渡的环境中走向繁荣。在文学的精神生态中,各种力量必须在相互制约中相互依存,如果某种力量成为绝对强势的权力,不管这种力量是政治、商业还是传媒,权力意志都必然使文学自身的规律遭到破坏,文学的独立性遭到摧毁性的打击,文学的形态将变得单一、僵化,被纳入森严的等级体系,依附性和寄生性的工具化写作也必然带来文化的污染。

　　从文学生态的视角来看,文学的传播接受既与文学作品本身的审美特性密切相关,又受制于政治、社会、经济、习俗、文化的合力,这就使文学的审美价值与现实功能既和谐又冲突。为了准确地描述出中国当代文学的传播接受的历史轨迹,既要考察审美价值较高的文学作品的传播接受过程,又要考察艺术较为粗糙而社会影响较

---

① P. 迪维诺:《生态学概论》,科学出版社1987年版,第47页。
② P. 迪维诺:《生态学概论》,科学出版社1987年版,第99页。

大的文学作品的文化功能,比如迎合现实政治需要的文学和追逐时尚趣味的文学。作为文学主体的作家、批评家、编辑的生存状况、社会角色、精神结构、命运变迁与文学的传播接受的关系,在接受理论和读者反应批评理论中都被严重地忽略,我一直希望就此关系进行深入探讨,只有这样才能使研究得到实质性的突破与提升。文学的传播接受史与大众传媒的发展史有着重要关系,但文学的传播接受史并非文学报刊与文学出版的事业史,媒介对传播接受的主体和客体所产生的双重作用,才是当代文学研究的重点考察对象。既强调传播模式、接受趣味、文学功能的历时发展,又对中国当代文学在大陆、台港澳与海外华人社区、非华人社会等不同地区的传播接受进行共时性考察;既分析当代文学在传播接受中的文化特性,又探索它在翻译过程中的二次创造、文化阐释与误读现象;既注重文学作品在传播接受过程中产生的读者反应与社会效果,又考察读者反应与社会效果对文学发展的反向推动,深入研究传播接受对文学的社会地位、思潮流派、价值选择、主体意识、审美趋向、文体演变等方面的影响与制约,突出文学内部环境与外部环境的双向互动;既对专业读者群——批评家与文学史家的读者反应进行系统研究,对文学编辑、记者、翻译家等在传播接受过程中发挥中介作用的特殊读者群的阅读反应进行搜集整理,又对一般读者的阅读反应进行抽样分析,尤其关注的是那些被公开发表并产生社会反响的读者来信、读者调查,在广泛调查的基础上运用统计图表与数学模型进行量化考察与文化分析。

二、印刷传媒

在人类文明史上,造纸术和印刷术的发明与革新无疑具有开天辟地的意义。让炎黄子孙感到骄傲的是,我们的祖先为这两种技术贡献了里程碑式的杰出创造。尽管影视和网络的出现,不断地挑战着印刷传播的地位,但在迄今为止的文学发展史上,影视和网络传播扮演的依然是配角,印刷传播所主宰的文学写作与文学阅读依然是文学生产与文学消费的主流。在印刷传播中,报纸、期刊、出版三分天下,报纸的覆盖面最广,其传播趣味也与大众口味最为接近,公众影响力也最大。在"文革"后文学的发展里程中,报纸与文学的关系逐渐疏离,新时期初年的主流报纸还大量刊发短篇小说、诗歌、散文与评论，但随着时间的推移，文学版面逐渐萎缩，硕果仅存的文学版面主要发表小品文与随笔，也有一些报刊专门辟出版面连载畅销小说，消费趣味日渐突出。20世纪80年代的各级党报和晚报，几乎都有文艺副刊，有些报纸还有文艺评论方面的专版，对文艺现状和走势进行敏锐而具有深度的评说，这就弥补了发表在"教科文"或"文化"版上的文艺新闻的简约与粗疏。有意思的是，90年代以来，不少报纸取消了文艺评论的版面，一些晚报干脆把文艺副刊也给取消了。有那么一阵，不少报纸设置了读书版，偶尔也刊登一些文学书评或文艺短论，但很多读书版没有维持多长时间，就改换门庭，或者靠书商或书店的赞助，成天发表一些投桃报李的书评，同时发布各种图书销售排行榜。目前硕果仅存的高水平文艺评论专刊，当数《人民日报》"大地"副刊的"文艺评论"版，《光明日报》的"文艺观察"版和《文汇报》的"文艺百家"版；而各省的党报一般都在文艺副刊上刊发文艺评论，但载文数量极少。在《作家报》《文论报》相继停刊后，以文艺评论为主业的报纸仅存《文艺报》和《文学报》。在这种情境下，多数市民报纸都在文化娱乐版面发布文艺信息，被纳入那些成天跟踪影视明星和文化掮客的"娱乐记者"的版图。值得一提的是90年代初期，大量市民报纸创刊，"专栏"文章风行，这是对那些曾经独领风骚的、大而无当的文艺的反拨，为散文创作的闲适潮流助长声势。被长期拒斥的性灵以拒斥沉重的面孔登台亮相，不幸的是，这种反叛最终被传媒的商业意志所利用，性灵沦落为时尚化、格式化的小资情调，沦落为一种商业品牌。当个人世界代替了一切，日常生活的吃喝玩乐成为百咏不厌的话题时，真正的悠闲和旷达就消失了。从"三家村札记""燕山夜话"到90年代以来遍地开花的专栏写作，文学风尚的变迁真可谓翻天覆地。从个案分析的角度来看，《人民日报》"大地"副刊、《光明日报》"文荟"副刊、《文汇报》"笔会"副刊、《新民晚报》"夜光杯"副刊、《羊城晚报》"花地"副刊等具有悠久历史的副刊，值得深入考察，这是探讨报纸副刊对当代文学尤其是散文创作的审美影响的有效途径。下面重点探讨的是期刊、出版与文学生态的关系。

新时期初年是文学期刊的黄金时代，当时的文学期刊动辄发行数十万甚至上百万份，期刊在文学传播中占据绝对的优势地位。作为思想解放的助推器，文学承担了拨乱反正与振兴中华的时代重任，一篇新作引发轰动效应的现象层出不穷，文学成为时代关注的焦点。当时的文学期刊稳坐钓鱼台，不管杂志办得如何，都不用操心没有读者。经过十年"文革"的精神禁锢，人们正处在一个精神饥饿时期，对于精神食品没有太多的选择余地。在当时的文学格局中，文学的潮涌方向明确，在迫切的责任感与忧患意识的驱策之下，文学主体在价值趋向和审美选择方面，惊人地一致，达成了共识。文学期刊也就大同小异，省级文学期刊几乎都是仿照《人民文学》的办刊路线，文学动向和文学信息也呈现出从中心向地方扩散的运动规律，文学期刊也被无形地纳入从上到下、按照行政级别划分辐射区域的文化秩序，国家级、省级、地市级的文学期刊，构成了一个"金字塔"结构。当时的省级、地市级的文学刊物都是封闭式的，这不仅是约定俗成的惯例，还是一种行规，试图打破地域限制就是僭越。从文化管理的角度看，越级就是违规和失职。

20世纪70年代末80年代初很多文学杂志改名，《××文艺》几乎都改成了《××文学》，山西的《汾水》改成了《山西文学》，《黑龙江文艺》《广东文艺》《江苏文艺》《浙江文艺》《河南文艺》《江西文艺》分别恢复其曾经用过的刊名《北方文学》《作品》《雨花》《东海》《奔流》《星火》，一时成为风潮。这种"正名"和90年代后期的改版，立意有所不同，前者旨在政治上的反正，后者重在应对市场挑战。

20世纪80年代中期以来，文学潮流逐渐呈现出多水分流的倾向，文学创作在从朦胧诗到新生代诗歌，从伤痕、反思到改革文学的推进过程中，风情小说、寻根文学、先锋文学、新写实小说在交替并存的递进中相互补充，相互衬托，显示出文学异质的艰难生成与模糊状态。除了《人民文学》因其官方色彩和悠久的办刊历史而享有独特地位外，《当代》《十月》在新时期初年就奠定了其坚持现实主义的底色，而更多的代表性文学期刊却是在80年代中期的文化过渡期显示出自己的特色，像《北京文学》对汪曾祺、邓友梅、林斤澜的风情小说的激赏，《上海文学》对寻根文学的推举，《收获》对先锋文学的集中展示，《钟山》为新写实小说鸣锣开道的"大联展"，都成为其办刊史上辉煌的一页，也在林立的文学期刊中为自己赢得了文化尊重与象征资本。

20世纪80年代后期，市场经济的涌动和启蒙思潮的低落，使文学逐渐地走向边缘，文学期刊在影视、市民报纸的冲击之下，也相应地走向边缘。穷则思变，90年代前期，文学期刊的第一波改版如暗潮涌动，《山花》与《天涯》就是其中的弄潮儿，分别在1994年和1995年年底树起改版的旗帜。90年代中后期以来市场大潮的激荡，使文学期刊的处境变得越来越艰难,政府财政支持的缩减与"断奶",更是加剧了期刊的危机。在整体性困境中,一些老牌文学期刊如《收获》《当代》《十月》在总体策略上按兵不动,以不变应万变,仅仅在局部作出一些调整;但不少文学期刊汇入了改版的潮流。就改版模式而言,大体有两种类型:一是以放弃文学性的代价迎合大众趣味;二是在坚持文学性的前提下,走雅俗共赏的路子。1983年7月王成刚将《长春》改为《作家》,震动了当时的文坛;1994年接任主编的宗仁发,再度发动改版风潮,在变化中寻求突破。《作家》的两次基本成功的改版,应当有不少经验与教训可供借鉴。

当社会环境发生很大变化的时候,文学杂志肯定要适应时代的潮流,在变化的同时也要坚持文学的目标、理想和追求,不能放弃。像《湖南文学》改成《母语》不久后就停刊了,《东海》折腾一阵后也停刊了,《天津文学》改成《青春阅读》后再改回原名,《西湖》改成四不像的《鸭嘴兽》后又在近期改回原名,《海峡》眼看校园文学的路子走不通了,2005年改成了《海峡钓鱼》。放弃或者减弱文学性,并不意味着市场化追求就一定能够实现,有时这种牺牲还得不偿失,一方面失去了原来的铁杆读者,另一方面又很难争取到那些真正把阅读当成消遣的读者。在文学与市场之间徘徊,很可能两边都不讨好。

现在很多省级文学月刊大多都缺少变化,而且有重复办刊的倾向。这和"小而全"的办刊模式有关,它们的篇幅容量有限,但总是包容小说、诗歌、散文三大板块,有些还兼顾评论,这种办刊风格显得零碎,很难有自己的特色。在小说方面,它们主要刊发短篇小说,数量颇大却少有佳作,这似乎也和它们在质量上把关不严有一定的关系,每期都有几篇短篇小说,这都有点填充版面和凑数的味道。其实,一家杂志可以灵活一点,某种文体的稿件质量比较高时,就多给它一点版面,没必要雷打不动地平均用力。与其总是发表几个水平参差不齐的短篇,有时也不妨集中版面发表一个质量有保证的中篇。尤其到了20世纪90年代中期以后,短篇小说好像是很不景气的文体,事实上其产量并没有明显的下降趋势,之所以给人这样的印象,关键还在于质量问题。

《短篇小说》是吉林省吉林市的地市级刊物,其前身《江城》也走名家路线,近年选择了"业余作者"这条路线,其定位是专门办给业余作者看的,发行量大概有两万册。这两万册的订户里估计有一大半是它的业余作者,这已经足以养活一家杂志,也表明它的存在是有价值的。这家杂志的定位很清楚，就是没有一个名家。如果请名家写稿子，多是为了指导作者，为业余作者的作品作点评。①《短篇小说》的作者队伍辐射到全国各地，在文体上专攻短篇小说，走专门化经营的路子。它不是百货齐全的豪华超市，而是专卖某类商品的特色小店。而很多杂志的定位模糊不清，在中间地带徘徊，在名家与有潜力的业余作者之间摇摆，犹豫不决。片面追逐名家的结果，很可能只拿到名家的下脚料，这对于提升杂志的地位毫无作用，而且还挤掉了业余作者和年轻作者的发展空间。再比如《天涯》，其主打栏目"作家立场"和"民间语文"，这是别的杂志没有做的东西，它并没有把小说、诗歌放在主体位置上进行考虑，这就是扬长避短，它利用自己的优势来办刊物。

新世纪初年，一刊多版是文学期刊的重要趋向。像《收获》《钟山》《十月》《作家》都有长篇小说的"增刊"或"专号"，《当代》和《小说选刊》办起了长篇小说选刊，《北京文学》办起了《中篇小说月报》，《短篇小说》也办起了选刊版，像《山花》《美文》办起了上、下半月刊或A、B版，还有一些刊物从双月刊改成了月刊，诸如《文艺研究》。比较特殊的是《小说家》，它本来与《小说月报》是两刊，后来变成了《小说月报·原创版》和《小说月报·选刊版》，这等于是"两刊一版"；但这次改版大大地提升了《小说月报·原创版》的发行量，从几千份攀升到十几万份。这种"一刊多版"现象让我想起了另一种"一刊多版"现象。"十七年"时期和20世纪80年代，当时的政策限制比较多，个别刊物印好了，但送审后不过关，杂志只好把有问题的稿件抽掉，将备用稿件补充进去，再出一个新版，不少杂志都遭遇过这种情境，像《中国》1986年第12期终刊号、《朔方》1987年第1期、《百花洲》1988年第4期就都出现了这种情况。新世纪的"一刊多版"，反映了信息更新的加速。期刊以刊代书和出版界以书代刊的经营策略，表明期刊与出版的界限呈现出逐渐模糊的趋向，两者都追求规模效应，在发行上走多元化路线。更值得注意的是，期刊的扩版、增版，也表明了一种唠叨的、量化的、速成而高产的、缺乏节制的文风日益盛行，泛滥成灾。

非常有趣的是，"文革"后的文学期刊与文学出版既相互协作，也相互竞争。从"十七年"到20世纪80年代，在计划体制的规范之下，为"遵命文学"保驾护航是文

---

① 参见笔者与宗仁发的访谈录《站在作家与读者中间》，《当代作家评论》2005年第2期。

学出版的主要任务。而且，作家们只有在报刊上尤其是有重大影响的文学期刊上发表了一定数量的高水平作品时，才能进入出版社的视野。也就是说，不是谁都能出书的，出版作品集或长篇小说是一种荣誉，也是对作者的文学业绩的认可。这样，在文学的传播方式上，无形地形成了一种等级结构，文学期刊有国家级、省级、地市级的区分，文学期刊是文学出版的作者培训基地，而文学出版对文学期刊发表的作品进行进一步的筛选与审查，是文学期刊的试金石。

以小说出版为例，文学出版体制在新中国成立以后几经曲折，20 世纪 90 年代以后更是出现了重大转型。50 年代，长篇小说出版是文学出版中的亮点。人民文学出版社出版的《保卫延安》、曲波的《林海雪原》，作家出版社①出版的杨沫的《青春之歌》、欧阳山的《三家巷》、李英儒的《野火春风斗古城》、艾芜的《百炼成钢》，解放军文艺出版社出版的冯德英的《苦菜花》，上海新文艺出版社出版的知侠的《铁道游击队》，中国青年出版社出版的"三红一创"（《红日》《红岩》《红旗谱》《创业史》），这些作品共同构筑起革命历史小说（红色经典）的核心模式。1957 年的"反右"和 1959 年的"反右倾"运动，使文学创作遭受重大挫折，不少受到批判的作家停笔，一些继续写作的作家则难有发表与出版的机会。60 年代初期，随着极"左"思潮的愈演愈烈，文学创作与出版迅速黯淡。《保卫延安》被扣上了为彭德怀翻案的罪名，被禁止销售；在《工人日报》《光明日报》《中国青年》连载以听取修改意见的《刘志丹》，也被污蔑为替高岗翻案，被禁止出书。"文革"后期，以《金光大道》为范本，在"三结合"的创作方法的驱动下，炮制出了不少像《千重浪》一样的政治垃圾。

"文革"结束以后的最初几年，诗歌出版成了文学出版的主角。1977 年由人民文学出版社出版的《天安门诗抄》和《革命诗抄》，拉开了文学"轰动效应"的序幕。1980 年前后，中短篇小说的繁荣如磁铁一样吸引了公众的注意力，诗歌出版转冷，但"朦胧诗"的崛起以及由此带来的诗歌论争，使诗歌出版再度回暖。据统计，1981 至 1983 年，历年出版的诗集数量分别为 91 种、121 种、160 种，1984 年更是超过了 200 种。② 在朦胧诗热潮降温后，诗歌出版在文学出版的格局中逐渐边缘化，小说出版一

---

① 1953—1958 年和 1960—1969 年间，作家出版社是人民文学出版社的副牌，因而，其间出版图书的版权资源归属人民文学出版社。

② 参阅寇晓伟《蓦然回首　星光灿烂——建国 40 年文学出版述略》，《中国出版》1992 年第 6、7、8 期连载。

枝独秀。

　　新时期的最初几年,中短篇小说迅速而及时地反映了现实的重大变革,短篇小说的创作高峰出现在1980年前后五年,随后就出现了"中篇小说热",1982年发表的中篇小说就有600多部。长篇小说的创作和出版仍然处于复苏期,这些寥寥可数的作品很少对现实发言,表现的多为古代和新中国成立以前的历史题材。"十七年"总共发表出版长篇小说320部,1977年到1980年出版长篇小说250多部,艺术成就较高的皆为历史小说,诸如《李自成》(第二部)、《金瓯缺》、《星星草》等。1981年后,长篇小说的出版每年都在百部以上,其中多数为关注现实的作品。

　　20世纪90年代以后,出版者的出版策略越来越向市场因素倾斜。1993年是一个耐人寻思的年份,"梁凤仪旋风""陕军东征""周洪卖身""布老虎"诞生、深圳文稿竞价等事件都出现在这一年。自此以后,长篇小说出版成为文学出版市场化的主战场。另一方面,中宣部1991年启动了"五个一工程",1995年江泽民提出抓好影视、长篇小说和少儿文艺"三大件"的要求之后,长篇小说的生产被纳入"五个一工程"建设的高度进行规划,而且是"五个一工程"建设工作的重要方面和"突出重点"。① 在这样的情境中,长篇小说的创作与出版再度升温。1995年生产的长篇突破400部,1998年以后每年都超过1 000部。在政策激励与市场转型的双轨互动中,文学走出了90年代最初几年的萧条景象,走向了喧哗与陌生的领地。

　　20世纪90年代中期以后,二渠道(现在改称"民营出版")的出现加剧了出版的竞争,利润的杠杆使文学出版呈现出泡沫化倾向,"打擦边球"和"走钢丝"的出版行为逐渐增多,性与暴力等犯禁主题成为文学赢得商业成功的主要法宝。而所谓的"少年写作"不仅没有经过文学期刊的检验,而且一提笔就写长篇小说。出版的周期不断缩短,速成与速效成了出版的主导性潮流,粗制滥造蔓延成风,艺术标准向商业目的妥协。最近几年,出版界还雇佣枪手,炮制出不少命题作文,甚至出版了一些含有虚假信息的图书,也就是所谓的"假书"。作者写稿子追求印数和版税,出版社在利润的诱惑下,只要赚钱就行,不愿意耗时费力地打造精品,更不指望出版的作品在将来能成为经典。"十七年"时期,像柳青、浩然等作家,长时间到农村去当村官和县

---

① 参阅《人民日报》评论员:《落实精神文明建设的重大举措》,《人民日报》1995年10月26日。

官,军队作家到前线体验生活,到部队当兵,这种经验化写作显得过于刻板和机械化,也会抑制作家的想象力;但与这些年流行的闭门造车的、东拼西凑的、废话连篇的写作相比,前者还是更值得尊重。

三、影视与网络

本雅明在1936年的《机械复制时代的艺术作品》中认为,19世纪末20世纪初录音和电影技术的出现,使机械复制第一次获得了独立于自然和现实,独立于艺术作品"原作"的价值,它以一种复制的众多性取代了创作的独一无二性,这导致了传统的分崩离析。同时,机械复制把艺术作品从对仪式的依赖性中解放出来,使其展览价值占绝对优势。视听文化的出现改变了人类文化传播的总体格局,尤其是电视传播兼容了言语、音乐、图像等各种传播介质,成为继空间艺术(绘画、雕刻、建筑),时间艺术(音乐、诗歌),综合艺术(舞蹈、戏剧、电影)之后的"综合的综合艺术"。形象、直观、共时空的电视传播有力地挑战着语言文字在文化传播中的霸主地位。按照本雅明的说法,文学艺术作品的影像传播时代的开启,也正是机械复制时代的起点。

20世纪90年代,中国大陆电视传播已基本形成中央和地方混合覆盖、无线和有线相结合的现代化传播网络,据1997年《中国广播电视年鉴》统计,电视的收视人口覆盖率已达86.2%,电视成为大众获得信息和娱乐的首要渠道。文学在80年代初期的中心地位,逐渐被经济建设挤到边缘;而且,文学的印刷传播方式也被影视传播挤到边缘。于是,文学的"触电"成为拓展生存和传播空间的文化选择。在文学与影视的交融与互渗中,文字媒介与视听媒介相互补充,文学与影视对共同面对的现实进行了相互呼应的文化阐释。但是,文学对影视的趋同使小说与影视剧本的文体界限名存实亡,文学与影视的独立性同时面临着严峻考验。

为了借助影视传媒强大的社会影响力和越来越高的人口覆盖率,更是为了获得巨大的经济报偿和提高自己的社会声誉,小说家们开始越来越主动地为影视度身定制,写作以改编影视剧本为主旨的"小说"。现在许多作家在创作时采取"一鱼二吃"的策略,在写小说的时候就考虑到以后改编的因素;或者干脆先写剧本,等影视播映时再改编成小说,推出所谓的"影视同期书"。这种写作忽略了那些很难转化成镜头语言的小说叙事艺术,诸如小说的哲学含量和心理分析,而这恰恰是语言艺术的精髓所在。"触电"的文学不能不"修改"自己的个性,正如刘恒所言:"因为写小说基本上是沿着自己的个性在写作,我想写成什么样子,你读者只有一个被动地接受的问题。但电视剧反作用非常大,时时要考虑的是面对着数不清的观众,如果还坚持自己的个性的话,我觉得是不合时宜的。"①在20世纪90年代以来的语境中,小说在某种程度上失去了文本和审美的独立性,正日益沦丧为从属于影视剧本的文学"脚本"。

20世纪90年代以来影视的"改编"潮流和作家的"触电"热忱,共同催生了影像化叙事。八股文是明清两代应举的一种文体,试官规定了排偶体制,限定字数。行文必由破题、承题、起讲、入手、起股、中股、后股、束股八部分组成,因此被称为"八股",死套这种模式写出的文章便是八股文。八股文所要求的"按题命意,依注作解,答题对策",无非是用自己的嘴说官方的话,代古圣人立言,既不允许联系实际,有个人见解,更不允许指陈时弊,离经叛道。任何形式的文学创作不能信马由缰,不受任何文体规范的束缚;但是,如果写作死套文体模式,在形式上千人一面,没有任何的独创性,那么,作者的思维必然受到禁锢,其创造性必然受到严重的抑制,想象力必然变得苍白而贫乏。当一个小说家在创作过程中,竭力使自己的作品适合影视改编的要求,甚至考虑着投资方的趣味,迎合受众的观赏习惯时,所谓的文体规范就变成了限制自我的因衣,就像穿着不合尺寸的鞋子奔跑。对于影视导演和制片人而言,他们寻找的小说脚本当然必须具有基本的影像元素,故事精彩,情节动人。对于那些在叙事过程中穿插着过多议论和内心独白的作品,他们的职业敏感会本能地产生一种排斥心理,因为这种作品缺乏必要的视觉冲击力,不适合视听形式的审美接受,而且很难转换成画面语言。在这样的情境下,为了影视而度身定制的小说,必然放弃对小说文体的多种可能性的追求,以剧本化的艺术形式迎合影视趣味,逐渐地形成一种时髦的"影视八股"。对于画面感的强调,使小说创作完全忽略了那些无法看见的世界,诸如人物的内心冲突、超越现实法则的神话世界、隐藏在故事背后的精神逻辑、历史和现实生活中的模糊状态等等。对于视觉效果的片面强调,必然导致作

---

① 刘恒、萧阳:《刘恒谈写作》,《电影艺术》1999年第6期。

家在创作时只表现那些看得见的、浮在事物表面的东西,遮蔽了那些内在的东西,作家的审美视野必然缺乏穿透力,他们是在用眼睛写小说,而不是全身心投入其艺术创造,其心灵与想象被表象世界所蒙蔽,自然无法自由地飞翔。小说创作的剧本化现象,给小说文体带来了不容忽视的影响,强势的商业话语正通过影视的文化渗透,不断地促动着小说文体的内在变异。

除了影视之外,网络作为一种全新的媒体,为文学作品的非纸传播拓展出未知的、无限的可能性。网络的出现是一次崭新的技术革命,它给新世纪带来的颠覆性影响,大概只有基因技术才可能与之相比。网络在跨越传统的信息屏障的同时,也改造着世界的物质格局与精神秩序。各种媒体乃至商业往来越来越数字化,各种各样的物质被抽象化成一串串神秘的数字。用尼葛洛庞帝的话说,网络空间是由比特构成的,它使在网上流通的各种商品失去了外形、体积和重量,也使出没于网上的人成为一个肉体被隐藏的 ID。网络时代的财富已经虚化成了比特,甚至连主宰传统社会的权力与名声也被数字化技术重新编码成比特。还有裴多菲歌唱的"自由"与"爱情",同样被虚拟技术仿真成程序与文件。当个体的喜怒哀乐以及更隐秘的感觉也被虚拟成比特时,人的身体究竟是得到了新的解放还是戴上了无形的枷锁?网络是人的神经的延伸,但它是否会反过来控制人的神经?以比特形式出现的文学带来的可能性,也正是鱼龙混杂,生机与危机共存,活力与混乱俱在。

以网络为介质的网络文学,天然地打上了网络技术仿真性、虚拟性、共时性的特点。与传统写作方式相比,它有这样一些特点:游戏性大于独创性,传统意义的作家将审美创造作为首要目标,而网络写作是一种典型的快感文化;文字的口语化与时尚化,传统作家执着地追求独特的、书面化的、个人化的语言风格,而网络文学的语言却相当随意,具有口语化、即兴化与交互性等特点,符号化的网络语言更是大行其道;表达手法和介质的多样化,传统文学以文字为唯一的信息载体和传播介质,而网络文学可以通过文本嵌入手法,综合运用声音、图片、动画与影视片段;直观与互动的传播接受方式,传统文学的传播接受是线性的,读者通过"看"和"想"来理解文本,而网络文本激发了读者全方位的感觉系统,但声像、图片和多媒体技术的运用,在刺激了读者的听觉与视觉反应的同时,也弱化了读者的想象空间。

网络写作的匿名性再度印证了罗兰·巴特"作者死了"的危言。网络尤其是

BBS的开放性与不设防,使所有人都可以任意地戴上作为假面的ID,在里面即兴对话,即兴涂鸦,恣意地"灌水"。因为身体被屏蔽,身份被伪装,现实社会中的责任与传统文学中的秩序都可以被扔到一边,于是,所有的禁忌都失去了约束力,人们可以畅所欲言地书写自己的感受,也可以毫无羞涩地撒谎。而且,由于网络文本在反复地流传中,往往经过许多作者的转贴、修改与拼凑,真正意义上的原作已经面目全非。网络上的"超文本小说"带来了新的文本生产和消费方式,读者可以通过各种链接,脱离传统文本的线性阅读顺序,进入一个二度阐释与创造的空间。美国作家马修·米勒在网上曾发表过一篇超文本小说《旅程》。此小说的文本是一幅公路和地名标志纵横交错的美国地图。虽然可以知道其大意是主人公为两个孩子寻找他们的母亲,但是任意点击图标而串成的故事讲述,完全打碎了小说的叙事秩序,陷入了叙事的迷津和无限可能当中,甚至难觅故事的开端和收尾。网络文学创作的即时性和共同性使接龙小说日见其隆。一旦心血来潮或灵感突现,网民就可以在网上信笔游龙,连缀成篇;其他网民读后感慨良多时,亦可涂改并续写下去,绵延不断。邢育森的网络小说《活得像个人样》最初上传到网上时,署名为"涅盘",后来有推荐者将作品推荐到《天涯》发表,因不知作者是何许人,就注了"逸名"。谁知发表后,一夜之间竟冒出一群作者,争其名分。

人性的复杂和现代社会的巨大压力,都容易造成人格的分裂,但人们在现实社会中总是极力表现自己的同一性。应该说,匿名的网络世界为那些痛苦而破碎的灵魂提供了一个展示自己的"另一面"的最佳场所。粗暴者可以展示不被人理解的纯情,怯弱者可以在想象中感受英雄的豪情,最难言的苦衷和无法实现的心债都可以从网络中寻找到虚拟的安慰。而网民在进入聊天室时显示的就是自己的"另一半",他们有另一个名字,另一些习惯,另一种风格,另一类语言,他们遵循另一种法则。当然,也有网民以真实面目出现在网上,但是,在一个人人都戴着面具的场合,真实面目同样产生一种屏蔽作用,因为同样的名字与身份在网上网下得到的回应截然不同,这就如一个人面对平镜和哈哈镜时的感觉。尽管网上的交流并非纯粹的文字、符号与图形,其中活跃着人的意识,有着一种"及时的互动性",但是,人们通过网上交流与其说是认识别人,毋宁说是从回应中照见自己。从这个意义上说,网络的匿名性可以让人安全地展示身心的矛盾与焦虑。但是,网络跟踪技术的发展,网络与文字媒体的结盟,以及网络作家在传统媒体的包装下成为明星,都使网络写作本来就脆弱的隐蔽性日渐丧失。

值得注意的是,身体的半隐状态以及网络相对自由的空间,使现实中遭受到普遍压抑的欲望,在网上随意地释放。最为典型就是"性"话语的泛滥。追寻网络交流的心理动因,寻找补偿是其根本所在。看看OICQ上注册的ID,"色狼"之类的网名比比皆是,在现实中的"色狼"很少会这样原形毕露,真正的色狼的伪装功夫更是高深莫测。一篇贴在榕树下网站的校园小说《禁果》写一个平时规规矩矩的大学英语教师以色狼面目出现在聊天室,并在给一个女网友(他在现实中的学生)留电话时露出了狐狸尾巴。痞子蔡在《第一次的亲密接触》中曾就浪漫作过一番论述:"现实生活中,在海边跑步的男子可能会踩到玻璃,然后送去急诊。踏着满地秋天落叶的男子可能会踩到狗屎,因为落叶堆内狗屎多。狗屎由于太臭了,所以他可能不吟诗而改吟三字经。在无人山中作画的男子,旁边的小鸟可能会拉屎在他头上。"轻舞飞扬最后只得说:"痞子,你跟浪漫有仇。"现实与网上世界之间同样存在这样的尴尬。

多种形式的媒体就像一张无形的大网,纵横交错,四通八达。它既像蜘蛛编缀的蛛网,等待着那些自投罗网的飞虫的光临,而这个年代的作家、批评家和诗人,其命运与那些小小的飞虫何其相似,他们通过媒体的网络来传播自己的作品,但同时也付出了代价,往往让自己变成了媒体的囊中之物。文学的跨媒体传播之网,更像城市地下盘根错节的各种管线,有煤气管道、通信光缆、自来水管,它们输送的资源点燃了城市的炊火,迅捷地给城市带来各种信息,滋养着城市中的生命。不能忽视的是,在城市的地层深处,最为庞大而复杂的管道网络是排污系统,它汇聚了城市最肮脏的液体,将它们排泄出城市的躯体。今日的媒体和文学同样如此,其中既包含着像水、火、通讯一样的不可或缺的精神资源,也不断地生产出大量的文化垃圾,如果不能正常地将它们排泄出去,文学和文化的生态都将遭到摧毁性的破坏。而且,这个年代的媒体和文学,产量最高的一定是日常化的精神消耗品,就像煤气、自来水和信息一样,它们带来了种种便利,但它们在被消耗之后,也会留下废气、废水和垃圾信息。在这个一次性消费主宰社会、经济与文化生活的年代,经典的退隐是一种必然。我们能够见证和缅怀的,似乎只能是逐渐黯淡的经典的背影。

◎ 第二章　文学风尚与时代文体
——《人民文学》(1949—1966)头条的统计分析

1949年7月2日至19日,中华全国文学艺术工作者代表大会(简称"第一次文代会")在北平召开,这次大会是当代文学体制建设的里程碑,后来被认为是"当代文学"的历史起点。大会成立了中华全国文学艺术界联合会(1953年10月改称"中国文学艺术界联合会"),推选郭沫若为主席,茅盾、周扬为副主席。下属各协会同时宣告成立,其中中华全国文学工作者协会(1953年10月改称"中国作家协会")的地位最为重要,茅盾出任主席。1949年10月,全国文协主办的《人民文学》创刊,毛泽东专门为《人民文学》创刊题词"希望有更多好作品出世",茅盾出任首任主编。刊名经毛泽东提议由郭沫若题写,1976年复刊后的刊名题字在征求毛泽东的同意后,从其1962年给《人民文学》主编的信件中集字而成。1949年5月4日创办的《文艺报》和《人民文学》,是中国当代文学史上主要的文艺阵地,尤其在"十七年"时期,这两家文艺刊物占据着权威地位,是文学发展的风向标,负责对作家提出创作上应该遵循的思想方针与艺术路线,对作家创作的基本立场、题材范围、表现对象、风格类型、审美形式进行引导与规范。《文艺报》侧重发布文艺方针与文艺政策,《人民文学》侧重发表各种体裁的文学创作。

在《发刊词》中,茅盾对刊物的性质、任务、来稿要求等,进行了言简意赅的说明,其中有这样的表述:"作为全国文协的机关刊物,本刊的编辑方针当然要遵循全国文协章程中所规定的我们集团的任务。……我们觉得编一本杂志,实在也就是一种组织工作。"① 杂志的组织任务不仅仅是"善于组织来稿",还要"把握我们的文艺工作的

---

① 茅盾:《发刊词》,《人民文学》创刊号,1949年10月。

中心环节",组织化的目标成为办刊的核心工作。创刊号还发表了周扬在第一次文代会上关于解放区文艺运动的报告《新的人民的文艺》,把解放区文学确立为文学的正统,对新形势下"人民""文艺"的发展方向进行了统筹与规划。

　　头版是报纸的门面,头条是报纸的窗口,头版头条是报纸的重中之重。《人民日报》的副总编辑米博华认为《人民日报》的头条具有特殊的意义——政治导向性、工作指导性和舆论引导性。① 作为机关刊物,"十七年"时期《人民文学》的头条同样把鲜明的导向作为其首要的追求目标。头条作品是期刊的灵魂所在,编辑在选择头条作品时,站在把握文学的整体走势的高度上来确定选题,组织稿件,纵观全局、突出中心、引导舆论是头条作品的基本功能。正如洪子诚所言:"文学'从属'政治并反过来'影响'政治的观点,不仅为文学规定了写什么(题材、作品思想倾向),而且规定了'怎么写'(方法、形式、艺术风格)。"② 在"十七年"时期,文学期刊作为"计划期刊",被划分成国家级、省市级、地市级等等级别,各级文学期刊构筑成了一种"等级"体制,不同刊物有相应的行政级别和管辖范围,边缘期刊成了权威期刊的回音壁,省市级文学期刊大多模仿《人民文学》的风格,缺乏独立的个性。《人民文学》作为处于领导地位、具有示范意义的文学刊物,其头条作品就成了文学的时代标杆,是"重中之重",体现出编者对文学潮流整体走向的基本把握,具有鲜明的时政色彩,及时地向文艺界传达当时的中心任务,以范本的形式提醒广大作家应该"写什么",应当"怎么写"。《人民文学》刊发的头条作品,紧扣时代与文学的热点话题,具有统领全局的意义,是对文艺政策的巧妙呼应与深度诠释,以显要的位置向文学界发布一种权威的声音,传播价值的最大化是其基本的功能定位。与文学期刊发表的一般的文艺作品不同,《人民文学》的头条作品具有突出的时效性,负载着不容忽视的宣传功能和组织功能,在文学为政治服务的环境里,其审美功能退居附属和次要地位。

一、文学导向

　　《人民文学》于1949年10月25日出版创刊号,1949年12月1日出版第一卷第

---

① 米博华:《关于头条》,《新闻战线》2006年第7期。
② 洪子诚:《当代文学概说》,广西教育出版社,第69页。

2期,1966年5月12日出版第5期后自动停刊。其间出版了6本双月合刊(1952年3—4月、1953年7—8月、1957年5—6月、1961年1—2月和7—8月、1963年7—8月),在"十七年"时期一共出版了193本杂志。这些杂志中,有15本刊物采用了双头条的形式,即目录头条和内文头条分离,一篇作品占据了目录的头条位置,另一篇作品排在内文的最前列。15本杂志的双头条中,有7本刊物把篇幅较长的长篇小说选载(周立波的《山乡巨变》连载、刘白羽《风雪赞歌》节选)、多幕话剧(老舍的儿童剧《宝船》、曹禺等的《胆剑篇》、蓝澄的《丰收之后》、刘厚明的《山村姐妹》)或电影文学剧本(张骏祥的《白求恩大夫》)列在目录的头条位置,在内文中往往排在最后,而把另一篇篇幅较短、质量上乘的作品排在内文的最前列,避免头重脚轻,也便于读者阅读。《收获》发表的长篇小说,也常常既是目录头条又是内文末条。唯一例外的是1958年第1期周立波的《山乡巨变》连载,排在内文的第二条。另外7本刊物的双头条,基本上是名家与新人兼顾或两种文体并重的结果。孙犁在写于1986年的《谈头条》中说:"近年刊物,受官场影响,也讲平衡,对于名次篇目排列,极为用心,并有'双头条'之创造。刊物以作品质量分先后,无可厚非。"①孙犁批评的这种"两全其美"的现象,在"十七年"的《人民文学》中基本上不存在。

《人民文学》的这些头条作品,大多为独立的单篇作品,但内容相仿、主题一致的组合头条是《人民文学》经常采用的编辑策略,根据我个人的统计,193本杂志中共有35本刊物采用了组合头条的形式,这是一个不应当被忽略的比例。组合头条以集束性稿件追踪热点,突出重点,多作者、多角度、多方法的组合方式形成一种多声部的合唱效果,有利于对焦点问题的复杂内涵进行深入开掘。毋庸讳言,组合头条具有组织、督导、管理作家及其创作的功能,在某种意义上,这是作为机关刊物的《人民文学》的核心任务。组合头条集中体现了刊物对于国内外重大事件和全国性文艺运动的基本立场,同时也是作家以群体的方式拥护政策响应号召的信息窗口。对于"专栏"和"特辑专号"的编辑意图,《编者的话》中有明确的说明:"目的在于表明我们想提倡什么。"②该刊先后推出了"反对美国侵略台湾朝鲜"(1950年8月),"志愿军诗辑"(1952年第5期),庆祝苏联共产党(布)第十九次代表大会召开小辑(1952年12

---

① 孙犁:《孙犁散文》,浙江文艺出版社2003年版,第357页。
② 《编者的话》,《人民文学》1958年第12期。

期)、"白居易、涅克拉索夫、裴多菲纪念特辑"(1953年第2期)、"斯大林同志永垂不朽"特辑(1953年第4期,首篇为毛泽东的《最伟大的友谊》)、"拥护中华人民共和国宪法草案"特辑(1954年第7期)、庆祝第二次全苏作家代表大会召开小辑(1955年第1期)、"提高警惕,揭露胡风"特辑(1955年第6期)、"坚决肃清胡风集团和一切暗藏的反革命分子"小辑(1955年第7期)、"纪念《在延安文艺座谈会上的讲话》发表十五周年"专辑(1957年5—6期合刊)、"伟大的十月革命四十周年纪念"小辑(1957年第11期)、"群众创作特辑"(1958年第8期)、"春光明媚(工人诗选八首)"(1960年第2期)、"《红旗歌谣》颂"小辑(1960年第3期)、"高举反帝的旗帜"诗辑(1960年第6期)、"新民歌十六首"(1960年第11期)。每年的第10期几乎都会发表庆祝建国的系列稿件,1950年10月出刊的庆祝国徽图案实施小辑,发表了公布国徽图案的政令,图案及其说明、使用办法、制作说明、方格墨线图、纵断面图等组稿;特别值得注意的还有庆祝建国五周年小辑(1954年第10期)、庆祝建国十周年小辑(1959年第10期)、"歌唱祖国"诗辑(1960年第10期),这些小辑集中发表颂歌体的抒情散文、抒情诗歌和弘扬爱国主义的言论,歌唱祖国、感念党恩、歌颂毛泽东成为其核心主题。"三结合"的创作方法出台以后,尤其是在1964年以后,为了集中展示群众性文艺运动的成果,《人民文学》的头条作品中经常集中刊发工农兵的业余创作。从1964年第1期到1966年第5期,在总共29期刊物中,各有三期推出了"新花集"和"故事会"小辑,有三期在头条位置发表"大写社会主义新英雄"征文作品,各有一期推出了"金黄万里报丰收""工矿春讯""沸腾的工厂矿山"等小辑,其间还发表了"战斗的春天""英雄的越南人民必胜""在反帝斗争最前线""向王杰同志学习""钢铁战士麦贤得"等组合头条,组合头条成了刊物的常规武器,这也间接地表明当时文学创作的个人空间的萎缩。关于组合头条,有些细节也是耐人寻思的,譬如1955年6月8日出版的第6期杂志,其组合头条"提高警惕 揭露胡风"一共刊登了刘白羽等人撰写的14篇文章,其中8篇在文末注明了写作时间,最早的是"5月14日",最晚的是"5月16日夜"。写作时间的高度集中折射出"揭露胡风"作为一项政治任务,是经过高效组织的步调一致的集体行动。

这些头条作品中,有15篇(其中1篇为目录头条)是转载自其他报刊的作品,这种现象常常被熟视无睹。此外,1963年第2期袁水拍的组诗《访越记事诗》(五首)

中,《蓝天怎能划一条线》也曾在《人民日报》发表。15篇头条中有5篇为转载文学新人尤其是工农兵作者的新作,3篇是毛泽东的诗词和文章,2篇《人民日报》社论,还有胡乔木的《词十六首》、姚文元的《评"三家村"》、新获斯大林文学奖的周立波的《扑灭法西斯细菌》、杜鹏程的《飞跃》和沈汉民的《思想大解放,生产翻一番》。转载的头条承载了鲜明的上行下达意识,通过转载领袖文章和《人民日报》社论,在政治上保持高度一致,同时也向文学界传达最新的政策动向;另一方面,通过转载地方报刊的新作,整体性把握全国文学走势,凸现《人民文学》在文学期刊中的领导地位,加强对地方性文学期刊的引导与辐射作用。在"十七年"的文学生态中,文学期刊被纳入等级结构中,文学思潮产生与发展的流向都是从上到下贯彻,从中心到边缘扩展,表现在文学期刊上一般是由《人民文学》《文艺报》慢慢波及边缘地区的刊物。地方性的文学刊物参照《人民文学》的模式,在栏目设置、编辑理念上都表现出大同小异的雷同化倾向,缺乏自身的个性面孔,成为中心刊物的附属物、回音壁。《人民文学》的选载,进一步强化了其引领潮流汇聚共识的核心地位。编者这样定位选载形式的功能:"我们认为《人民文学》有责任在版面上反映全国各地区、各兄弟民族、各个战线上的建设和斗争的面貌,也有责任把全国文学创作中最优秀的作品集中地介绍给全国人民。"①就原发报刊而言,这些头条中有6篇转载自《人民日报》,3篇新人新作转载自《解放军文艺》(1963、1964、1965年各1篇),这间接地反映出"十七年"文学传播的基本格局:《人民日报》是文学期刊守护政治立场的指南针;而《解放军文艺》在主流意识形态的空间里,1963年以后其地位日渐提升;相伴的则是《人民文学》的边缘化,反复的转载行为本身就折射出此消彼长的复杂过程。值得注意的是,《人民文学》对具有导向性的社论和领导人讲话的转载都是原封不动,对文学作品的转载则常常不是简单的移植,往往对作品进行艺术加工,或者要求作者进行修订,在刊行时还常常配发名家的点评文字。譬如,1958年第6期选载了茹志鹃的《百合花》、愿坚的《七根火柴》、勤耕的《进山》等短篇小说,并在显著位置(二条)刊发了茅盾的《谈最近的短篇小说》,在高度肯定这些作品的基础上,对短篇小说创作的现状和存在的问题进行总结和反思。1963年第7—8期在目录头条的位置转载了5篇新人新作,配

---

① 《编者的话(之二)》,《人民文学》1959年第1期。

发了侯金镜的《读新人新作八篇》,"编者按"中还有这样的说明:"发现新人,培养新人,是加强革命文艺战线的重要任务之一,也是文学刊物的任务之一。"1965 年第 11 期的头条作品是刘白羽的《写在两篇短篇小说前面》,对刊物转载的青年农民刘柏生的《第一次当队长》《锄头的故事》进行点评。在某种意义上,《人民文学》一开始就同时具备了原创期刊和文学选刊的双重功能,早在第一卷第六期(1950 年 4 月出版)就转载了两位工人作者的《我的老婆》和《于师傅这二年》。李准的《不能走那条路》,赵树理的《"锻炼锻炼"》《灵泉洞》和王愿坚的《普通劳动者》等作品也都进入了其选家视野。这些作品在首次发表时往往没有引起关注,而转载行为迅速提升作品的影响力,产生巨大反响。当时正如涂光群所说的那样:"往往在《人民文学》上选载一篇小说,就等于推出一个新作家。"[1]创刊于 1980 年 10 月的《小说选刊》正是《人民文学》选载功能分化的产物,茅盾撰写的"发刊词"中有言:"为评奖活动之能经常化,有必要及时推荐全国各地报刊发表的可作年终评奖候选的短篇佳作。因此,《人民文学》编委会决定编辑部增办《小说选刊》月刊。"1983 年 10 月,《小说选刊》与《人民文学》分离,独立建制。20 世纪 90 年代以来,"选刊热"成为文学期刊界的重要现象,针对这种不无盲目的办刊趋向,考察《人民文学》在"十七年"的选载实践有了另一重意义。

"十七年"的《人民文学》有 9 篇头条作品是来自国外的译作,这是透视当时中外文学关系的一个重要窗口。第二卷第五期在首栏集中刊发了 6 篇东欧社会主义国家作者的译作,翻译者戈宝权还在头条作品《中国——这就是你们!》的诗作后附有说明:"诗中有个别的地方,可能和我们的实情不合,但从全诗的造意,可以看出弟兄国家的诗人对我们中国的热爱和同情。"第三卷第四期的头条是聂鲁达的《对生命的责任——在墨西哥城美洲保卫和平大会(一九四九年九月)上的发言》。尤其值得注意的是,五卷一期在首栏发表了苏联作者一组共 5 篇讨论"电影文学剧本的创作问题"的论文小辑;1952 年第 12 期的头条是《〈苏联共产党(布)中央委员会的报告〉中关于文学艺术的指示》,"编者按"特别强调"对我们今天中国的文艺创作,都有着直接的指导的意义",同期还在插页配发了李宗津的油画《斯大林、毛泽东引导着我们胜利前进!》;1955 年第 1 期、1955 年第 2 期的头条分别是《苏联共产党中央委员会

---

[1] 涂光群:《五十年文坛亲历记》(下),辽宁教育出版社 2005 年版,第 687 页。

致第二次全苏作家代表大会的贺电》和西蒙诺夫的《苏联散文发展的几个问题》。在中苏关系的蜜月期,中国文坛对于苏联的文学政策和文学动向采取了及时而迅速的反应,并照搬过来指导本土的创作实践。对于译稿的要求,编者曾提出这些要求:"(一)世界各国,首先是苏联和人民民主国家的革命作家的代表作品或特别优秀的作品;(二)有正确观点的重要的文艺理论批评,首先是苏联和人民民主国家的带指导性的文艺论文,重要的作品评介,重要的创作问题讨论;(三)用新观点来论列世界著名作家或著名作品的研究文章。"[①]耐人寻思的是,此后一直到1964年,《人民文学》的头条没有再发表过国外作品,直到1965年在第2、3、5期连续以组合头条的形式,发表了表现东南亚人民反对美帝国主义的作品,3篇头条分别是:印尼班德哈罗的诗歌《走人民道路》、日本窪田精的报告文学《我从河内来》和越南制兰园的政论《伟大的一九六五年》。与译作形成同步互动的是国际题材的创作,"十七年"《人民文学》的头条中有19篇牵涉国际问题的原创作品,其中在1950年至1954年间密集发表了7篇反映抗美援朝的头条作品,即郭沫若的《鬼脸骇不了人》,周立波的《扑灭法西斯细菌》,梁艾克的《朝鲜前线诗抄》《志愿军诗辑》,柯仲平的《献给志愿军》,巴金的《黄文元同志》,路翎的《洼地上的"战役"》,在数量上占据压倒性优势,文体兼容言论、诗歌和小说,总体风格上类似于战时新闻,追求短平快,愤激的情感富有爆发力,而《洼地上的"战役"》堪称异数;与苏联相关的头条3篇,即艾青抒写访苏感受的《幸福的国土》(1952年第11期)、毛泽东的《最伟大的友谊》(1953年第4期"斯大林同志永垂不朽"专辑)和巴金的《伟大的革命伟大的文学》(1957年第11期"伟大的十月革命四十周年纪念"小辑);与越南相关的3篇(组),即何其芳的《诗十首》(1961年第10期,其中包含6首访越记事诗)、袁水拍的《访越记事诗》(1963年第2期)和丁一三的散文《在英雄的越南》(1965年第6期);其余6篇(组)为石方禹向第二届世界拥护和平大会献礼的《和平的最强音》(第三卷第一期),茅盾向亚洲及太平洋区域的和平会议献礼的《文艺工作者发挥力量保卫和平》(1952年第10期),艾青表现南美洲底层生活和反美情绪的《南美洲的旅行》(1954年第11期),曹禺的《伟大的文献——阅读"毛泽东同志论帝国主义和一切反动派都是纸老虎"》(1958年第12期),

---

[①] 《编后》,《人民文学》第三卷第一期。

袁鹰通过五个国家五位儿童的视角表达反帝愿望的《五封信》(1960年第6期"高举反帝的旗帜"诗辑),表现刚果人民反抗美帝侵略的剧本《赤道战鼓》(1965年第3期)。反对帝国主义,捍卫社会主义,呼吁世界和平,是这些原创性头条传达的共同逻辑。透过这些头条,我们可以窥察到"十七年"文学对于社会主义阵营、第三世界国家的文学的强烈认同,并随国际气候的变化迅速调整立场;而中外文学界的沟通往往表现为政治上的呼应或声援,意识形态优先的立场抑制了艺术的深层交流,对西方文学的排斥与对抗也不断强化相互之间的隔膜和敌意。

二、作者策略

表一:《人民文学》头条作品重要作者统计表[①]

年度 作者	1949—1952	1953—1955	1956—1957	1958—1960	1961—1963	1964—1966	合计
茅 盾	5	1	2	3			11
秦兆阳 (策、秦策、何直)	4	1	4				9
艾 青	3	3					6
刘白羽		1		1	2+1n	1	5+1n
郭沫若	1	1		2+1n			4+1n
毛泽东		1	1		1		4
周立波	1			1+1m	1		3+1m
老 舍		2		1	1m		3+1m
巴 金		2	1				3
夏衍(任晦)		2		1			3
杜鹏程		1		2			3

[①] 本表统计了"十七年"时期在《人民文学》上发表两篇以上头条作品的所有署名作者。组合头条只统计首篇作品的数据,本表中包含合作作品(如秦兆阳、刘秉彦的《出城记》,曹禺、梅阡、于是之的《胆剑篇》)的数据。"n"为内文头条,"m"为目录头条。

续表

作者＼年度	1949—1952	1953—1955	1956—1957	1958—1960	1961—1963	1964—1966	合计
赵树理				1	2		3
艾芜		1		1+1n			2+1n
何其芳	1+1n	1					2+1n
曹禺		1		1	1m		2+1m
阮章竞		1		1n	1n		1+2n
胡乔木	1					1	2
周扬		2					2
骆宾基		2					2
张沛				2			2
刘澍德				1	1		2
李准					2		2
敖德斯尔					1	1	2
袁鹰				1	1m		1+1m
合计	16+1n	23	8	17+2n+1m	11+3m+3n	4	79+4m+6n
不署名文章	6	2	1	2	1	2	14
头条总数	35+2n+2m	35	23	32+4n+4m	26+7n+7m	27+2n+2m	178+15n+15m

通过笔者制作的《〈人民文学〉头条作品重要作者统计表》，作者构成的变迁轨迹一目了然。为了避免繁琐，便于对比和分析，笔者把"十七年"分成六个统计时段，基本上是三年一个时段。将1949年至1952年作为一个独立时段，缘于1949年只出版了两期刊物，而且从创刊到1953年6月一直由茅盾执掌编政。第二任主编邵荃麟1953年7月上任，1955年11月离任，其间可谓喜忧参半：从1952年5月开始的第一次文艺政策调整，重点纠正粗暴的文艺批评和文学创作的概念化、公式化倾向，为沉闷的文坛吹来一股清风；可惜好景不长，1954年10月发生了批判俞平伯、胡适的《红楼梦》研究运动，宣告了政策调整的终结；更为不幸的是1955年爆发的"胡风反革命集团案"事件，使文学界人人自危，文学形势急转直下。从1955年12月到1957年

11月,主编严文井和副主编秦兆阳同进同退,尤其是后者,在倾心浇出满园芬芳的同时,也把自己推向了历史的炼狱;1956年至1957年,是"十七年"文学史中激情绽放的"百花时代",尽管席卷而来的肃杀的"反右"寒潮让争奇斗艳的鲜花迅速凋零,但《人民文学》抓住这一稍纵即逝的历史契机,在文学史上谱写了光辉的一页。从1958年到1960年,《人民文学》被"新民歌运动"与"文学创作大跃进"的氛围所笼罩,刊物响应号召,重视以工农兵为主体的群众创作,风格基本一致。1960年冬"八字方针"出台,次年的"新侨会议"和1962年的"广州会议""大连会议"不断给文艺界松绑,相对宽松的文化环境带来了文学的复苏。1961年至1963年的《人民文学》风云际会,短篇小说和散文创作佳作迭出,创造了"十七年"时期的又一段闪光历史。1964年第1期,杂志刊发了《除旧布新——编者的话》,编者检讨了前面几年"背离了党的文艺方向"的错误,宣称:"在我们的刊物里,要清除一切与我们社会主义时代和工农兵群众的要求不相适应的旧东西;而大力提倡为社会主义服务为工农兵群众服务的东西。……一定要把刊物建设成为一个坚强的兴无灭资的社会主义文艺阵地。"确实,此后的刊物逐渐丧失独立性,审美判断完全让位于政治立场,在时代浪潮的裹挟下随波逐流。

就头条作品的作者构成而言,总体上是以名家为主,以新人为辅。《人民文学》从创刊到1952年,编者总体上把刊物定位为发表艺术精湛、技巧娴熟的优秀作品的高端平台,代表中国文学发展的最高水准;同时,文学普及和人才培养也是其重要功能。茅盾在《创刊词》中对这一项任务有专门的阐述:"积极帮助并指导全国各地区群众文学活动,使新的文学在工厂、农村、部队中更普遍更深入地开展,并培养群众中新的文学力量。"不妨列举这一阶段一些头条小说及其作者的名单——文乃山的《一个换了脑筋的兵》、陈肇新的《春节》、汶泽的《对国家负责》、丁克辛的《老工人郭福山》和郭新日的《小红星》,这些作者都生活在工厂、农村、部队,作品反映的也都是工农兵的生活与命运。意味深长的是,尽管发现和推举新人是一项重要任务,编者还因为"未能通过刊物,教育和培养出一批青年作家"[①]而进行深刻检讨,但编者常常无法掩饰对于名家新作的偏爱,第二卷第三期的《编后》中有言:"应该说明,写作经

[①] 编辑部:《文艺整风学习和我们的编辑工作》,《人民文学》1952年第2期。

验比较丰富的成名作家们寄来的稿子实在太少太少了。"第二卷第五期的《编后》对业余作者的不足提出不无严厉的批评:"应该指出,这些作者还必须努力提高自己。在大量的来稿当中,有许多作品常常不是写得单纯而意义丰富,却是冗长而内容单薄。有的写得近乎挂流水帐,不会把那些最精彩最动人的部分集中起来。有的写得相当枯燥,连文学的意味都很少。有的甚至字迹也很潦草,好像信手写来,并未经过细心的反复的推敲,随便删掉它许多段都可以。"

1953年7月,《人民文学》改组领导机构,中国作协新任党组书记邵荃麟兼任主编,作家严文井任副主编兼编辑部主任,胡风被吸收参加了编委会。时任中共中央宣传部副部长的胡乔木专门发话,要求《人民文学》广泛团结作家,包括发表胡风、路翎等人的作品,而路翎到朝鲜前线去体验生活也是由他指示安排的。《人民文学》为此制定了新的编辑方针,强调广泛团结作家,提倡题材的广阔性和风格的多样性。①

从"表一"中可以清晰地看出,1953年至1955年的35本杂志中,有23个头条作品由入选"表一"的16位作者撰写,占65.71%。如果再算上头条作品的其他几位作者丁玲、柯仲平、路翎、舒群、郑振铎和游国恩,可谓群英荟萃,头条成为名家的专座,名家路线成为该刊这一阶段的办刊基调。早在1953年第2期,《编后记》在对专业作家提出尖锐批评的同时,表达了殷切的期待:"目前中国的创作,可以说是相当沉寂相当衰退的。特别是我们有许多专业作家,已经长久搁笔。我们认为,像《人民文学》这样全国性的文学刊物,它应该积极扶持初学的青年的作者,但首先应该依靠专业的作家,没有人数众多的专业作家经常撰稿来,没有中国的创作由沉寂衰退转变到活跃和繁荣,要办好这样的一个刊物,要使这个刊物成为真正能够代表中国的刊物,是不可能的。"头条作品的作者阵容的庞杂折射出刊物的包容性,老舍、巴金、曹禺、艾芜、骆宾基等新中国成立前栖身于国统区的作家频繁亮相;胡风发表了采访志愿军伤员的特写《肉体残废了,心没有残废》和诗歌《睡了的村庄这样说》;路翎从1953年6月开始的半年多里,陆续发表了《春天的嫩苗》《从歌声和鲜花想起的》《记李家福同志》《战士的心》《初雪》和《洼地上的"战役"》,最后一篇作品更是发表在1954年3月的头条。颇有悲剧色彩的是,1955年第8期的刊物在头条位置发表巴金的《谈

---

① 参见涂光群《五十年文坛亲历记》(上),辽宁教育出版社2005年版,第87页。

《洼地上的"战役"》的反动性》,批评小说写的是"完全虚假的东西","充满了恶毒的谎话","用卑鄙的个人主义代替了集体主义,用腐朽的自由主义代替了爱国主义和国际主义,用资产阶级个人主义的思想感情代替了无产阶级革命战士的思想感情,用颠倒黑白的办法来达到其反革命宣传的目的"。巴金的文章先寄给《文艺报》,后转给《人民文学》,时任《文艺报》常务编委的康濯在给巴金的信中曾说:"文章中对路翎小说分析得很好,只是根据现在的情况来看,分析后所指出的根源只谈到是'小资产阶级',这怕应稍加修改。"① 至于发表出来的文章做过怎样的修改,由谁修改,现在都只能是一个谜了。

"百花时代"的《人民文学》充满活力,刘宾雁的《在桥梁工地上》、林斤澜的《台湾姑娘》、李国文的《改选》、谷峪的《萝北半月》、王安友的《整社基点村的一天》和黄远的中篇小说《总有一天》,都成为头条作品,显示出编者扶持新锐的胆识和眼光,而秦兆阳以其编辑智慧与敬业精神,在刊物风格上留下了个人的烙印。他是刘宾雁的文学处女作《在桥梁工地上》的第一个读者,并在"编者按"和"编者的话"中充分肯定其"尖锐提出问题"的艺术探索。随后秦兆阳又发表了刘宾雁的《本报内部消息》、王蒙的《组织部来了个年轻人》、耿简的《爬在旗杆上的人》、白危的《被围困的农庄主席》和耿龙祥的《明镜台》,这些作品直面现实,深入剖析生活中的复杂矛盾,形成了富有审美冲击力的文学潮流。1956年第7、8期连载的《总有一天》,也是秦兆阳从自然来稿中发掘的,文稿被抄写在几册64开的极不整齐的笔记本上,蝇头小字难以辨认,他亲自进行整理加工后才下厂发排。② 为了商谈《台湾姑娘》的修改事宜,秦兆阳还专门约请作者见面,并提议将作品发在头条。早在1956年第4期,该刊就发表了林斤澜的《雪天》,1957年上半年又发表了其《家信》(第4期)、《姐妹》和《一瓢水》(5—6期合刊,李清泉主持编辑工作)。③ 以1956年发表的50篇短篇小说为例,有一半左右是新人新作。这一阶段该刊不仅发表了不少敢于突破成规的新作,而且以其明确的艺术追求激发文学新人的创造潜能。像肖平的《三月雪》、张弦的《甲方代表》、李威仑的《爱情》、杨大群的《小矿工》、宗璞的《红豆》、丰村的《美丽》等新人新作要么在

---

① 《康濯致巴金信(1955年6月1日)》,陈思和、李存光主编《生命的开花》,文汇出版社2005年版,第193页。
② 参见涂光群《五十年文坛亲历记》(下),辽宁教育出版社2005年版,第435页。
③ 参见涂光群《短篇名家林斤澜》,《北京文学·精彩阅读》2005年第8期。

当时产生广泛影响,要么成为文学史无法忽略的闪光点。沈从文的《跑龙套》也是发表在"革新特大号"上,淡出文坛的老作家的重新亮相,极好地诠释了"百花齐放"的真谛。在秦兆阳1956年起草的《〈人民文学〉改进计划要点》(即"18条")中,有这样的阐述:"以现实主义为宗旨,但是发表作品时应该兼收其他流派有现实性和积极意义的好的作品";"艺术性与思想性并重,不因政治标准而忽略或降低艺术标准,但在具有特殊性的作品面前,可根据具体情况灵活掌握";"提倡严正地正视现实,勇敢地干预生活,以及对艺术的创造性的追求";"提倡题材、风格、样式的多样性";"决不一般地配合当前的政治任务,对全国性或世界性的重大事件和社会变动,要表示热情的关切,但也不做勉强的、一般化的、枯燥无味的反映";"决不发表平庸的,可有可无的作品";"对短篇力作力求新颖精致";"对于中长篇作品,除要求内容的真实性和积极意义以外,还需具有一定的艺术的魅力";"刊物不避免与任何不同的主张和意见发生有意义的争论,但不做平庸琐碎的讨论"①。时至今天,这些主张仍然有其生命力,遗憾的是这些计划半途而废,从1957年7月的"革新特大号"之后,刊物又变得沉闷而枯燥,"反右"及其扩大化更是给刊物笼罩上一片阴云和戾气。

1958年,以新民歌运动为中心的文艺大跃进和"两结合"创作方法的推广,给《人民文学》带来了明显的变化。1958年8月该刊推出了"群众创作特辑"专号,"其中所收作品,有些是从各地报刊上选来的,有些是从各地工厂、农村中直接组织来的"②。1958年第11期的《编者的话》中有言:"还应该提出的一点,就是群众的小说创作,不止数量,就是艺术质量上也有很大的提高。"1959年第1期《编者的话(之二)》中说:"业余作家在创作队伍中已经占了很大的比重,而且应该说他们是今日文学创作队伍中的正式成员。因此,过去我们在作者署名的前面注上'工人''农民'字样的做法,现在已经是没有必要了。"1960年第2期的头条是《春光明媚(工人诗选八首)》,同期还发表了工人创作的小说和工厂史。编者认为:"大跃进以来工人文艺创作不仅在数量上有了极大发展,在质量上也迅速地提高了。一支工人作家队伍正在形成。"③工农兵题材作品的数量确实在迅速增加,其总体质量不但没有"迅速提高",反

---

① 张光年:《好一个"改进计划"》,《人民文学》1958年第3期。
② 《编者的话》,《人民文学》1958年第8期。
③ 《编者的话》,《人民文学》1960年第2期。

而显露出日益粗糙的倾向。从1958年到1960年,头条作品的作者虽然仍有不少名家,但其作品多为欢呼文艺大跃进、庆祝新年和国庆、介绍学习领袖著作体会的时文,譬如茅盾的《如何保证跃进——从订指标到生产成品?》、郭沫若的《新年,欢迎你!》和《十年建国增徽识》、曹禺的《伟大的文献》、邓拓的《公社千秋》、刘白羽的《秦兆阳的破产》、田间等人的"《红旗歌谣》颂"小辑等头条文章都是密切配合形势的应景文章。

从1961年到1963年,该刊发表的短篇小说和散文创作,犹如刺丛中绽放的鲜花,成为当代文学史无法规避的研究课题。在作者构成上,既厚待名家,又不薄新人。短篇小说的头条作者可谓老中青结合,赵树理、周立波、艾芜、沙汀等人创造力依然旺盛,马识途、西戎、李准、茹志鹃、峻青、刘澍德、管桦等人逐渐成长为中坚,还有像艾明之、敖德斯尔等相对陌生的面孔。陈翔鹤、冯至为短篇历史小说提供了具有审美穿透力与清醒的反省意识的范本;像陆文夫、宗璞等因《小巷深处》《红豆》等作品而遭受批评的作者,也再次悄然浮出水面。而头条作者刘白羽、杨朔、袁鹰等人和那些散文栏目的头条作者如秦牧、吴伯箫、方纪、何为等人一起,推动了散文创作的活跃,像《长江三日》《茶花赋》《挥手之间》《土地》《画山绣水》《记一辆纺车》等都是该刊这一时期发表的代表性篇章。茅盾、冰心、巴金、叶圣陶、李健吾、叶君健、骞先艾等老作家的散文创作犹如老树新枝,像《雨中登泰山》《樱花赞》等名篇不仅领一时风骚,至今依然被反复传诵。尤其值得一提的是,沈从文、丰子恺、范烟桥、曹靖华等显得有点格格不入的作家,都在这一时期的《人民文学》两度露脸,除了沈从文发表组诗《井冈山清晨》和一篇散文《过节和观灯》外,其他三位作者发表的都是散文。从谨慎起见,编者当然不会将他们的作品放在杂志的头条,但是,如果没有对不同作者不同风格的包容与并举,就不会有这一阶段散文的繁荣。

自1964年以后,受到文学时潮的影响,《人民文学》头条作品的作者多为工农兵作者,"表一"非常清晰地反映出作者构成的重大转变——以成名作家为主体的具有知识分子色彩的创作遭受到越来越有力地抑制,迅速淡出文坛。这一时期的头条作品中,除了转载毛泽东的《诗词十首》、胡乔木的《词十六首》、姚文元的《评"三家村"》之外,还发表了冰心的《咱们的五个孩子》、刘白羽的《写在两篇短篇小说前面》、李英儒的《敢叫敌血染刀红》、金敬迈的《欧阳海之歌》和越南、印尼、日本等国友人反帝题材的作品,其他大多为工农兵作者表现劳动生活和阶级情感的作品,艺术形式简单而粗糙,狂热的口号化倾向越来越明显。1964年和1965年,该刊三次推出旨在推介新人的组合性头条"新花集",1964年第5期还专门在栏目前面配发"编者的话":"革命的新生创作力量是社会主义文艺的新血液,在今后我国整个文艺事业的发展和文艺队伍的不断改造和扩大的过程中,它将显示愈来愈重要的作用。因此,积极发现、培养新作者的工作,也更加突出地成为当前刊物的一项重要任务。革命的新生创作力量是从新的时代、新的斗争中成长起来,和劳动人民生活有着密切的联系,所以它是健康的,具有旺盛战斗力的。新人的作品,尽管在艺术上还可能有粗糙之处,却往往要更敏锐地反映了时代的革命精神,更直接地表现了劳动人民新的思想感情;而这正是革命文艺的基本要素。"

在"十七年"《人民文学》头条作品的作者构成中,国家高级领导人的反复登场也是值得重点关注的。毛泽东、周恩来、胡乔木、彭真、陆定一、周扬、茅盾、郭沫若等人的出场,显示出《人民文学》在文学期刊中独一无二的政治地位。这些领导人的头条文章大多为会议讲话以及与文艺有关的指示。除了为《人民文学》的创刊题词之外,毛泽东有4篇(组)作品发表在《人民文学》的头条,其中的《最伟大的友谊》《"中国农村的社会主义高潮"序言》《诗词十首》分别转载自《人民日报》《学习》杂志和人民文学出版社与文物出版社出版的《毛主席诗词》,唯有发表在1962年第5期的《毛主席词六首》是由《人民文学》首发。这组作品从组稿到发表是一个漫长的过程,早在1958年间,主持《人民文学》的张天翼和陈白尘听说邓拓藏有毛泽东的多首没有公开发表的诗词,就请求邓拓出示主席的这十几首诗词。邓拓认为《人民文学》想要发表这些诗词的话,必须请示作者并由其亲自审定。于是,《人民文学》让时任编辑的张兆和工整抄录了一份,连同主编代表编辑部的一封请示信一起送呈主席,请求允许《人民文学》首次发表这些诗词。到了1962年,《人民文学》编辑部仍然没有得到回音,便再次向上请示。当年五一节前夕,两位负责人意外收到主席的亲笔来信,附有六首词的校订稿,信中说明:"这六首词,是一九二九——一九三一年在马背上哼成的,通忘记了。《人民文学》编辑部的同志们搜集起来,寄给了我,要求发表。略加修改,因以付之。"①《人民文学》在隆重推出毛泽东的《词六首》时,还配发了郭沫若的《喜读毛主席的〈词六首〉》于1962年5月号上。由此可见,领袖的作品由什么报刊首发在当时是一个非常严肃的政治问题,这牵涉到对相应报刊的性质、等级、待遇的评判与认定。一般而言,高层领导的言论、指示以及其他文字,通常首先由《人民日报》《红旗》杂志(1958年创刊,其前身为1949年创刊、1958年停刊的《学习》杂志)发表,其他报刊转载。《人民文学》的头条位置,也多次转载《人民日报》的社论,譬如1952年第6期的《继续为毛泽东同志所提出的文艺方向而斗争》、1958年第11期的《争取文学艺术的更大跃进》等。《人民文学》向毛泽东组稿,很可能从《诗刊》的编辑实践中感受到了压力,也得到了启发。《诗刊》在1957年1月25日出版的创刊号上就发表了毛泽东的《旧体诗词十八首》,1957年1月29日、1月30日的《人民日报》转载了其中的十二首,产生了轰动性效应。主编臧克家主动向毛泽东和其他国家各方面领导人约稿,《诗刊》在随后一年多里又陆续发表了董必武、陈毅、林伯渠、茅盾、郭沫若等人的诗词,饱受高层的激赏,盛极一时。"十七年"的文学期刊中,也只有《人民文学》和《诗刊》能够享有如此的特殊待遇,这也有力地折射出政治与文学的复杂关联。

耐人寻思的是,"十七年"《人民文学》的头条作者中,根据头条作品的数量排列,前三位的茅盾、秦兆阳、艾青都是杂志的负责人。茅盾的创作成就及其政治地位,使其担任主编时期的头条作品同时代表了行政意志和刊物立场,个人色彩较为淡薄,有一半是响应号召的时文,像《天安门的礼炮》(1954年第10期)、《在已有的基础上继续努力》(1957年第5—6期)、《如何保证跃进——从订指标到生产成品?》(1958年第4期)等文都有这一特征;另一半是以前辈作家身份指导创作的文论:《从"找主题"说起》(1956年第8期)、《短篇小说的丰收和创作上的几个问题》(1959年第2期)、《从创作和才能的关系说起》(1959年第12期),这些文章宽容、稳健地表达了其真知灼见。艾青在担任副主编期间的头条文章如《反对武训奴才思想》(第四卷第二期)、《表现新中国,表现爱国主义》(第四卷第六期)等并无出格之处,与时代要求保持一致,但在1952年2月号的《文艺整风学习和我们的编辑工作》一文中,还是遭到严厉批评——"对工作的责任心是不够的,在许多时候,实际上表现了放弃领导的自

---

① 涂光群:《毛泽东词六首发表内幕》,收入《五十年文坛亲历记》(上),辽宁教育出版社2005年版;周明:《毛泽东与〈人民文学〉》,收入《雪落黄河》,人民日报出版社1999年版。

由主义的态度"。这场整风也迫使艾青离职,从副主编改任编辑委员,丁玲出任副主编。而秦兆阳因其在"百花"时期大胆创新的编辑实践以及《现实主义——广阔的道路》(1956年第9期)、《关于"写真实"》(1957年第3期)等头条文章,陷入命运的深渊。此后,《人民文学》的负责人张天翼、葛洛、陈白尘、韦君宜等再也没有登上头条位置,这也是编辑在种种压力之下隐退的策略,通过模糊自己的价值立场来化解政治压力,当然这也明显削弱了编辑工作的主体性与独立性。这种主体性的淡化,最为典型的做法是以前经常出现的"编后""编后记"或"编者的话"也很少再出现,像1964年第1期的《除旧布新——编者的话》有鲜明的自我批判意味,而同年第4、5期分别为开设"故事会"和"新花集"栏目配发的"编者的话",都弥漫着紧跟形势的政策腔。值得注意的是,编者在不断强化的政治压力面前的低调与消极,以一种扭曲的形式表达了一种隐忍的不满,为文学保留了一丝可怜的尊严。

三、文体偏向

表二:《人民文学》头条作品体裁分类统计表①

体裁		年度 1949—1952	1953—1955	1956—1957	1958—1960	1961—1963	1964—1966	合计	
言论	社论、政论、时评	7	5	7	10		1	30	72+2n+1m
	会议讲话	3	1		4			8	
	文学理论与批评	8+1n	7	7	6+1n+1m		1	29+2n+1m	
	译作	3	1				1	5	

---

① 本表的体裁分类,原则上遵照《人民文学》的体裁划分。1962年第7期到1963年第5期不注明发表作品的体裁属性,笔者自行区分。发表于1961年第4期的赵树理的《实干家潘永福》,目录中标注为"传记",但后来的研究者多将其定位为小说,本表也将它计入短篇小说名下。表中的"译作"为国外作品,蒙古族作家敖德斯尔的短篇小说《阿力玛斯之歌》(1962年第8期)和《旗委书记》(1964年第9期)亦为译作,"小说"项目中不再另行分类。

续表

体裁	年度	1949—1952	1953—1955	1956—1957	1958—1960	1961—1963	1964—1966	合计	
小说	长篇选载	1	1	1	1+1m	1m	1	5+2m	52+6n+6m
	中篇小说	1n		1	1			2+1n	
	短篇小说	4+1m	10	3	4+1n	17+3n+3m	7+1n	45+5n+4m	
诗歌	新诗	3+1m	6		5+1n+2m	2+2n	3	19+3n+3m	25+3n+3m
	古典诗词					1	2	3	
	新民歌					1		1	
	译作	1					1	2	
散文	抒情散文		1			3+2n	1	5+2n	9+3n
	杂文			2	1n			2+1n	
	回忆录				1			1	
报告文学	特写			2		1		3	8
	速写					2		2	
	报告文学					2	3		
	译作					1	1		
剧本	话剧		2		2m	2+2m		4+4m	6+5m
	电影剧本	1			1m		1+1m		
	广播剧					1		1	
其他	故事					2+1n		2+1n	6+1n
	政令	2						2	
	宣言	1						1	
	献词	1						1	
	贺电		1					1	
合计		35+2n+2m	35	23	32+4n+4m	26+7n+7m	27+2n+2m	178+15n+15m	

考察"十七年"《人民文学》的头条作品,其体裁分类以及由此反映出来的编者的文体趋向,是一个无法回避的核心问题。作为"十七年"时期短篇小说最为重要的阵地,其头条作品在数量上占据绝对优势地位的却是具有舆论导向性的言论,这是承载了主流意识形态所赋予的重任的机关刊物的本质特征。意味深长的是,鉴于形势的日益严峻,执掌编政的张天翼、陈白尘以未雨绸缪的预见,从1961年开始取消了评论版面①,正因如此,1961—1963年间,头条作品中居然没有一篇言论,1964—1966年间居然也只有3篇。

在某种意义上,作为头条作品的言论并不单纯地体现作者个人的立场,都具有一种代言的意味。头条言论主要有这几种类型:高层领导和文艺界领导的会议讲话或指导创作的文章,代表刊物立场的社论、政论或专论,庆祝节日("国庆""新年"等)和纪念重要历史事件(譬如"五四"运动三十五周年与四十周年、建党三十周年、《在延安文艺座谈会上的讲话》发表十周年与十五周年)的文章,重要作家表明态度与决心的文字。最为典型的是1958年,除了第1期的目录头条是周立波的《山乡巨变》(内文头条为郭沫若的诗歌《新年,欢迎你!》),其他各期的头条均为时政言论,其中有转载自《人民日报》的《思想大解放,生产翻一番》和《争取文学艺术的大跃进》,有政论《公社千秋》(邓拓)、《伟大的文献》(曹禺)、《革命不断向前》(张沛)、《东风,吹得更猛烈些》(任晦),有两篇会议发言(刘白羽在中国作家协会党组扩大会议上的发言《秦兆阳的破产》、老舍在第一届全国人民代表大会第五次会议上的发言《打倒洋八股》)。第4期刊发的是组合头条"希望有更多好作品出世(作家谈文学创作大跃进)",茅盾、叶圣陶等12位作家用短文表态和表决心,另外两篇是赵树理的《和工人习作者谈写作》和马铁丁的《全民办文艺》。值得注意的是,《东风,吹得更猛烈些》《思想大解放,生产翻一番》《公社千秋》《革命不断向前》《伟大的文献》等篇章的内容都和文艺没有直接关系,诗歌《新年,欢迎你!》也具有鲜明的政论色彩,其中有这样的文字:"你知道:我们的第一个五年建设计划/已经顺利地完成,而且超额地完成,/我们的建设已走上社会主义的途径。……你知道:我们已经粉碎了右派的进攻,/为了迎接你,人们都整顿了自己的作风。"关于转载《思想大解放,生产翻一番》,编者有

---

① 参见涂光群《张天翼和〈人民文学〉》,收入《五十年文坛亲历记》(下),辽宁教育出版社2005年版,第331页。

这样的说明:"这期刊物上的第一篇文章,是从《人民日报》上选载的,作者是一位县委书记。转载这篇文章,是为着表明我们这样一种看法:有些文章,看来不符合任何文学体裁的'规格',但是却有着结实的生活内容和强烈的感人力量,我们未尝不可以把它看成是最有力的文学作品。我们希望这样的文章能够经常在本刊上出现。"①从1958年1月开始,《人民文学》和《文艺学习》合并,以发表文学鉴赏文章为主的《文艺学习》同时宣告停刊,这种合并在短期内强化了言论和文学评论在《人民文学》中的分量。在经历了1955年"反胡风"和1957年"反右"运动尤其是批判秦兆阳之后,1958年《人民文学》的政治意味明显增强。耐人寻思的是,"百花时代"的《人民文学》锐意革新,以短小活泼的"短论""创作谈"和具有较为厚重的理论含量的"论文"代替社论、政论。从1955年第12期开始,秦兆阳开始署名副主编,但期刊风格在栏目设置、文体偏向、审美趣味等方面发生根本性变化是从1956年第4期开始(毛泽东1956年2月27日在最高国务会议上提出"双百方针")。非常有趣的是,杂志的封面也从这期开始,一直到1957年第5—6期合刊为止,采用了简洁明快的花卉图案,与1953年7月至1954年12月封面的百花图案形成区别的是,1956年第4、7、9、12期沿用了百花斗妍的风格,其余各期均为一花独放的图案,反映出编者对于个性价值的呼唤。1956年第1期,《人民文学》改竖排为横排,并新设"短论"栏目(1953年第3期头条栏目为"文学短论"),编者有这样的说明:"大力提倡这一类短论,对于加速生活中旧事物的死亡和新生事物的生长,对于开展自由讨论以推动文学事业的发展,是很有作用的。并将会推动作家们和读者们更加关心现实斗争和社会生活。"②1956年第4期在头条推出了刘宾雁的《在桥梁工地上》,同年第5期推出的"创作谈","编者按"这样解释设置栏目的意图:"'创作谈'是为了让大家都在这里来专门谈创作当中各种各样的问题。创作问题是需要谈的,不谈,问题就不能被提出来,就不能互相交换经验和意见,就不能使得理论联系实际,就不能活跃我们的思想。……因此我们提倡随便谈,问题可大可小,文章可长可短,不拘形式,不一定每一期刊物上都'谈',但必须尽可能地'谈'下去。作家们,批评家们,文学爱好者们,都到

---

① 《编者的话》,《人民文学》1958年第6期。
② 《编者的话》,《人民文学》1956年第1期。

这里来'自由谈'吧!"①这种贴近文学现场的短文自由洒脱，文风泼辣，颇有鲁迅杂文的风骨，摆脱了社论、政论的教化腔，既畅谈文艺创作的弊端，又直言时政的误区。从1956年第4期到1957年第7期的"革新特大号"，在"政论"的栏目中只发表了苏联瓦连钦·奥维奇金的一篇《作家与读者》(1957年第1期，刘宾雁翻译)。其间更加值得注意的是，在"论文"栏目发表的17篇文章中，有5篇以鲁迅为论题，其中有陈涌的《为文学艺术的现实主义而斗争的鲁迅》(1956年第10期)、李长之的《文学史家的鲁迅》(1956年第11期)、冯雪峰的《鲁迅的文学道路》(1956年第7期)、朱彤的《鲁迅的语言艺术》和吴戈的《〈铸剑〉中的两个人物》(1957年第3期)。其中陈涌和李长之的长文均发在头条，将这些文章和《现实主义——广阔的道路》放在一起阅读，可以相当清晰地感受到主持编政的秦兆阳力图继承鲁迅传统，使现实主义重新焕发活力的精神追求。陈涌从"鲁迅反对文学艺术上的庸俗的机械论"入手，认为"真实是艺术的生命，没有真实，便没有艺术的生命。艺术的政治价值和社会价值，都是不能离开艺术的真实而存在的"。其观点与秦兆阳相互呼应。姚文元在《论陈涌在鲁迅研究中的反马克思主义的修正主义思想》(1957年10月5日《文艺月报》第10期)中，极力讨伐陈涌对"写真实"的阐扬，主张以牺牲客观真实性的代价来确保政治性与战斗性。为了捍卫"真实"，秦兆阳和陈涌都为之受难，被打成"右派"。但是，总体而言，《人民文学》的头条言论多有政治性优先的特征，在《武训传》批判、"胡风集团"案、"反右""丁玲、陈企霞、冯雪峰集团"案、"三家村"冤案等文学批判运动中，刊物都以头条言论迅速地作出了旗帜鲜明的反应，这是当时的机关刊物无法摆脱的历史宿命。1957年第9、10期的头条作品分别是社论《粉碎丁玲、陈企霞、冯雪峰反党集团，保卫党对文学事业的领导》和阿英的《从对党的关系上揭发反党分子丁玲、冯雪峰的丑恶》，编者特别说明："丁、陈集团和文艺界一切右派分子所坚决反对的正是社会主义文艺路线。刊物的工作岗位是十分重要的岗位，我们必须坚守这个岗位，坚决地和以各种形式出现的资产阶级思想进行斗争，和创作上的各种不健康倾向进行斗争；坚决地和正确地执行'百花齐放、百家争鸣'的方针，保卫文学的党性原则，使得我们的刊物真正成为一个坚强的马克思主义的思想阵地。"②

---

① 头栏"创作谈"的"编者按"，《人民文学》1956年第4期。
② 《编者的话》，《人民文学》1957年第10期。

在"十七年"《人民文学》的诸种文体中,小说是其王牌,而短篇小说更是其灵魂所在。由于篇幅限制,《人民文学》对长篇小说的遴选无异于戴着镣铐跳舞:"本刊登载长作品有若干困难;如果选载长篇的若干部分,读者又不很愿意,因而编辑面对着堆在案头的许多长篇,就不能不感到苦恼。……发了较长的作品就挤掉短作品,或者很少几个短作品处在长作品的夹缝中。我们愿意替读者向作家们呼吁:多写些短篇!"①在头条作品中,长篇小说共有7部,除了用6期的篇幅较为完整地连载《山乡巨变》,其余为《出城记》(秦兆阳、刘秉彦)、《保卫延安》《林海雪原》《山乡巨变》续篇、《创业史》第二部、刘白羽《风雪赞歌》的节选,这折射出编者披沙拣金的敏锐。值得注意的是,《人民文学》选载的长篇有不少最终没有完成的作品。头条的中篇仅有郭新日的《小红星》、黄远的《总有一天》和陆俊超的《九级风暴》,艺术质量相对平庸。头条的短篇则高达54篇,悬殊的数量对比反映出《人民文学》小说板块的基本格局。发人深省的是,其短篇小说也是不断招致非议和批判的重灾区。像萧也牧的《我们夫妇之间》、朱定的《关连长》、秦兆阳的《改造》、白刃的《血战天门顶》、丁克辛的《老工人郭福山》、方纪的《让生活变得更美好些》、路翎的《洼地上的"战役"》、李威仑的《爱情》、王蒙的《组织部来了个年轻人》、李国文的《改选》、宗璞的《红豆》、丰村的《美丽》、赵树理的《"锻炼锻炼"》、舒群的《在厂史以外》、欧阳山的《在软席卧车里》、陈翔鹤的《陶渊明写〈挽歌〉》和《广陵散》、西戎的《赖大嫂》等等,轻者被认为有"严重的政治错误"②,重者被认为是"作反革命的宣传"③,被批判为"毒草"④;而最具有悲剧性的莫过于《陶渊明写〈挽歌〉》和《广陵散》,陈翔鹤因为其"反动本质"⑤而付出了生命的代价。

"十七年"时期,对战争的书写一直是文学的关注焦点。歌颂英雄的英雄主义、乐观主义情绪,以及面对敌人的势不两立的仇恨意识,成为战争文学创作的基本法则。巴金的《黄文元同志》(1953年第7—8期)记录了志愿军战士黄文元在烈火燃烧

---

① 《编后记》,《人民文学》1957年第5—6期合刊。
② 编辑部:《文艺整风学习和我们的编辑工作》,《人民文学》1952年第2期。
③ 巴金:《谈〈洼地上的"战役"〉的反动性》,《人民文学》1955年第8期。
④ 孙秉富:《批判〈人民文学〉七月号上的几株毒草》,原载《中国青年报》1957年9月17日,《人民文学》1957年第10期转载。
⑤ 文戈:《揭穿陈翔鹤两篇历史小说的反动本质》,《人民文学》1966年第5期。

的煎熬中壮烈牺牲的事迹,由于作者缺乏对战斗场面的亲身体验,叙述者"我"的采访活动成为结撰文本的中心线索,第一人称叙事和侧面描写的流行,是"生活不够"的作家被迫去写不熟悉的对象的无奈选择。巴金1980年在《文学生活五十年》中有这样的反思:"我想用我这枝写惯黑暗和痛苦的笔改写新人新事,歌颂人民的胜利和欢乐。可是我没有充分的时间熟悉新人新事,同时又需要参加一些自己愿意参加的活动,担任一些自己愿意担任的工作。"① 不同于绝大多数战争文学中四处弥漫的胜利者的自豪感,路翎对朝鲜战争的书写包含着一种潜在的悲剧意识,他以恻隐之心洞察到战争给士兵和平民带来的痛苦和灾难,在字里行间暗涌着一种人道主义情怀。《初雪》中婴儿金贵永的啼哭,"一车冻僵了的、疲困的妇女"初雪中的齐声歌唱,负伤的刘强对于家乡亲人的思念,在战争黑云笼罩的严酷氛围中吹来阵阵人性暖风,作者以其细腻而丰富的审美开掘,以抒情的笔墨凸现生死不离的关切与魂牵梦萦的牵挂的意义。《洼地上的"战役"》具有更强的审美冲击力,在爱情与军队纪律的两难冲突中,王应洪的内心充满惶恐,在看到金圣姬偷偷塞给他的绣有两人名字的绣花手帕时,"顿时心里起了惊慌的甜蜜的感情",但第一个念头还是报告给班长。后来王顺让他留下这东西时他坚决拒绝了,而无法压抑的梦境还是流露了对于美满爱情和人伦之乐的真诚渴盼。作者以其擅长刻画人物内心的复杂性的娴熟技法,表现了战争与人性、生命之间的深层冲突。作家站在人性立场尊重与生俱来的情感与权利的艺术观照,与当时占据主流地位的二元对抗的战争思维和摈弃一切"私心杂念"的英雄观念可谓格格不入。

"百花时代"和从1960年冬至1962年夏的"复苏时代",是"十七年"《人民文学》的两段黄金岁月,其间最为活跃而且留下最为丰厚的精神遗产的文体都是短篇小说。"百花时代"被编者定位为"特写"的《被围困的农庄主席》《爬在旗杆上的人》《风雪之夜》,后来被普遍认定为短篇小说。头条短篇小说《改选》中的老郝埋头干事,但功劳总是别人的,罪过总是由他来承担。因为念错了讲话稿,被免了工会主席;因为小磨坊被当成工会经济主义的产物,被免了工会副主席;因为休养所的选址问题,他又从劳保委员变成了什么名分都没有但什么都管的工会委员;最终连工会委员的候

---

① 巴金:《巴金散文选》(下),浙江人民出版社1982年版,第855页。

选人资格都被剥夺,却在选举中获得最高票,并且死在了选举的现场。颇具反讽意味的是,善于巴结钻营和推诿责任的现任主席扶摇直上。在强烈的对比性结构中,作品爆发出强烈的悲剧性震撼力。《改选》和非头条的《组织部来了个年轻人》《被围困的农庄主席》《爬在旗杆上的人》等作品一起,在"双百"方针的历史契机的推动下,形成并不孤立的探索性潮流,打破了颂歌潮流定于一尊的创作格局,对于人浮于事、哗众取宠、损害民众利益的官僚主义作风展开多方位的批判性透视,用"一直到事情改变为止"的责任感抵抗"就是那么回事"的油滑与世故。

在"复苏时代"前后的短篇小说创作中,一些作家在亲历了大饥荒岁月中民众的艰难之后,对于浮夸风气心生抵触,委婉地倡导实干精神,在创作手法上也回归到现实主义的道路上。马烽《我的第一个上级》(1959年第6期)采取先抑后扬的手法塑造主人公,重点突出了其朴实、平易的品格。茅盾有这样的评价:"老田这个人物,写得龙拿虎跳,在马烽的人物画廊中,无疑是数一数二的。"①作品在歌颂中以曲折的形式表达了对浮夸风气的不满。欧阳山《乡下奇人》(1960年第12期)中的赵奇反对小队长王水养提出订包产计划六百斤的指标,认为"包产就要能过秤,只许多,不许少",主张订四百五十斤。同样值得注意的还有刘澍德《甸海春秋》(1961年第9期),作品中的田老乐重视生产质量,反对虚假的高指标,他说:"不论啥时季,真就真,假就假,何消这样花花草草。"作品的主人公都是先进人物,通过肯定美来间接否定丑,在赞颂中暗含讽刺,即"反面文章正面做"。西戎的《赖大嫂》以喜剧化的笔墨表现一个善于打小算盘的乡村妇女的转变,赖大嫂第一次养猪让猪"突然生病死了",白得了一百斤饲料;第二次养猪把猪放到生产队地里去吃庄稼,被禁止后把猪杀了;第三次养猪则不服气地宣称要争"全村头一名"。故事的发展建立在立柱妈卖了大肥猪后"收入归己"的利益保障的前提下,在这样的因果链条中,小说以寓庄于谐的形式,表达了对集体保证农户利益的深刻怀疑。与此形成有趣对照的是周立波的《张闰生夫妇》(1963年第6期),作品塑造了勤劳俭朴、急公好义的转业军人张闰生,和妻子黎淑兰好不容易养大了一头猪,但他们所在的"不大光彩的三类队"在送完派购的生猪任务后,连过年的猪也没有了,"全队的人眼巴巴地盯着"他们家剩下的那头唯一

---

① 茅盾:《茅盾文艺评论集》(下),文化艺术出版社1981年版,第535页。

的肥猪。"除开三个四类分子和一个爱跑生意的角色,全队队员,不论男女老少,每人肉一斤",张闰生家只留了三四斤肉,才勉强过了一个年。在表层结构上,这对夫妇在"进步"与"落后"之间你追我赶的竞赛,成为小说情节发展的推动力,但七嘴八舌的人物对话冲淡了配合时势的主旨,衍生出言外之意,那就是对民生凋敝的隐忍的同情。值得注意的是小说结尾部分,花白胡子对于亩产达到五百斤的质疑,引发了副队长斩鸡打赌的喜剧场面,在嬉闹中闪现出作家的现实忧虑。作家对于民众生活的关切并非偶然的挥洒,在1958年第11期上的《山那边人家》中,月光朗照的诗意氛围中飘过几缕阴云,农业社长之所以参加邹家的婚礼,"还有一个并不宣布的目的,就是要来监督他们的开销。他支给邹家五块钱现款,叫他们连茶饭,带红纸红烛,带一切花销,就用这一些,免得变成超支户"。尤其值得重视的是赵树理《实干家潘永福》(1961年第4期)在发表时被标注为"传记",这篇书写真人真事的作品后来多被归入小说的行列,黄子平充分肯定其"以平凡实在的'小',用简单的连缀和汇报材料式的布局,见出作家本人深切体验到的'大'"①。作家在饥荒岁月中实录现实本相的写法,及其肯定苦干实干、不务虚名的品质的价值选择,站在草民的立场上,表现出了对粉饰、报捷的主流写法的不信任。

冯至的《白发生黑丝》(1962年第4期)表现晚年杜甫与下层渔民之间相濡以沫的深厚情谊,贫苦渔民帮助杜甫卖药疗饥的热心关怀,促使诗人反思自己"可怜的'穷辙鲋'和'丧家狗'"的身份与命运,进而怀疑自己"替穷人说话、为穷人着想的诗歌"的现实意义,追问那些呼吁为什么常常沦落为"一个空的愿望";具有叛逆性的苏涣的出现,使杜甫及其诗歌创作都获得了新的活力。常常被忽略的是这篇作品的结尾,作者以转折性的表述赋予作品以悲剧性,杜甫当年冬天"百病俱发",而参与起事的苏涣失败后被杀,知识分子的忧患意识以及用失败见证历史的无力感,使作品获得了一种疏离时代的距离意识与反思精神。发人深省的是,陈翔鹤的《陶渊明写〈挽歌〉》和《广陵散》也都关注崇奉气节的传统文人的临终情怀。陶渊明在看穿了慧远"总是想拿敲钟敲鼓来吓唬人"的把戏之后,对于刘遗民、周续之之流贪慕浮名的虚伪充满了不屑,以"人生实难,死之如何!"的生命哲学蔑视名缰利锁的外在束缚,视

---

① 黄子平:《论中国现代短篇小说的艺术发展》,《文学评论》1984年第5期。

死如归地坚守素朴澄明的诗心和独立不屈的品格。吕安、嵇康被罗织罪名,因莫须有的"言论放荡、害时乱教"而遭受"大辟"的酷刑,"残酷地、黑暗地、惨绝人寰地被强迫停止了他们人生最后旅程!"当他们被罗织罪名,当成"毒草"而遭到大肆攻击时,那些所谓的影射同样是莫须有的。但是,正如黄秋耘所言:"如果在当时的现实生活中还有慧远和尚、檀道济、颜延之之流的人物,那么,像陶渊明这样的耿介之士,恐怕还不能算是'多余的人'罢。"①我想,借古讽今的意味和追寻知识分子独立意识的内心痛苦,是这些作品能够在历史的反复淘洗中沉淀下来的独特魅力。需要进一步追问的是,为什么这些晦涩不明、隐约其辞的思考居然也被禁止?

"'十七年'期间散文创作有两次短暂的活跃期,一次是从1956年初到1957年上半年止,时间大约是一年半;另一次是从1961年初到1962年上半年止,时间也约一年半。"②其中1961年还被称为"散文年"。纵观"十七年"《人民文学》的头条散文,非常集中地分布在"百花"和"复苏"时代,"百花"时期具有鲜明的干预现实倾向的杂文和特写,敢于批评"人民内部"的缺点,暴露现实生活中的"阴暗面"。何直的《论"缺少时间"》(1956年第6期)、些如的《话说"违宪"》(1957年第4期)尽管篇幅短小,但都闪耀着匕首一样直奔要害的锋芒;以《在桥梁工地上》为代表的特写更是切中时弊。"复苏"前后的抒情散文如袁鹰的《戈壁水长流》(1962年第1期内文头条)、杨朔的《野茫茫》(1962年第6期内文头条)、刘白羽的《珍珠》(1962年第3期)和《平明小札》(1962年第12期)、魏巍的《路标》(1963年第4期)等都有颂歌体的文体特征,以诗化笔触肯定现实生活,其抒情模式具有追求一致的时代合唱的色彩,文学规范抑制了个人感受的表达。

"特写"是"十七年"时期《人民文学》富有特色的文体。这一文体的繁荣与苏联的影响密切相关。20世纪50年代中期到60年代中期,特写文体在苏联文坛风靡一时,以奥维奇金为代表的一批特写作家的作品触及了社会的要害,受到社会各界的热切关注。1954年,苏联报告文学作家奥维奇金随苏联新闻代表团访问中国,刘宾雁担任代表团的俄文翻译,奥维奇金在访问期间的讲演稿以"谈特写"为题发表在《文艺报》(1955年第3、4、7、8期连载,刘宾雁译)。奥维奇金说:"特写,是文学的一

---

① 秋耘(黄秋耘):《陶渊明写〈挽歌〉》,《文艺报》1961年第12期。
② 张炯主编:《新中国文学五十年》,山东教育出版社1999年版,第157页。

种战斗的体裁。""特写的这样一种机动性和灵敏性,就使它可以帮党做另外一件事情,即跑到很远的生活深处起侦察兵的作用。"50年代后半期《人民文学》对特写文体的推动,显然受到苏联文学的直接影响。作家出版社1955年出版了《奥维奇金特写集》的中译本,《人民文学》1957年第1期发表了刘宾雁翻译的奥维奇金的创作谈《作家与读者》。当时国内文学界和新闻界借鉴高尔基、波列伏依的观点来界定"特写"文体。刘白羽在《论特写》中有言:"近数年来,特写作为一种文学样式是从苏联介绍过来的。……高尔基曾经十分准确地讲到了特写的特征:'特写是介乎研究性论文和短篇小说之间的一种作品。'""有人只把特写当作一般的新闻通讯,或者未完成的小说来看,都是不对的。特写是一种独特的文学体裁,是应当和诗歌、小说、戏剧等形式同等看待的一种形式,它既有艺术形象的描写,人物心灵的刻画,又可自如地抒发激情的鼓励和尖锐的批评的文学体裁。我们可以说,特写是作者用文学语言来更直接地参与社会生活斗争的武器。"①秦兆阳也专门撰文探讨"特写"的文体特点:"特写如果是写的真人真事,真名真姓,则它的内容必须是符合于真的情况——这大概是目前被很多人所承认的一条原则。但是我们决不可造成一种错觉,以为所写的完全是真的事情,半点也没有加以更改,这篇特写就完全是真实的。"他特别强调:"干预生活,就是要研究生活,思索和解释(解剖)生活,而且要在生活里对生活有所行动。"②

早在1953年第10期,《人民文学》就发表了龙国炳的《我们欢迎特写》,其中有言:"我就很少读到朝鲜通讯以外的写得真实动人的工厂通讯、农村通讯。'特写'这种文学样式,似乎也远远没有受到编者和作者们应有的重视。"这篇文章提到列宁、高尔基对"特写"文体的重视,文章还提到:"像苏联作家爱伦堡、波列伏依、西蒙诺夫、吉洪诺夫等,他们是以写作迅速反映现实斗争的特写、政论作品而闻名的,但他们同时又是出色的小说家或诗人。"

《人民文学》1955年第1期开设"散文·特写"栏目,当年第2期的《致读者》中有这样的文字:"在提倡作品的形式、体裁、风格的多样性,提倡便于迅速反映时代生活的特写文学,提倡儿童文学,提倡戏剧文学等等方面,虽然也曾作为努力目标提出

---

① 刘白羽:《论特写》,《新闻战线》1958年第1期。
② 何直:《从特写的真实性谈起》,《人民文学》1956年第6期。

过,也做了一些工作。但现在检查起来成绩是很微小的……为了能够做到迅速及时反映这些生活和斗争,除了小说、诗歌、剧本等形式,我们打算多刊载一些短小精悍、生动活泼的特写、通讯、报告、随笔等散文形式。"①1956 年第 3 期推出"在社会主义革命的高潮中(特写、散文特辑)",栏目的头条是王汶石的《风雪之夜》②(缺该期"编者的话"),1956 年第 12 期的头栏是"散文·特写",头条作品为谷峪的《萝北半月》。《爬在旗杆上的人》发表在 1956 年第 5 期"散文·特写"栏目的头条位置,曾经作为"特写"发表的《在桥梁工地上》和《本报内部消息》等"特写",记录的并非全是真人真事,它经过作者的艺术加工。对于《在桥梁工地上》,"编者按"给予高度评价:"我们期待这样尖锐提出问题的、批评性和讽刺性的特写已经很久了,希望从这篇《在桥梁工地上》发表以后,能够更多地出现这样的作品。"同期《编者的话》将编辑意图阐释得更加透彻:"在现实生活里,先进与落后、新与旧的斗争永远是复杂而又尖锐的,因此我们就十分需要'侦察兵'式的特写。我们应该像侦察兵一样,勇敢地去探索现实生活里边的问题,把它们揭示出来,给落后的事物以致命的打击,以帮助新的事物的胜利。"③1963 年 3 月,《人民日报》编辑部和中国作家协会联合在北京召开了报告文学座谈会,与会者认为:"像特写、速写、通讯、笔记、日记、书信、回忆录、游记等等,都可以包括在'报告文学'的领域之内。"④从此,特写、速写等文体都被包括在报告文学之内,不再作为一种独立的文体概念。

"十七年"《人民文学》头条中的诗歌作品,在文体上具有鲜明的倾向性。首先是紧密配合时政的宣传意识。最为典型地表现出紧跟时潮特征的是各类纪念日的献礼诗作:庆祝新年的艾青的《迎接一九五三年》和郭沫若的《新年,欢迎你!》(1958 年第 1 期,内文头条);庆祝国庆的郭沫若的《十年建国增徽识》(1959 年第 10 期)、1960 年第 10 期的"歌唱祖国"诗辑、何其芳的《诗十首》(1961 年第 10 期)、1965 年第 10 期的《沸腾的工厂矿山》(工人诗选十二首);庆祝"七一"的阮章竞的《毛泽东颂歌》(1951 年第 7 期,当期的头条作品是发在插页的茅盾的《献词》,《毛泽东颂歌》具有

---

① 编者:《致读者》,《人民文学》1955 年第 2 期。
② 《人民文学》编辑部将它选入《短篇小说选 1949—1979》第二卷(人民文学出版社 1979 年版)。
③ 《编者的话》,《人民文学》1956 年第 4 期。
④ 本刊记者:《充分发挥报告文学的战斗作用——记在北京召开的报告文学座谈会》,《文艺报》1963 年第 4 期。

"准头条"甚至"事实头条"的意味)、韩凤海的《我永远跟着你》(1952年第7期,目录头条)和严辰的《七月抒情》(1961年第7—8期,内文头条);纪念"五一"的陈良运的《安源工人的怀念》(1960年第5期);1960年第6期"高举反帝的旗帜"诗辑中袁鹰的《五封信》,通过儿童节前夕收到的五个外国儿童的来信来表现反帝主题,也附会了庆祝儿童节的立意。而梁艾克的《朝鲜前线诗抄》,1952年第5期的"志愿军诗辑"、柯仲平的《献给志愿军》,石方禹向第二届世界拥护和平大会献礼的《和平的最强音》、闻捷"为农业合作化运动而作"的《撒在十字路口的传单》(1955年第12期),田间的《〈红旗歌谣〉之歌》、严阵的《我们的班长》(1965年第12期),陈清波、赵焕亭的《焦裕禄之歌》(1966年第3期)都是与时代保持同步的"时事诗"。其次是颂歌和战歌风格的结合。时代颂歌是这些头条的审美基调,而"十七年"颂歌的基本主题经历了一个从"新华颂"到"建设之歌"和"生活的赞歌"的延进扩展过程,发展到20世纪60年代则逐渐演变成"政策之歌"的合唱。这种急管繁弦的歌唱形式奢华,艺术内涵缺乏必要的张力,显得空洞而粗糙。与此同时,强烈的阶级意识和高涨的反帝激情,赋予诗作以热血沸腾、慷慨上阵的战歌特征,诗作的情感如燃烧的岩浆一样,表现与敌人不共戴天的刻骨仇恨与战天斗地的满腔豪情。志愿军题材和反帝题材的诗作,其战歌特征最为明显。而且,二元对抗的战争思维也渗透到描绘日常场景的诗歌中,典型如把工人和农民的劳动场面想象成不见硝烟的"战场"。再次是工农兵想象和民歌化风格。在"反右"运动以前,作为知识分子的诗人对于工农兵的想象仍然在某种程度上保持了艺术的距离,审美形态并不单一,这典型地表现在艾青的《黑鳗》(1955年第4期)和阮章竞的《金色的海螺》(1955年第11期)之中,对传说的化用在肯定民间的活力的同时,隐约的阶级论模式并不排斥对人性复杂性的审美挖掘。然而,在"新民歌运动"以后,知识分子仰视工农兵和工农兵书写自我的抒情成为风尚,阮章竞的《白云鄂博交响诗》(1960年第9期)采用新民歌的形式,描绘"红旗金鼓动地来""不落的太阳升牧野"的壮丽画面,已经失去了《金色的海螺》的从容与超脱。严阵的《我们的班长》和河南青年工人陈清波、赵焕亭的《焦裕禄之歌》一样,都流于符号化和程式化的政治抒情。而《春光明媚》(工人诗选八首)(1960年第2期)、《新民歌十六首》(1963年第11期)、"沸腾的工厂矿山"(工人诗选十二首)(1965年第10期),这些新民歌以夸张和幻想作为基本元素的豪情喷发,从直抒胸臆的赞颂到表达立场的感恩,这种漫画化想象的定型,由于缺乏必要的自由度与多样性,变成了简单重复的时代口号。

"十七年"《人民文学》的头条作品中有11篇剧本,其中5篇为目录头条。夏衍的《考验》在"题记"中特意从中共七届四中全会的会议公报中摘抄了一段关于反对官僚主义的内容,作品成了对于政策的注释,正如作者在"后记"中所说的那样:"只是想藉此来表示我的一个执拗的信念:文艺应该为政治服务,应该配合当前人民政治生活中的重大事件。"①其他剧本也程度不同地包含这种倾向,孙谦的《丰收》宣传兴修小型水利开展农业增产运动的政策;曹禺的《明朗的天》配合知识分子思想改造运动;曹禺、梅阡、于是之的《胆剑篇》则迎合20世纪60年代反对国际修正主义的背景;老舍的儿童剧《宝船》取材于民间童话,但作者强化了阶级观点,财主的贪婪、歹毒被突出,财主的儿子张三的名字也被改成了张不三;集体创作《赤道战鼓》表现刚果人民反抗美帝侵略的斗争,更是显得生硬而粗糙。其他作品如电影剧本《白求恩大夫》、话剧《丰收之后》、儿童广播剧《延安的灯火》、话剧《山村姐妹》、独幕剧《取经》也普遍存在主题先行、图解政治的缺陷。《山村姐妹》中的老耿头有这样的台词:"为子孙万代为共产主义,我这劲头儿足着哪!"《丰收之后》是在1964年华东区话剧观摩演出中获得好评的作品,同年因为江青的批评而被长期禁演。《剧本》和《人民文学》分别在1964年第2期和第3期发表了其第五稿和第六稿,比较这两个文本,发现《人民文学》版本明显强化了阶级意识,在结尾通过赵五婶的口说出这样的话:"千万要记住这次教训,不要忘记毛主席经常教导我们的:在任何时候不要忘记阶级斗争,不要忘记贫下中农,不要忘记党的政策,我们一定将革命进行到底。"

综观"十七年"时期《人民文学》头条作品的文体特点,具有突出的时代文体的特征。恰如刘勰在《文心雕龙》中所言"时运交移,质文代变",时代环境的变迁在文学作品中留下了深刻的烙印。"文变染乎世情,兴废系乎时序","歌谣文理,与世推移,风动于上,而波震于下者也","十七年"的社会政治生态对作家和编辑都提出了明确的政治要求,对创作和编辑工作形成严格的规范和制约,而外部的环境因素又内化为作家和编辑的生存体验和内心指令,使文学创作呈现出标准化、透明化的时代风

---

① 夏衍:《考验》,人民文学出版社1955年,第112页。

貌。"编辑人员思想的性质是直接决定刊物的性质的。"①作品一旦被认为有政治错误,编辑人员也就无法免责。恰如时任《文艺报》主编的丁玲所言:"刊物既然是最集中表现我们文艺工作部门领导思想的机关,是文艺战线的司令台,那么从这里所发出的一切言论,就代表了整个运动的原则性的标准。"②占据着"国刊"地位的《人民文学》,其头条作品具有"范文"的意义,在政治优先的语境中,必须紧跟形势,做好配合政治任务的宣传工作,强调重大题材,"思想性"成为至关重要的选稿标准,突出"现实性、战斗性、群众性",给地方期刊树立"样板"。正因如此,"三反五反"、胡风集团案、抗美援朝、农业合作化、"反右"、大跃进、越南反帝浪潮等重大政治事件成为头条作品的核心题材。"赶任务"式的写作使文本有鲜明的公式化、概念化的痕迹,正是意识到这一弊端,1957年第1期《编者的话》中有这样的表述:"我们不勉强地、生硬地、不顾文学特点地去配合每一个临时性的政治任务,但必须密切地注视现实与结合现实。我们不忽视作品的艺术性,但是主张政治性与艺术性统一于艺术的真实性之中。"这一段话敏锐地洞察了意识形态与文学之间的内在冲突,即政治性与真实性、艺术性之间的冲突,教条主义的政治性以抹杀真实性的"写政策",割裂了文学和生活的联系,阻断了艺术化的"写真实"的道路。其实,"百花时代"的特写、杂文和"复苏时期"的《实干家潘永福》《赖大嫂》等作品并没有脱离政治,作家只是不愿意完全无视真实性,不愿意机械地配合具体的任务。恰如秦兆阳所言:"须知,宣传品固然需要,也有它独特的重大价值,但它究竟不能代替艺术作品。"③

"十七年"《人民文学》头条作品的时代文体特征,存在着一个逐渐建构的过程,并与意识形态的发展具有同步性。恰如伊格尔顿所言:"文学形式的重大发展产生于意识形态发生重大变化的时候。它们体现感知社会现实的新方式以及艺术家与读者之间的新关系。"④围绕着头条作品的每一次批评乃至批判,都在强化其政治色彩。另一方面,在大跃进民歌运动之后,文体的群众性、通俗性、普及性被不断强化,提倡工农兵写,写工农兵。1964—1966年举办的"大写社会主义新英雄"征文主张"大家动手大写英雄人物",业余作者成为写作的主力,写作具有了群众运动的特性。

---

① 《文艺整风学习和我们的编辑工作》,《人民文学》1952年第1期。
② 丁玲:《为提高我们刊物的思想性、战斗性而斗争》,《文艺报》1951年第五卷第四期。
③ 何直:《现实主义——广阔的道路》,《人民文学》1956年第9期。
④ 特里·伊格尔顿:《马克思主义与文学批评》,人民文学出版社1986年版,第30页。

不妨看看"文化大革命"爆发之际《人民文学》的自我检讨:"在近几年尖锐的阶级斗争中,本刊犯了重大错误,给党和社会主义事业造成了严重损害。……有一些毒草,像陈翔鹤的《陶渊明写〈挽歌〉》《广陵散》等,又是以显著地位刊登出来,使得这些牛鬼蛇神从我们的刊物上向党向社会主义进行了猖狂进攻。"①由于头条显著的影响力,陈翔鹤的"反动本质"也被放大。这些被批判的作品之所以"不合时宜",正在于作者对于个人性和自主性的向往。也正是因为这些与周围环境不协调的文学声音的存在,文学形式的发展才避免了与意识形态变化之间的简单对称,作家有限的独立探索赋予文学形式以残存的自主性,部分地按照自己内在的要求发展,并不完全屈从意识形态的每一次风向。必须指出的是,恰恰是这些作品的存在,为挣扎于夹缝之中的《人民文学》支撑着一份痛苦而悲凉的文学信念。

---

① 《彻底搞掉反党反社会主义的黑线　把社会主义文化大革命进行到底》,《人民文学》1966年第5期。

◎ 第三章 先锋文学与期刊分化

新时期以来,各种文学思潮此起彼伏,伤痕、反思、改革、寻根……好像火山喷发一般,释放出作家们由于"文革"的长时间禁锢而积蓄的能量。然而,这些火焰渐渐熄灭之后,泥沙俱下的文学命名却给文学史家们设置了不小的难题。从某种意义上说,将这些鱼龙混杂的文学现象系统地编纂进文学史,实在是一种充满讽刺意味而又吃力不讨好的事情。"先锋文学"也是对一种文学潮流的仓促命名,是一种权宜之计,许多评论家都曾用它来指称20世纪80年代中期以后具有鲜明的形式探索意味的文学涌潮。我在这里讨论的先锋文学,主要是指以马原、洪峰、余华、格非、苏童、叶兆言、孙甘露、北村、吕新等作家为代表的小说创作。在先锋文学孕育、生长、繁盛、衰变、转型的过程中,文学期刊的助推犹如精神酵素一样,使这些青年作家相对分散的、风格各异的写作,被集结在形式实验的旗帜下,以相互呼应的态势冲击着文坛既定的秩序。同时,文学期刊的生存环境和文学市场的趣味调整,也反向地影响了先锋文学的走势,形式乌托邦在20世纪90年代中期以来的文学生态中,在文学大众化、市民化的声浪中幻灭成飓风中的碎片,"先锋"也就蜕变成了一具徒有虚名的空壳。

一、从潜滋暗长到锦衣夜行

在考察先锋文学发展的过程当中,我们会发现一个有趣的现象:刊载先锋小说的文学期刊的种类,随着时间的推移而出现一些微妙的变化,"边缘—中心—涣散"的轨迹是先锋文学在文学期刊史上留下的脚印。

现在不少文学史家倾向于认为先锋文学始于马原,因为马原对于小说"写什么"毫不在乎,却殚精竭虑地琢磨小说应该"怎样写",开始真正讲究叙述的艺术,贯彻着一种鲜明的文体自觉。马原的处女作《他喜欢单纯的颜色》发表在《北方文学》1982年第5期,早期的代表作品《拉萨河女神》《叠纸鹞的三种方法》发表在偏远的《西藏文学》(1984年第8期)上。而且,《西藏文学》在1985年6月号上还策划了一组"魔幻现实主义专号",以集束式的展示给内地文坛形成了极大的冲击力,并给内地的一些中心刊物带来了耳目一新的启示。《收获》的编辑程永新在1985年的桂林笔会上认识了马原和扎西达娃,同年的《收获》发表了扎西达娃的《巴桑和她的弟妹们》和马原的《西海的无帆船》。程永新这样回忆策划先锋文学小辑的缘起:"《西藏文学》曾出过一个西藏魔幻主义专号,我读了之后,有些激动,分别给那些我并不相识的高原朋友写了信。马原说西藏的朋友收到我的信也很激动,他们没料到专号还会在内地引起反响。……我后来连续三年在《收获》上集中编发青年作家的作品的念头,就是那段日子与马原彻夜长谈的结果。"[①]于是,1986、1987、1988连续三年,《收获》在刊物的第5期、第6期都对新潮小说进行了集中展示。《收获》的面貌焕然一新,青年作家具有鲜明的探索性的作品为《收获》注入了新鲜血液。另一方面,《收获》凭借其在全国的中心地位和辐射作用,使马原、洪峰、余华、格非、孙甘露、叶兆言等作家的新潮作品迅速由边缘走向中心,以其强大的冲击力颠覆当时文坛流行的小说观念。中心刊物毕竟不同于边缘刊物,中心刊物总是受到这样那样的牵制,尽管展示只是"锦衣夜行"式的:"我们已经足够谨慎。不树旗帜,不叫专号,不发评论注解性的文字,后来我在编书时斟酌再三才选用'新潮'这样的字眼。"但是,据程永新回忆:"事后据说作协有关领导颇有微词,说是把多数人看不懂的先锋小说集中起来隆重推出不知有何企图。李小林从未向我提及这件事,倘若确有其事,那她就是一个人承担了压力。"[②]值得注意的是,《收获》推举的新潮作家具有某种同人色彩,当时频繁遭遇退稿的苏童是由程永新的大学同学黄小初推荐的,余华是由李陀推荐的,马原、扎西达娃、皮皮、色波等作家当时都偏居西藏,鲁一玮是马原的大学同窗。这个群体中还包括王朔,他在1987年第6期发表了《顽主》,这表明这种集结具有某种松散的随意性。

《收获》的前卫姿态提升了这批新潮作家的影响力,在某种意义上缩短了他们的

[①] 程永新:《八三年出发》,云南人民出版社2004年版,第168页。
[②] 程永新:《八三年出发》,第169页。

成长期,使他们的作品带有某种即兴的色彩,多为移植西方现代主义形式技巧的模仿之作,缺少生命体验的沉淀和语言形式的雕琢,但其中充溢着一种粗糙的活力和近乎放肆的激情。《收获》的重拳出击迅速得到了回应,《人民文学》在1985年第10期就发表了马原的《喜马拉雅古歌》,1987年第1—2期合刊集中刊载了不少具有强烈的形式探索意味的作品,诸如马原的《大元和他的寓言》、刘索拉的《跑道》、孙甘露的《我是少年酒坛子》、北村的《谐振》、叶曙明的《环食·空城》、姚霏的《红宙二题》、乐陵的《扳网》、杨争光的《土声》等;但同期刊发的《亮出你的舌苔或空空荡荡》,被认为违犯了民族政策遭到强烈批评。1987年2月20日,新华社报道,国家民族事务委员会、中国作家协会就"发表丑化侮辱藏族同胞小说造成恶劣影响"一事,责成《人民文学》编辑部作公开检查,主编刘心武受到停职检查的处分。《人民文学》在20世纪80年代中期追求题材、手法、风格的多样性,显露出兼收并蓄的势头,像刘索拉的《你别无选择》和徐星的《无主题变奏》,就发表在1985年的第3期和第7期,但这次挫折极大地损伤了其锐气,使刊物退回到保守的、安全的壳内,好长时间内连零星的试探也销声匿迹。直到先锋作家已经渐成气候的1989年,《人民文学》才在第3期再次相对集中地发表了包括格非的《风琴》、苏童的《仪式的完成》、余华的《鲜血梅花》在内的先锋小说。由此可见,来自各个方面的责难,使官方色彩浓厚的中心刊物容易受到牵制,想要打破成规常常要承受种种压力,只能在夹缝之中寻求突破,这就为那些远离权力与文化中心的边缘期刊带来了发展契机。

从历史上来看,20世纪50至70年代甚至更晚一些,文学思潮产生与发展的流向都是由里向外扩展的,仿佛将一粒石子抛入池塘后产生的涟漪,一波一波,缓缓地向外扩散,表现在文学期刊上一般是由中心地区的刊物慢慢波及边缘地区的刊物。这种现象,洪子诚在《问题与方法——中国当代文学史研究讲稿》中曾经提及:"各种文学期刊之间,构成一种'等级'的体制,各种文学杂志并不是独立、平行的关系,而是构成等级。一般说来,'中央'一级的(中国文联、作协的刊物)具有最高的权威性,次一级的是省和直辖市的刊物,依次类推。后者往往是'中央'一级的回声,作出的呼应。重要问题的提出,结论的形成,由前者承担。"①这种潜在的等级性使得边缘刊

---

① 洪子诚:《问题与方法——中国当代文学史研究讲稿》,三联书店2002年版,第208页。

物成为中心刊物的附属物、回声筒,缺乏自身的个性,使全国数千种文学杂志都千篇一律地摆出《人民文学》的面孔,这极大地禁锢了边缘刊物的发展。1983 年 7 月,地处长春的《长春》改名为《作家》时遭受到众多的非议,就是由于触犯了这种严密的等级规范。许多人认为它不安地方杂志的本分,试图抹杀刊物的地方性,指责它有"篡级"之嫌。但新时期以来,随着经济的发展,人们的思想逐渐打破种种观念壁垒,各类期刊的地位也逐渐发生微妙的变化。首先是中心刊物的权威性开始受到质疑,以往的有利条件正渐渐转化为一种优势与劣势共存的双刃剑,缺乏创新的守成意识束缚着中心刊物的发展。其次,边缘并不仅仅意味着地处偏远、自我封闭与夜郎自大,它在突破这些局限之后,边缘的定位也使它们与文坛的主流思潮保持了一定的距离,意味着主流规范的鞭长莫及,意味着活力、新鲜与粗糙的原生质。因此,偏居长春、贵阳、海口、昆明的《作家》《山花》《天涯》《大家》都获得了人无我有的特质。有趣的是,20 世纪 80 年代中期至今,具有前卫色彩的文学实验,其萌芽往往发端于边缘期刊,带着试探和观望的姿态投石问路。这些新鲜的作品也许还不成熟,有着这样那样的不足,但它们朝气蓬勃,给略显沉闷的文坛吹进一股清新的气息,给厚重有余却失之呆板的中心刊物带来几丝活力,边缘期刊由是成为文坛活力的源泉。先锋文学的萌芽正是如此,边缘期刊仅仅是这批作家成名之前的练习场地,是作家进军中心刊物的跳板。

先锋作家的成长轨迹几乎都是从边缘走向中心,从居住地的地方刊物走向《收获》《人民文学》等中心刊物。东北汉子马原大学毕业后进藏,其早期作品不少发表在《西藏文学》和东北期刊《作家》《北方文学》《春风》和《小说潮》上,成名后与《鸭绿江》《芒种》《小说林》等东北期刊过从甚密。而《冈底斯的诱惑》在《上海文学》的审稿过程中引发争议,后来在"杭州会议"上被传阅,因为得到李陀等人的肯定,《上海文学》才最终决定刊发这篇作品。① 洪峰刚刚出道时的作品,大多出现在《绿野》《关东文学》《作家》《春风》《小说潮》等东北期刊上,其成长得益于《作家》主编王成刚的大力扶持,为此洪峰还专门写有《和成刚相遇》②一文,感谢其知遇之恩。叶兆言的发祥地是《钟山》,这份拥有全国视野的家乡期刊,为叶兆言的前程铺设了较高的起点。

---

① 参见蔡翔《有关"杭州会议"的前后》,《当代作家评论》2000 年第 6 期。
② 刊于《当代作家评论》1994 年第 3 期。

苏童的起步则是《青春》之类的地方刊物。比较而言,身处上海的格非和孙甘露,他们崭露头角的舞台显得更加阔大,占据了一种地缘优势。至于僻居山西的吕新,其形式探索始终得不到足够的重视,与其孤军作战的状态有密切的关系。余华有这样的回忆:"在80年代的初期,几乎所有的编辑都在认真地读着自由来稿,一旦发现了一部好作品,编辑们就会互相传阅,整个编辑部都会兴奋起来。而且当时寄稿件不用花钱,只要在信封上剪去一个角,就让刊物去邮资总付了。"①这种生机勃勃的文学氛围,使偏居一隅的青年作家的成长可以打破地域的限制,甚至一飞冲天。余华1983年就在《西湖》上发表《第一宿舍》和《"威尼斯"牙齿店》,但其发祥地是《北京文学》。1983年,《北京文学》的编辑王洁在堆积如山的自由来稿中发现了余华的作品《星星》,编委周雁如亲自打电话到余华工作的乡镇卫生院,让他到北京改稿,路费和住宿费由杂志社承担。《星星》发表在1984年第1期,并获得当年的《北京文学》奖,此后余华在《北京文学》陆续发表了小说《竹女》《月亮照着你,月亮照着我》《老师》和散文《看海去》,而得到李陀高度评价的《十八岁出门远行》发表在1987年第1期,其陌生化表达给当时文坛带来了震惊效应。《西北风呼啸的中午》《现实一种》《古典爱情》《往事与刑罚》等作品,毫不顾忌地将形式实验推向一种极端,它们分别发表在《北京文学》1987年9月、1988年1月、1988年12月、1989年2月的杂志上。如果说《北京文学》是余华成长的摇篮,那么,《收获》则是余华走向成熟的温床。《四月三日事件》(1987年第5期)、《一九八六年》(1987年第6期)、《世事如烟》(1988年第5期)、《难逃劫数》(1988年第6期)、《在细雨中呼喊》(1991年第6期)、《活着》(1992年第6期)、《我没有自己的名字》(1995年第1期)、《他们的儿子》(1995年第2期)、《许三观卖血记》(1995年第6期)等作品都发表在《收获》上。

从潜滋暗长到锦衣夜行,这不仅是先锋作家在20世纪80年代中后期的命运,还是推举他们的文学期刊的生存样态。20世纪80年代初期,文坛潜在地涌现了一种受西方现代派影响下的创作倾向,从朦胧诗到新生代诗歌的诗学立场,无疑是这一潮流的先声;但是,当时的精神生态也不断地发挥抑制作用,使西化的文学潮流浮沉不定。在1983到1984年间的社会氛围中,"清除精神污染"运动使人道主义和异

---

① 余华:《回忆十七年前》,《北京文学》2000年第9期。

化理论大讨论的热潮转入沉寂,反资产阶级自由化运动更加直接地遏制了西化思潮。"寻根文学"顺应时势地试图接续传统文化的血缘,但其代表性作品对马尔克斯、福克纳风格的借鉴,又保留了开放性的视野。时光进入1985年,思想文化气候重新转暖,《你别无选择》《无主题变奏》等作品的发表,响应了当时在赶超西方的旗帜下学习西方的社会激情。同样值得注意的是,80年代的最后几年是思想文化交锋最为激烈的年岁,自由主义思潮与其文化阻力共同生长,在风和日丽的宁静中暗潮汹涌。这样的文化语境为模仿博尔赫斯、马尔克斯、卡夫卡、福克纳的先锋文学提供了生长的土壤,主流思潮不公开排斥它们,但也绝对不会接纳它们。而且,先锋文学的崛起与批评界的鼓噪密不可分,在相当长的时间内,先锋文学都处于叫好不叫座的尴尬之中。《余华作品集》三卷本1994年由中国社会科学出版社出版,销售并不理想;《活着》早在1993年就由长江文艺出版社出版,但直到1997年发行还没超过一万册。因此,锦衣夜行是先锋文学在八九十年代之交最为合适的存在方式。

从寻根文学到先锋文学,是文学期刊的艺术立场走向分化的分水岭。在新时期初年,文学期刊大同小异,在文学发烧的年岁里,文学期刊不管发表什么都有人看,发行量居高不下,接二连三的轰动效应掩盖了潜在的危机。《上海文学》和《作家》在"寻根文学"中脱颖而出。最典型的是《收获》,它在新时期初年发表的代表性作品《铺花的歧路》《啊!》《大墙下的红玉兰》《犯人李铜钟的故事》《人到中年》《人生》等等,其音符都汇入了时代的大合唱。也正是对先锋文学的推举,使它区别于高举现实主义旗帜的《当代》和《十月》。发人深省的是,1985年正是《收获》开始自负盈亏的年份,该刊以居安思危的意识,领先一步地实现了艺术立场的转型,通过集中地发掘青年作家来保持自己的活力,赢得了主动,在随后的期刊改版潮流中以静制动,稳坐钓鱼台。苏童在1986—1991年间在《钟山》担任编辑,这也是该刊最为用心地促动先锋文学的时段。从1989年第3期推出"新写实小说大联展",到1994年4月为"新状态文学"鸣锣开道,《钟山》的编辑路线逐渐具有了一种调和色彩。在具有先锋倾向的期刊中,《花城》是最为低调的,它从来不张扬某种旗号,对于期刊界种种热闹的反应显得有点迟钝。苏童是与之有最密切接触的先锋作家,其《井中男孩》《妇女生活》《我的帝王生涯》《烧伤》《与哑巴结婚》分别发表于1988年第5期、1990年第5期、1992年第2期、1993年第1期、1994年第2期。而余华的《战栗》、叶兆言的《爱

1985年—1999年《收获》发表的"新潮"作家作品一览表

	马原	苏童	皮皮	孙甘露	洪峰	余华	王朔	格非	潘军	叶兆言	吕新	北村
1985	西海的无帆船(5)											
1986	虚构(5)	青石与河流(5)										
1987	错误(1);上下都很平坦(5)	1934年的逃亡(5)	全世界都人岁(3);光明的迷途(6)	信使之函(3)	极地之侧(5)	四月三日事件(5);一九八六年(6)						
1988	死亡的诗意(6)	罂粟之家(6)		请女人猜谜(6)		世事如烟(5);难逃劫数(6)			南方的情绪(6)	枣树的故事(2)	旧地;茅草一片金黄(2);山下的道路(5)	
1989		妻妾成群(6)						青黄(6)				
1990					离乡(4)			背景(6)				
1991		离婚指南(5)				呼喊与细雨(6)	我是你爸爸(3);动物凶猛(6)	敌人(2)		半边营(3)		陈守存冗长的一天(4)
1992		瞬间(散文,6)			东八时区(5)	活着(6)	你不是一个俗人(2)	边缘(6)				
1993		园艺(6)			日出以后的风景(6)			湮灭(4)	夏季传说(6)		五里一徘徊(3)	聒噪者说(1)
1994		肉联厂的春天(5)									荒书(4)	张生的婚姻(4);玛卓的爱情(2)

续表

	马原	苏童	皮皮	孙甘露	洪峰	余华	王朔	格非	潘军	叶兆言	吕新	北村
1995		三盏灯(5)				许三观卖血记(6);我没有自己的名字(1);他们的儿子(2)		欲望的旗帜(5);凉州词(1)		风雨无乡(2)		水土不服(1)
1996		声音研究(2);红桃Q(3);新天仙配(3)										
1997		告诉他们,我乘白鹤去了(1);菩萨蛮(4)						赝品(5)	三月一日(5)			
1998		群众来信(5);小偷(2)						打秋千(6)	海口日记(3)	一九三七年的爱情(4)		
1999		水鬼(1)				"边走边看"散文专栏(每期1篇)						长征(4)

制表说明:1. 作品后面括号中的数字为刊物的期数。2.《收获》1987年第5期刊发的"新潮"作品还有鲁一玮的《寻找童话》、色波的《圆形日子》、张献的《屋里的猫头鹰》(剧本)、乐陵的《门门门》;1987年第6期有沙黑的《街》、王福根的《关于咪咪妮的对话》;1988年第5期有钟道新的《超导》、吕梁的《国运》、慈伟的《永远的女人》、关鸿的《都市人》、薛勇的《故土》、张冀雪的《青缘之恋》(伯涛的《传奇:永不熄灭》(当年第2期还发表了他的《叙述的人》);1989年第5期还有李秀峰的《秋景两幅》、张存学的《黑房间》、蒋濮的《东京没有爱情》、田珍颖的《上弦月下弦月》、周梅森的《大捷》;1989年第6期有乐陵的《镜子》、海男的《小说二题》、韩嘉丽的《溺》、朱耀华的《日食》。3."新潮"一词借用自程永新主编的《中国新潮小说选》(上海社会科学院出版社1989年4月版)的提法,该书选收的主要是《收获》在1986、1987、1988集中推出的先锋作家的作品,但"新潮"与后来批评家、文学史家界定的"先锋"概念有所区别,前者更加宽泛而庞杂。

情规则》、格非的《锦瑟》、北村的《迷缘》、吕新的《发现》和《南方遗事》、孙甘露的《音叉、沙漏和节拍器》、洪峰的《和平年代》在此露面都是在20世纪90年代前期，这些作品也不是作家的得意之作。但是，在90年代至今仍然没有放弃形式探索的期刊之中，编辑理念最为明确的正是《花城》，它对林白、朱文、韩东、王小波的推举，延续了一种接纳异端的自由精神，而且从来不为自己吆喝，只是在沉默中潜行。

二、从金蝉脱壳到假面狂欢

翻阅多种版本的文学史和不少批评家的著作，发现它们异口同声地认为先锋文学在1989年以后开始走向衰退。这究竟是一种先入为主的偏见，还是不争的事实呢？《1985年—1999年〈收获〉发表的"新潮"作家作品一览表》就能说明这一判断具有假想色彩。之所以有这样的说法，在某种意义上，根源于不少论者试图将先锋的沦陷归咎于1989年重大政治事件的负面影响。其实，先锋作家一开始就不是铁板一块，他们的作品风格存在鲜明的内在差异，文学期刊与批评界为了制造和引导文学潮流，发挥集团作战的优势，将他们视为一个群体，这很容易忽略他们各自的个性与差异。譬如说孙甘露，其陌生化的语言风格是对传统阅读习惯的爆破，但对"怎么写"的过分强调也使其艺术路径偏于狭窄，当文坛对这种文体实验产生审美疲劳时，其形式创造就蜕变成一种机械化的文字游戏，正因为这样，他在求新求异的创造规律面前，缺乏后劲，从而陷入长期的沉寂。而苏童、叶兆言的早期作品就具有较为饱满的情节要素，在叙事上重视氛围的营造，其小说形式出没于写实与写虚的中间地带，依稀地让人领受到中国古典叙事技巧与西方现代小说杂交的魅力。苏童的《妻妾成群》(《收获》1989年第6期)、《红粉》(《小说家》1991年第1期)正因为如临其境的场景描绘与似梦如烟的情绪渲染，才会迅速地被张艺谋和李少红相中，在改编成电影后名噪一时。

我们同样会发现，余华、苏童、格非、叶兆言、洪峰、北村、吕新等人的长篇小说，都是在1990年以后才问世。而且，余华的《在细雨中呼喊》《活着》《许三观卖血记》，格非的《敌人》(《收获》1990年第2期)、《边缘》(《收获》1992年第6期)、《欲望的旗帜》(《收获》1995年第5期)、《武则天》(《江南》1994年第1期)，叶兆言的《花煞》(《钟山》1993年第4—5期)、《一九三七年的爱情》(《收获》1996年第4期),苏童的《米》(《钟山》1991年第1期)、《我的帝王生涯》《城北地带》(《钟山》1993年第4期),洪峰的《东八时区》(《收获》1992年第5期)、《和平年代》(《花城》1993年第5期)等长篇小说,与其早期作品相比,都有了较为清晰的情节线索和较为鲜明的故事性。就小说的体裁而言,长篇小说具有较为丰富的艺术容量,追求对历史的整体把握,对时代的艺术概括和对人类生存的人性反思,这要求作家必须有经验的积累和沉淀,体验的深化和沉潜,构思的推敲和完善。但先锋作家在八九十年代之交处于高产的喷发期,其长篇写作在情节的推进、结构的编织、人物的塑造和细节的雕刻等方面,总体上显得有些草率,在艺术成就上逊色于中短篇写作。像余华的《活着》发表在《收获》时就是七万多字的中篇,出版单行本时才扩充成十一万字的小长篇。将两个版本进行比较,我们会发现长篇版沿用了中篇版的结构,增加的多为戏剧化和场景化的文字,诸如叙述1958年人民公社成立后,吃大食堂和大炼钢铁的内容,就增加了将近一万字的篇幅;对随后的饥荒情景的描绘,又补充了大约五千字。由此可见,长篇小说与中短篇相比,在写实色彩和故事性方面,天然地具有一种优势,这就削弱了作品在形式探索上的冲击力,加上一些作品在叙事上的裂缝与漏洞,给人造成先锋作家向故事和写实回归的总体印象。

先锋作家在20世纪90年代初期对所谓的"新历史"题材的偏好,同样会强化其作品的写实效果。与纯粹的形式游戏相比,先锋作家颠覆原有主流历史观念和官史本文的意旨,偏离了约定俗成的历史主导力量和主流逻辑,津津乐道个人家族的兴衰浮沉、芸芸众生的悲欢离合和帝王将相的庸常情态,在把历史还原到日常语境的过程中敞开被"官史"所遮蔽和封锁的历史图景,它把局部和个案作为切入历史纵深处的入口,让人在窥斑见豹的具体而生动的感知中探察如烟世事的变幻莫测和沧桑轮回,"全部的社会生活都在其最古怪、最细微末节的层次上"[1]得以再现。新历史主义对稗史的钟情闪烁着矫正和修补历史的冲动,也沉潜着重释现实的隐秘体验。正如克罗齐所言:一切历史都是当代史。历史盘旋于种种日常活动之间,并且深深嵌入当下现实,如溶剂一样渗透进流动的、液态的、现实的日常情景。正因如此,先锋

---

[1] 弗兰克·伦特里契亚:《福柯的遗产:一种新历史主义?》,见王逢振等编《最新西方文论选》,漓江出版社1991年10月版,第465页。

的长篇小说具有了生动的场景描绘和隐秘的现实指向,人物、故事、情节等传统小说元素,也在还原与重写具体的、日常化的历史情景的过程中复活。

毋庸讳言,20世纪90年代初期的幻灭情景加速了先锋作家形式探索激情的衰退。市场经济和意识形态的双管齐下,迫使脆弱的精英理想在顾影自怜中逐渐溃散。本来,先锋作家营造的形式乌托邦笼罩着现代性神话的光环,但以西化为途径的现代性追求的挫败,使先锋作家对时间充满了焦灼感,现实的吊诡与历史的荒谬压迫着迷惘的灵魂,先锋作家对于"新历史"的热情,在某种意义上恰恰来源于对历史的失望,苦苦坚持的对美好未来的追求和对时间向度的执着变得摇摇欲坠。"新写实"作家对于日常化叙事的沉溺,"新写实"作品所弥散的灰色情绪,也不能不影响先锋作家的创作。叶兆言的一些作品就被不少批评家纳入"新写实"的范畴,苏童的《离婚指南》和余华的《活着》也隐约地闪现出新写实的朦胧面影。叶兆言的《艳歌》有这样的感喟:"人生活着,便是挨过无数点滴的、琐屑的、流动的、时而欢乐时而沉闷、时而理智时而下意识的时光。人的生活由恒河沙数般的瞬间组成。"这是典型的"新写实"风格的表达,将眼光集中于瞬间感受的叙事不仅逃避了对历史重负的承担,而且模糊了对未来的企望。

20世纪80年代中后期,先锋文学的出现占据了天时、地利与人和,当时的文学期刊还可以进行各种各样的文学试验,而无须过多地考虑市场效益。事实上,先锋作家集结在《收获》《钟山》《人民文学》《作家》杂志的周围,本来就具有一种临时的、松散的、混杂的性质。90年代初期,先锋写作从群体化向个体化、从玄虚化向写实性的涣散,是一种必然的趋势。在当时的情景中,文学期刊的号召力急剧下降,文学市场极度疲软,文人下海成为一种时尚。在80年代的文学传播中,出版商似乎还在扮演配角,许多作品都是先在期刊发表并产生反响后才以书籍形式出版。"布老虎"诞生前的几年,纯文学书市极为惨淡,出版长篇小说几乎都意味着赔钱。像洪峰发表在《收获》的长篇小说《东八时区》,在文学圈内较有影响,但单行本的出版好事多磨,遭到几家出版社的退稿。这种处境驱使洪峰写出了"布老虎"的开山之作《苦界》,叶兆言也以《走进夜晚》加盟。90年代"丛书路线"的流行尤其是"布老虎"的成功,个体书商运作的"第二渠道"的有力竞争,打破了传统的文学出版秩序,出版机构开始以主动的、迅速的姿态"制造"和"开发"市场,消费文学成为出版的主导性话语,商业诱惑成为先锋作家不得不面对的契机与陷阱。

出版传媒将文学期刊推向边缘,而影视传媒的强势出击则以压迫式的覆盖,动摇了文学期刊对于形式实验的信心,也诱惑着先锋作家转向影像化叙事。影视把文学作为自己的题库,但导演在改编小说时往往只保留原著中的情节线索,而其历史、文化、人性的底蕴与深度,则被弃若敝屣。这种随心所欲中潜在地反映出一种等级关系,影视对文学的权威性、遮蔽式的驱遣造成了平等互动的交流的中断,文学的自主性在多重挤压下风雨飘摇。最为典型的表现是张艺谋向苏童、北村、格非、赵玫、须兰、钮海燕等六位作家"订购"以武则天为题材的长篇小说,号称"同题作文,相互竞争,以便于电影改编"。"奉命而作"《紫檀木球》的苏童在接受研究者的访谈时,有这一番感想:"这个长篇写得很臭,我不愿意谈它。我的小说从根本上排斥一种历史小说的写法,而《武则天》恰恰做的就是这样一件事情,可以想象它跟我希望的那种创作状态是多么不一样,而且一开始写的时候我就想,不能虚构,武则天这么个人物不好去虚构她的。结果是吃力不讨好,命题作文不能作,作不好。"①这种好莱坞模式的集约化流水作业,最大限度地遏制了作家的艺术个性。

先锋的转向同样是值得注意的问题。先锋从形式实验的高地撤退,是对其过度偏离传统阅读习惯的矫正,但同样不能忽略先锋主将对影视创作的热忱。余华的《活着》与《许三观卖血记》对于重复的苦难的叙述,体现了其扎实的叙事功底,但是,福贵面对接二连三地死去的亲人以及许三观对于反复卖血的态度,变得越来越麻木,甚至陷入一种强迫性重复状态,内心渐渐地丧失了悲痛的能力。在这样的情境下,作品只能在故事的表层制造紧张状态和戏剧冲突,但当事人福贵和许三观似乎与这种紧张和冲突无关。也就是说,作品中的紧张与冲突是"一种可见的紧张"②,是典型的影视化手法,通过可见的活动,将冲突人物化;但其弊病是无法将冲突内在化,无法表现人物内心世界的挣扎与灵魂深处的搏斗。

20世纪90年代初期,文学期刊面临着"救亡图存"的严峻考验。不甘沉沦的文学期刊通过文学策划,力图摆脱文学期刊门庭冷落的尴尬。为了突出集群效应,90年代文学期刊的策划所标举的"新体验""新状态""新市民"等命名,以及以年龄划分

---

① 林舟:《生命的摆渡》,海天出版社1998年版,第79页。
② 约翰·霍华德·劳逊:《戏剧与电影的剧作理论与技巧》,中国电影出版社1978年版,第462页。

出的"新生代""60年代作家""70年代作家""80年代作家""'文革'后一代"等文学代群,都强调入选作家的共性,漠视了其差异性。在这种情景下,本来各有特色的作家像散乱的铁砂一样,被媒体的磁铁聚拢在一起,求同倾向逐渐地消磨了他们的艺术个性。在这样的情景下,由于成熟而分化的先锋作家就不再成为文学期刊的聚焦对象,他们各自为战的状态凸显出内在的差异性。为了强化自我与个性,避免自己被世俗的声浪所吞没,先锋作家必须用作品发言,但这种被湮灭的焦虑也迫使他们向传媒规则和大众趣味屈服。更为有趣的是,文学期刊的趣味同样被更加强势的趣味所修改,例如《大家》就曾经在封底印上"张艺谋、崔永元、阿城都看《大家》",这显示出影视媒体的趣味正不断地向文学期刊渗透。

在20世纪90年代中后期,"先锋"蜕变成一种面具。所谓的新生代、70年代出生的作家都标榜自己的先锋色彩,其中固然有一些作家坚持了崇尚自由的创造意识和寻求突破的探索精神,而更多的是在"先锋"的幌子下偷梁换柱。1999年,《作家》杂志与《时代文学》联手,打出了"后先锋"的旗号,但反响平平。最为尴尬的还是《大家》,《大家》创刊时适逢先锋文学的没落,这使得《大家》在标举先锋文学旗帜时充满了犹豫:"以是,《大家》的选稿,于某一方面有所发现有所创新的作品就较易入围。我们并不标榜自己是'先锋'杂志,从未如此宣言过。"[①]这是一种暧昧的姿态。《大家》刊发的作品中,以其着力经营的小说为例,虽不时有凝练稳重的现实主义作品,但在"容纳百家"的招牌下,《大家》显然更为钟情那些在艺术形式方面具有鲜明的探索性的作品。先锋文学的余脉在这里悄悄蔓延。1997年,《大家》不再闪烁其词,开始公然高举先锋文学的旗帜。不幸的是,《大家》所标举的"先锋"逐渐地陷入形式主义的怪圈,给人的感觉是在制造噱头。刊发在《大家》上的不少作品或为各种选刊转载,或在有影响的评奖中榜上有名,但仔细考察这些获奖的和产生广泛影响的篇目,诸如李贯通的《天缺一角》、张欣的《岁月无敌》、贾平凹的《制造声音》、唐浩明的《旷世逸才》,无一不是风格平易的现实主义作品。这一方面反映了选刊标准的局限性;但另一方面,这种获奖对《大家》来说是一种讽刺,它说明《大家》几年来的先锋探索并未被承认,好像一个人的真实的看家本领反不如他随意表演的三脚猫功夫。这样

---

① 《大家》1994年第2期《主编絮记》。

的境遇和《大家》追求时尚化效果的策略密切相关,形式实验成了与内容和心灵无涉的空壳,不断变换的口号一如舞会上的假面。其实,一种真正契合文学的内在规律的新形式,绝不是可以一蹴而就的,这需要沉静而持续的摸索。

先锋文学从中心向边缘的滑落,是先锋文学无法逃避的命运。在某种意义上,20世纪80年代中后期先锋小说的繁荣只是一种假象,是编辑们吹出的美丽的肥皂泡,其间的五彩缤纷寄托了作家和读者对于当代文学的殷切期望。可以肯定的是,文学的发展需要这样的文学实验,它来去匆匆,却好像黑暗里骤然闪现的烟花一般,为人们展现了小说的各种可能性。"先锋"从本质上讲应该意味着"前卫""实验"和"探索",有着某种超越同时期文学趣味的品质,它往往是对人们熟悉的阅读视野、思维方式的挑战。先锋文学矫枉过正的技术补课,提升了中国作家的艺术素养与结构能力,它促进了小说观念的更新,提高了读者的文学鉴赏水平。真正的先锋是永不停留,是不断地超越,按照这样的标准,不会有永远的"先锋作家"。一个或一群作家一旦形成思维惯性和审美定势,"先锋"就幻灭成了泡影,但在文学流转不息的发展过程之中,"先锋"的品质会不断地生成与转换,"先锋"就是活力,"先锋"就是不满现状的反叛。如果一个时代的文学缺少了这种活力,这个时代和这样的文学就一定出现了某种故障。

◎ 第四章 20世纪90年代以来的文学期刊改制

从"十七年"一直到20世纪80年代初期,文学期刊尤其是由各级作家协会和文联主办的纯文学刊物,依靠政府拨款维持运转,期刊的办刊行为是执行一种政治任务,编辑部只负责组稿、审稿和发稿,对于读者反馈只重视其政治评价,至于刊物的发行情况与市场反应,编辑部可以理直气壮地漠然对待。作为"计划期刊",文学期刊被划分成国家级、省市级、地市级等等级别,各级文学期刊构筑成了一座金字塔,不同刊物有相应的行政级别和管辖范围。在高度一体化的文学体制中,文学的潮涌方向明确,在迫切的责任感与忧患意识的驱策之下,文学主体在价值趋向和审美选择方面惊人地一致,被缺乏个性的共识所束缚,当时的省级、地市级的文学刊物都是封闭式的,这不仅是约定俗成的惯例,还是一种行规,试图打破地域限制就是僭越。从文化管理的角度看,越级就是违规和失职。1983年7月王成刚将《长春》改为《作家》,打破封闭的地域,以面向全国的视野办刊,这触犯了当时期刊界严密的等级规范,震动了文坛,遭受到众多的非议。许多人认为它不安地方杂志的本分,试图抹杀刊物的地方性,指责它有"篡级"之嫌。

20世纪90年代以来市场经济的推进,对新中国成立以后形成的数十年一贯制的文学体制产生了强烈冲击。文化市场的初步形成,使文学传媒(主要包括文学报刊、文学出版机构等)的生存环境出现了重大转变。随着政府拨款的减少直至"断奶",相当一部分纯文学期刊相继"改嫁"或"关门",1998年是文学期刊运行最为艰难的一年,《昆仑》《漓江》《小说》相继宣布停刊,被称为"天鹅之死"。随后陆续停刊的还有《湖南文学》《东海》等省级文学期刊。为了化解市场危机,同时改变期刊一向重视作家漠视读者的局面,众多文学期刊纷纷树立起改制(或称"改版")的旗号。其实,90年代以来文学期刊的改制,并不是什么新鲜事物,早在70年代末80年代初,就刮过一阵期刊正名的热风,很多文学杂志改名,《××文艺》几乎都改成了《××文学》,譬如,山西的《汾水》改成了《山西文学》,《黑龙江文艺》《广东文艺》《江苏文艺》《浙江文艺》《河南文艺》《江西文艺》恢复其曾经用过的刊名《北方文学》《作品》《雨花》《东海》《奔流》《星火》,一时成为席卷全国的风潮。这种"正名"和90年代以来的改制,立意有所不同,前者旨在政治上的反正,后者重在应对市场挑战。

一

关于文学期刊的改制,我以为包含内容制作方式的改变和期刊定位的调整。在内容制作方面,从"十七年"到20世纪80年代初期,文学期刊的编辑角色就整体而言,始终是被动的,是为作家服务的,作家怎么写他们就怎么编,其劳动缺乏创造性。由于政治对于文学的强力干预,编辑无法在编辑工作中体现自己对文学发展趋势的独立判断,更无法积极地引导文学的健康发展。柏拉图在《理想国》里认为文艺只是"摹本的摹本","影子的影子"[①]。在某种意义上,当时的文学编辑也是"影子的影子",他们对文学作品的筛选、审查和修改所依据的标准是强制性的,他们别无选择,他们个人的审美趣味无足轻重。在政治时潮的要求与作家意愿之间,编辑陷入了悲剧性的夹缝之中。编辑龙世辉的命运就具有典型性,他整整花了三个月,使出浑身解数帮曲波修改《林海雪原》,但在作品再版时,他擅自删节了描写少剑波和白茹的爱情的情节与文字,自觉自愿地顺应了当时"左"的文艺批评观。莫应丰在首届茅盾文学奖的授奖仪式上的发言中宣泄了针对龙世辉的怨言,大意是"什么是创作,创作就是写出不同于任何人的作品,不是那些人家说什么你也说什么的话,可是人民文学出版社现代文学编辑部有的编辑,看到有创造性的作品动手改,让你改,改得既不像这个的,也不像那个的,把创造性都砍掉了"[②]。置身于复杂多变的蹉跎岁月,编辑们承受着种种压力,在与作家风雨同舟的过程中还得不时面对作家的误解甚至责难,每每与成名后的作者反目。

20世纪80年代中期以后,随着政治与文化环境的逐渐宽松,一些地处中心城市

[①] 柏拉图:《理想国》第十卷,《柏拉图文艺对话集》(朱光潜译),人民文学出版社1997年版,第70—71页。
[②] 参阅李频《编辑史不会遗忘的名字——追忆龙世辉》,《当代》2002年第6期。

的文学期刊开始尝试着打破千篇一律的办刊格局,创立自己的特色。像《北京文学》对汪曾祺、邓友梅、林斤澜的风情小说的激赏,《上海文学》对寻根文学的推举,《收获》对先锋文学的集中展示,《钟山》为新写实小说鸣锣开道的"大联展",都成为其办刊史上辉煌的一页,也在林立的文学期刊中为自己赢得了文化尊重与象征资本。文学期刊自觉地通过期刊策划来介入、干预、引导文学实践与文学进程,在90年代以后风起云涌,成为一种普遍的现象。《十月》《当代》《收获》《钟山》《花城》《人民文学》《小说月报》《中国作家》等老牌期刊,在总体策略上按兵不动,以不变应万变,仅仅在局部作出一些调整。《十月》《当代》《小说月报》《中国作家》依然保持其顽强地贴近现实的姿态,刊发的小说作品在文体上表现出向报告文学与散文靠拢的特征,热衷于追逐具有鲜明的时效性的题材,小说的新闻化趋向日益明显。而《收获》《花城》等在80年代中后期为先锋文学摇旗呐喊的期刊,也开始向现实主义的趣味回归,形式探索的声音逐渐沉寂。还有一个值得注意的现象是,纯文学与俗文学的界限逐渐模糊,譬如《当代》在2005年第5期头条位置推出杨志军的《藏獒》之后,2007年又以增刊的形式推出杨志军专号,推出其《藏獒2》,还重新刊发其20年前的旧作《环湖崩溃》,作为社办刊物的《当代》明显引入了畅销书的制作概念。此外,《当代》还非常重视发表一些影视同期作品,新近连续推出王海鸰的《中国式离婚》和《新同居时代》,《收获》也于近年发表了张欣的《深喉》、周梅森的《绝对权力》和《我主沉浮》。这些传统名刊越来越重视与出版、影视和网络等其他媒体的互动传播。

由于策划的概念最初运用于广告业和唱片业,"造势""炒作"似乎是其题中之义。20世纪90年代以来,文学策划以编辑为核心,集结了相当数量的作家和批评家,推出了一大批的文学口号与文学命名,几乎所有的文学思潮都和期刊的策划有不同程度的相关性。在某种意义上,文学策划潜在地改变了传统的文学格局。文学史家在面对90年代以来的文学时,首先必须清理的就是由文学策划留下来的泥沙俱下的各种名词。世纪之交的文学策划始终包含着"反抗危机"的目的,编辑对于文学的边缘化深怀着一种焦虑,因而,其中多有匆促上阵的草率和病急乱投医的非理性。随着商业意味的加强,期刊策划与文学建设的相关性日益削弱,期刊在面对市场运作时也不再羞答答,拉山头树旗号成为策划的首要目标,至于命名的科学性早已被忘到了九霄云外。《青年文学》的编辑就说:"90年代,人们的文学热情受到了非文学非文字传媒的强烈冲击,文学刊物以不断创新的旗号、林林总总的招牌来应对,尽管文学殿堂不可避免地沦陷为文学小卖部,但这种局部的努力,表明刊物不仅仅是一种编辑行为,而更是一种运作和操作(甚至炒作)。"①

  20世纪90年代以来的期刊行为接连不断。1994年4月,《钟山》与理论刊物《文艺争鸣》合作,为"新状态文学"鸣锣开道;《北京文学》在1994年第1期举起"新体验小说"的大旗,1998年第10期刊登朱文的《断裂:一份问卷和五十六份答卷》、韩东的《备忘:有关"断裂"行为的问题回答》;《上海文学》在1994年倡导"文化关怀小说"后,又与《佛山文学》联手推出"新市民小说联展",1996年又推出了"现实主义冲击波"专栏;《青年文学》从1994年至1997年开设"六十年代出生作家作品联展"栏目,1998年还开设"文学方阵"栏目,集束性地刊登某一地区的作家作品;1995年3月,《作家》《钟山》《大家》《山花》共同开设"联网四重奏"栏目,在同一个月份共同发表同一个作家的作品,意在推出文学新人,评论报纸《作家报》随后加入,在刊发联网作品的月份里配发评论专版;《小说界》早在1988年就开设了"留学生文学"栏目,并长期坚持,1996年至1999年开设"七十年代以后"栏目,专门刊登70年代出生作家的作品与个人简介;推举70年代出生作家的栏目还有《芙蓉》1997年第1期开栏并延续多年的"七十年代人"和《山花》1998年推出的"七十年代出生作家"(只开了一年),《人民文学》从1998年开始设立的"本期小说新人"栏目也推出了部分70年代出生作家的作品,《作家》更是在1998年第8期推出了"七十年代出生的女作家小说专号";自1997年开始,《小说选刊》与漓江出版社每年联合出版一套《中国年度最佳小说》;1999年,《时代文学》《作家》《青年文学》联袂举办"后先锋小说联展",并且配发脱离文本的理论主张;《山花》从1999年到2000年开设"自由撰稿人"专栏,发表职业作家的作品和创作谈;2004年,《花城》的"从花城出发"栏目和《小说界》的"80后小说"专辑集中推出80年代出生作家的作品。此外,众多期刊与企业联手,设立名目繁多的奖项,希望借助奖项的刺激来提升刊物的影响力。《大家》一创刊就与企业联手,推出10万元的高额文学奖;《东海》在举办30万元文学巨奖与每千字300元的全国纯文学最高稿酬奖之后,1998年至1999年又推出"广厦杯"50万元文学征

---

① 晓麦:《文学期刊就是主体行为》,《青年文学》2000年第1期。

文,旨在广揽海内佳作,争创一流文学期刊。《北京文学》1997年与中国当代文学研究会以及20家大型文学期刊联合举办"中国当代文学最新作品排行榜"活动,《人民文学》2003年与茅台集团联手设立了"茅台杯"《人民文学》奖,《当代》2000年设立总决赛冠军奖金为10万元的《当代》文学拉力赛,《中国作家》2001年设立了"大红鹰文学奖",《青年文学》2004年设立了"慈溪农行杯"《青年文学》奖。

如果说20世纪90年代初期的期刊行为带有明显的应急性,主要的切入点也着眼于标举文学口号与倡导审美试验,如"新状态"与"新体验"等,那么,90年代后期则往往从文学之外入手,进行具有商业意味的炒作,诸如以年龄划分出的"新生代""60年代作家""70年代作家""80年代作家"" '文革'后一代"等文学代群,更荒唐的是将美色与文学拼凑在一起的"美女文学"。将量化指标引入批评实践的"排行榜"与重金悬赏的做法开始流行。具有反讽意味的是,重奖的"炒作"往往只能带来瞬间的轰动,对于提高刊物品质与竞争力并无立竿见影的效果,甚至会适得其反。《东海》的停刊和《大家》的日渐萎靡,都与其功利的办刊思想密切相关。《当代》2004年设立"零奖金"的年度最佳长篇小说奖,同时取消了拉力赛的奖金,从反面印证了期刊文学奖的尴尬。

耐人寻思的是,20世纪90年代以来文学期刊的影响力逐渐下降,而期刊编辑的影响力似乎有升无降。从"十七年"到80年代初期,文学期刊是作家成长的摇篮,是文学出版选拔作品和人才的基地,然而,90年代以后,不少新生作者可以通过网络或者直接进入文学出版平台,迅速获得市场的认同。也就是说,文学期刊在文学传媒形式中显现出边缘化的趋向。就期刊策划而言,普遍存在的问题是:编辑们追求速效鄙视"慢功",偏爱"集群效应"冷落自甘寂寞的独立探索,强调极端化的特色拒绝不温不火的个性。90年代初期,"文学终结"的声音回荡在文学上空,"失去轰动效应"成了对文学困境的最为简明扼要的概括,于是,重新唤回80年代的轰动效应就成了文学留守者责无旁贷的文化使命。

在口号、运动、市场的压力下,对"轰动"的盲目追求只能使文学的功利性畸形地膨胀。期刊过分看重社会反响,就驱使编辑去组织作家炮制趋时应景的作品,紧跟社会热点,不经过生命体验的浸润和审美的升华,就生吞活剥地出炉粗糙的作品。这些年曾经流行的下岗、反腐、底层题材作品,少有精品,像那些迅速更新的时尚一样,随风飘逝,文学的独立性和审美性日益萎缩。20世纪90年代以来的期刊策划对文学的最为深层的影响是"代群意识"的强化,以代群划分文学已经演变成了一种恶性循环。以年龄、地域标准将作家划分为若干群落,已经成了文学期刊推举或炒作作家的惯例。这种约定俗成的做法已经成了文学期刊设置栏目的主要依据,而且,这种做法还将继续下去,毫无衰退的迹象。大部分期刊都希望发表在自己刊物上的作品能够体现出统一的文学主张和审美倾向,渴望以"合唱"的宏大声势为文坛带来激动,也为刊物带来声誉与效益。在这样的思路下,刊物对于作家作品的"群体性"的重视远远超过"个体性",对于适合自己办刊思路的"个性"能够极力栽培,对于不合自己胃口的"个性"就拒之门外。于是,那些无门无派的"独行侠"无人问津,而那些"流派"作家门庭若市。顺此下去,"独行侠"要么放弃"独唱"融入"合唱",要么湮没无声;"流派"作家紧跟刊物,"特色"日益鲜明,路子越走越窄,沦落为缺乏创造性的乡愿。渐渐地,编辑成为文学的判官,大有"顺我者昌,逆我者亡"的意味,90年代以来的文学在某种意义上成了"编辑的文学"。

在文学期刊的政治功能逐渐弱化之后,其商业功能被逐渐强化,交换的逻辑逐渐渗透到编辑行为之中,靠刊吃刊的现象也就在所难免。随着政府拨款的萎缩以至彻底取消,政府机构对于文学期刊的行政约束力量也相应地下降,期刊编辑获得了一种尴尬的自主性和独立性,他们在遴选稿件时玩"关系稿",制度化或变相地收取"版面费",都成为一种"潜规则"。至于拉赞助,卖版面,刊发"广告文学",这居然成了在自救名义下交换资源的"自由"。在这样的情景下,就很难保证期刊发表的作品是好作品,劣胜优汰的现象也就会不时地出现。基于此,在这个大转型的特别时代里,那些对文学始终怀抱热忱、信守艺术良知、拥有牺牲精神和敬业精神的编辑的存在,对于存续文学的正气、信心和后备力量,就发挥着积极而重要的作用。

二

关于文学期刊定位的调整,大体有五种模式:一是向"杂"过渡。在坚持文学性或保留一定比例的纯文学版面的前提下,拓展话语空间,打破纯文学封闭的视野与狭隘的小圈子意识,走泛文学路线,增加期刊的信息含量,鼓励作家更加广泛、更加具有针对性地直面鲜活的社会生活,走出封闭的象牙塔,摆脱逃入内心、顾影自怜的定势,倡导个体生命与广阔现实的深层对话,激活作家反思历史、心怀忧患的责任意识。二是办成特色鲜明的专刊或曰"特"刊。期刊对目标读者进行细分,从漫天撒网的大众传播转向快速精准的定位传播,专门面向某一年龄阶段、某一职业身份的读者办刊,或者集中力量主攻某一种题材、文体,采取定点、高效的"聚播"(focusmission)策略。三是走一刊多版的路子,拓展刊物的生存与发展空间,在保留纯文学基地的前提下,开辟一块新的试验田,摸索新的编辑风格与经营理念。四是打破地域限制。一些地处边缘的地方性文学期刊在坚守纯文学路线的前提下,打破画地为牢的地域封锁,突破封闭的办刊视野,以开放的全局意识迅速地与中心地区的文学刊物接轨,形成一种良性的竞争、互动与对话关系。边缘意义的凸起,带来了近年边缘期刊的崛起,形成了一种相互呼应的合力,促动了 20 世纪 90 年代中期以来文学期刊格局的变革。五是另觅出路,改版为远离文学的文化类、娱乐类、综合类期刊。这几种模式有交叉与重合之处,不少期刊的改制往往灵活地组合运用多种对策。

在期刊改制潮流中,泛文学路线堪称主流,其中不乏成功转型的案例。1996 年改版的《天涯》,立志"从文体上突破'纯文学'的框架,把《天涯》办成一本真正意义上的'杂'志,或者说'杂文学'刊物"①,设置了"作家立场""民间语文""艺术"等栏目,"文学"仅仅成为其栏目之一。该刊从一家边缘省份鲜有人知的地方刊物,转型为一家在思想文化界产生广泛影响的刊物,其办刊理念确有过人之处。《天涯》被普遍视为"新左派"的阵地,该刊开展的"新左派"与"自由主义"的论争、关于生态问题的讨论、关于"三农问题"的反思,其中不无意气之争,但其参与文化建设的积极意义是不容抹杀的。广东的批评刊物《粤海风》1997 年进行改版,当年出版了三期新版杂志,它标举"文化的现象批评"和"现象的文化批评",风格泼辣而犀利,独具一格,渐成气候。《北京文学》1996 年第 6 期开设"百家诤言""世纪观察"等栏目,像"忧思中国语文教育"的讨论产生了广泛影响,1999 年又推出"声音""记忆""思想""世纪留言"等栏目,但"思想""世纪留言"在当年就因为尖锐的批判立场而被迫停办。2001 年该刊又推出龙头栏目"现实中国",采用报告文学体裁及时报道公众关心的社会问题、事件及人物。在 1999 年的"改版热"中,不少文学刊物都通过打破传统的文体分界,变

---

① 蒋子丹:《结束时还忆起始》,《当代作家评论》2003 年第 5 期。

脸为"泛文学"刊物。《作家》杂志在小说、诗歌、散文和报告文学这四类传统文体之外开辟了一批新栏目,譬如"作家地理""记忆·故事""艺术中的修辞""物质生活"和专栏"塞纳河畔"等,在期刊的定位上也有重大转换,比如在原来的口号"作家们的《作家》"后加上"读者们的《作家》",正是这种"把为作家办刊转变到为读者办刊"的"立足点的转变"①,以创办"中国的《纽约客》"为目标,由"纯"向"杂"转轨;《青年文学》主张打破文体界限,倡导把小说的叙事、散文和诗歌的个人化感受以及报告文学的纪实成分融会在一起的"模糊文体";《山花》和《莽原》为"新文体"开辟了专栏;《大家》则近乎极端地呼唤一种突破了所有成规的"新的文学精灵"——凸凹文体;《黄河》《小说家》都缩减了文学作品的容量,大量刊登思想性文字。《中华文学选刊》在2000年也改变了只刊登当代小说、散文、诗歌等作品的惯例,把民谣、漫画、墙头标语等也纳入选刊视野,同时把评论矛头直指电视、话剧、新新人类等热点话题。②文体交融是文体演变的关键,但文学期刊联手呼唤"跨文体写作"却是项庄舞剑意在沛公,它们对于形式的革新并无太多的兴趣,更多的是从当时的思想随笔热衷获得启示,试图把文学的战场扩张到政治、经济、社会、文化等更加广阔的领域,而文学的审美本体倒是成了一种外在包装,成了食之无味弃之可惜的鸡肋。

　　受这种潮流的影响,《人民文学》从2000年第10期开始,也有意识地压缩小说的发文量,设置了回望历史的"记忆"、面向都市青年的"瞬间"等栏目,增加广义的散文文体的容量,借此直接向变幻的风尚和充满活力的现场发言。有趣的是,《人民文学》的这种试探贯彻得并不彻底,其整体风格和文体格局并没有发生质的变化。我个人以为,该刊的这种保留与观望是理性的。值得注意的是,原来作为短篇小说主阵地的《人民文学》越来越重视中篇小说。2000年,《人民文学》有八期刊物发表了两篇中篇,三期杂志发表了一篇中篇,一期杂志发表了三篇中篇,而且有九期杂志的头条都是中篇小说。在当年的第8期,杂志的头条是太阿的散文《腊梅花》,编者为此特意说明:"本期将散文、随笔置于特别推荐栏目之前,似乎有点儿一反常态。"③到了2003年,《人民文学》有八期杂志发表了三篇中篇,四期杂志发表了两篇中篇,每期大

---

① 段儒东(《清明》主编):《立足点的转变》,《北方文学》1999年第8期。
② 参见邓凯《1999:文学期刊何去何从》,《中华读书报》1998年10月21日。
③ 《编辑的期待》,《人民文学》2000年第8期。

多发表两至三篇短篇小说,第1期没有发表短篇小说。值得注意的是,当年的杂志有八期的头条是中篇小说,另外三期杂志中中篇小说也占据了内文头条的位置,处于目录头条位置的是苏童、王安忆的短篇小说和一组名为"非典时期的精神生活"的特稿,只有第6期的目录头条和内文头条都是戴来的短篇《茄子》。2004年,《人民文学》有八期杂志以中篇为头条,其余四期以中篇为内文头条。也就是说,翻开《人民文学》,首先看到的都是中篇小说。《人民文学》的这种办刊趋向体现出明确的文体指向,常务副主编韩作荣认为:"现在读者更为关注中篇,在编发的作品中,中篇的思想力度和可读性确实超过短篇。"①其实,除了《天涯》《作家》和《北京文学》之外,其余刊物的改制行动多为半途而废,匆促地推出口号,又糊里糊涂地偃旗息鼓。

走"特"刊之路最为成功的当属《萌芽》,1996年该刊开始将目光聚焦于高中生群体,但其转型奇迹的真正起点是1999年启动的"新概念作文大赛"。这项大赛既吸引了丰富的稿源,发掘了潜在的作者,又提升了刊物的社会影响力和文化竞争力。获奖作者在高考录取中赢得的优惠,以及借此成名的韩寒、郭敬明、张悦然等"八〇后"写手的横空出世,如同双重光环引来了中学生对该刊及其系列出版物的热烈追捧。必须澄清的是,该刊的成功有其特殊性,"新概念作文大赛"的初衷是反思应试教育,但其后续发展主要是从应试教育的体制漏洞中借力。另一被人反复阐释的例证是《佛山文艺》,1989年刘宁接任主编后开始策划改版,逐步转型为"第一打工文学大刊",在期刊界被誉为"《佛山文艺》现象"。《佛山文艺》的目标读者锁定为珠江三角洲地区的打工族,围绕着打工者的接受趣味,关注打工族生存的酸甜苦辣,感同身受地抚慰他们的精神苦闷,传达他们被压抑着的内在诉求,鼓励打工者"我手写我心",书写刻骨铭心的个人体验,赋予小说、诗歌、散文以新的表达空间与文体活力。1993年《佛山文艺》创办互动性刊物《外来工》(2000年7月改名为《打工族》),集中发表新闻性、纪实性、资讯类的文字,与《佛山文艺》在文体上既有明确的分工,又相互呼应相互补充。在发行策略上,《佛山文艺》也倾力挖掘广东本省市场,其核心读者群集中在珠江三角洲,近年开始向长三角和北京推进,寻找新的市场契机。另一家值得注意的是《短篇小说》,这家刊物是吉林省吉林市的地市级刊物,其前身《江城》也走名家路线,近年选择了"业余

---

① 胡殷红:《短篇小说为何失宠》,《文艺报》2003年1月18日。

作者"这条路线,其定位是专门办给业余作者看的。这家杂志的定位很清楚,就是没有一个名家。如果请名家写稿子,多是为了指导作者,为业余作者的作品作点评。①《短篇小说》的作者队伍辐射到全国各地,在文体上专攻短篇小说,而很多杂志的定位模糊不清,在中间地带徘徊,在名家与有潜力的业余作者之间摇摆,犹豫不决。

　　选择专门化路线的改制刊物还有不少,譬如《百花洲》2001 年改版为专营"女性文学"的刊物,只刊登女性作家的作品和男作家反映女性生活的作品;《芙蓉》1999 年制定"挑战传统阅读,推出新人新作"的办刊路线,大打"青春"牌;四川的《青年作家》则在 1999 年 11 月改版,高扬"中国高校互联网"的旗帜,瞄准大学生和网虫读者群; 2000 年,《广西文学》从综合型纯文学刊物改为以发表小品文为主的市井型"快餐文学"刊物;2000 年《天津文学》改名为《青春阅读》,面向青年读者尤其是中学生读者办刊;综合性文学刊物《海燕》2003 年 1 月改版,在杂志封面上醒目地标示出"都市美文"的字样,转型为侧重表现城市生存者的生命情怀和都市情调的散文期刊;2006 年,《小说选刊》举起改版的旗帜,"贴地行走",关注社会现实尤其是底层的生存状态,第 1 期反映民工生活的封面还引起了一场"馒头"风波。

　　新世纪初年,一刊多版是文学期刊的重要趋向,出刊周期缩短,出刊频率提高。像《作家》《收获》《钟山》先后在 2000 年、2001 年、2003 年办起了长篇小说的"增刊"或"专号",《小说选刊》的"长篇小说增刊"在创办七年后独立成《长篇小说选刊》,《十月》2005 年通过扩版办起了"长篇小说"版,《当代》2005 年办起了长篇小说选刊,《北京文学》2003 年办起了《中篇小说月报》,像《山花》《诗刊》《星星》《散文百家》《传奇文学选刊》及上海的《少年文艺》都办起了上、下半月刊或 A、B 版,《美文》《中华文学选刊》《青年文学》都办起了面向校园的少年版。还有一些刊物连续扩版,诸如《中国作家》《红豆》分别于 2000 年、2003 年从双月刊变身为月刊,2006 年都改为半月刊,走一刊两版的道路。《文艺研究》《文艺争鸣》等批评杂志也先后改为月刊。比较特殊的是《小说家》,它本来与《小说月报》是两刊,后来变成了《小说月报·原创版》和《小说月报·选刊版》,这等于是"两刊一版",但这次改版大大地提升了《小说月报·原创版》的发行量,从几千份攀升到十几万份。《芳草》2005 年首次改版为《芳草网络文学选刊》(上半

---

① 参见笔者与宗仁发的访谈录《站在作家与读者中间》,《当代作家评论》2005 年第 2 期。

月刊)和《芳草少年文学选刊》(下半月刊),上半月刊以遴选网络文学佳作为主,下半月刊注重以动感、活跃的青春魅力打动读者;2006年又出版原创文学版。《短篇小说》办起了原创版、极品故事版和选刊版。这两家杂志属于"一刊三版"。这种"一刊多版"现象让我想起了另一种"一刊多版"现象。"十七年"时期和20世纪80年代,当时的政策限制比较多,个别刊物印好了,但送审后不过关,杂志只好把有问题的稿件抽掉,将备用稿件补充进去,再出一个新版,不少杂志都遭遇过这种情境,像《中国》1986年第12期终刊号、《朔方》1987年第1期、《百花洲》1988年第4期就都出现了这种情况。新世纪的"一刊多版",反映了信息更新的加速。长篇小说版面的迅速膨胀一方面反映出长篇小说的产销两旺,另一方面也表明长篇小说的速生速灭。期刊争相进入选刊市场,表明原创文学精品的匮乏,读者在阅读时倾向于选择经过淘汰的选本,国内版权市场的不规范以及期刊评价机制对转载率的片面重视,都使"转发"凌驾于"原发"之上,以较小的成本获取较高的回报。期刊以刊代书和出版界以书代刊的经营策略,表明期刊与出版的界限呈现出逐渐模糊的趋向,两者都追求规模效应,在发行上走多元化路线。更值得注意的是,期刊的扩版、增版,也表明了一种唠叨的、量化的、速成的、高产的、缺乏节制的文风日益盛行,泛滥成灾。同样值得注意的是,在一刊两版的期刊中,其新版的市场反响往往要好于旧版,新版对旧版形成了一种既附属又反哺的奇怪现象,这类似于众多党报与其创办于20世纪90年代以后的市民化的子报之间的关系,这折射出报刊同时置身于计划体制与市场化经营机制之中的两难悖论。

边缘期刊成功转型的典型案例是1994年改版的《山花》。1995年,《山花》与《钟山》《大家》《作家》等刊物联袂推出"联网四重奏",同时推出了具有全国性视野的"跨世纪星群"等特色栏目,在最显耀的位置推出那些富有活力、具有审美独创性的跨世纪文学新人,在1995年至1997年间连续推出了37位六七十年代出生作家的作品,1998年又通过投票的方式,从这些作家中遴选出12家新锐,在"跨世纪十二家"中再度隆重推出。这种集群化的展示产生了较强的审美冲击力。这些努力为《山花》确立了"开放、兼容、前卫"的文化定位,而随后设置的"三叶草""文本内外""自由撰稿人""大视野"和"前沿学人"等体现了编辑的"超前意识、想象力和新的思维方式"[1]的品牌栏目,

---

① 何锐:《献给新世纪的花束——序〈当代中国作家精品·黄果树书系〉》,《山花》2001年第1期。

为之赢得了更大声誉,使其跻身于文学期刊的"四小名旦"之列。在批评期刊整体上呈现出萧条之势的氛围里,《南方文坛》从 1996 年第 6 期推出"改版号"以后,在张燕玲的主持下,突破广西的地域限制,聚集全国范围内的新锐批评家,办得"圆融"①而活泼,成为文学批评期刊中新生的劲旅。《红岩》从 2000 年第 2 期开始,也对自己的办刊理念作出调整,刊物的质量和影响都得到提升,但成效并不明显。《作家》《天涯》和 1994 年创刊的《大家》都地处边缘,但其立足本土辐射全国的视野,使自己在全国文学发展的版图中占有一席之地,获得了人无我有的品质,为被那些风格渐趋固定的名刊所遗漏、遮蔽与排斥的文学趣味,保留了一片生长的空间,尤其是以相对宽容的胸怀给新生的、富有探索性的审美追求带来了新的可能性。

  文学期刊的改弦易辙,一方面不断遭到"文学的自杀"的激烈批评;另一方面,一些文学编辑想当然地认为只要降低品位,走时尚和通俗路线,期刊就一定能够大红大紫。1994 年《长江》改刊为《今日名流》,其转型经验中还是有值得借鉴之处,遗憾的是 2000 年遭遇停刊命运。2000 年《湖南文学》"变脸"为《母语》,其定位是办成一本男性杂志,但其栏目针对的读者群存在明显差异,成了一本"十三不靠"的杂志,很快就夭折了。2003 年漓江出版社把早在 1998 年就停刊的《漓江》改刊为《中外烟酒茶》,定位是办成一本以白领男性为目标读者的高档休闲读物,本以为能够立竿见影,但仅仅办了三期就销声匿迹。1979 年创刊的青年文学杂志《花溪》杂志,2000 年当地政府部门完全停止拨款,被迫改版为国内首家以现代都市时尚情爱为主题的女性时尚杂志,其目标读者是"中学女生",打造少女时尚文化,颇有"少女杂志"的气质。2002 年改版的《南风》杂志的定位也是办成以表现城市心情和讲述爱情故事为己任的青春女性杂志。海峡文艺出版社主办的《海峡》先是改走校园文学路线,2005 年又改成了钓鱼杂志。2006 年年底,《海上文坛》停刊,刊号资源转让给了新生的儿童刊物《略知一二》。河北的《当代人》也在 2006 年年底策划改版,2007 年改成艺术生活类期刊。在我个人看来,与其让不少文学期刊因循守旧地重复办刊,只印几百份,除了寄赠交换之外就沉睡在仓库里,等着年底作为废纸一次性处理,不如让这些期刊穷则思变,避免资源的闲置与浪费。但是,这并不意味着期刊可以没有清晰定

---

① 卷首语《精神之风》,《南方文坛》1997 年第 1 期。

位就随意变脸。

三

20世纪90年代以来的文学期刊改制,十多年来反复地成为文坛热议和媒体追逐的话题。尽管前赴后继的改制进程中,不无成功的范例,但深入考察,即使像《天涯》这样一度独领风骚的前驱,依然存在不少隐患,前进道路上危机四伏,而更多的还是改制潮流中的失败者。颇具反讽意味的是,在文学期刊界占据主流的声音是"到了非改不可的地步"①,每年年初,相关的媒体上总要报道新的一年有哪些文学期刊采取了哪些新的改版措施。文学期刊的改版,一如推石上山的西西弗斯,不断地在接近终点时退回到起点,进行悲壮而徒然的努力。基于此,有必要对期刊改制的成功经验和思维误区进行深入的总结与反思。

每家期刊改制成功的经验都有其特殊性,别的期刊不能生搬硬套。在某种意义上,别的期刊在改制时做得比较好的方面,往往是后来者不应该复制的。期刊改制一定要建立在对自身存在的问题与症结的深刻反思的基础上,对症下药,而且要优先解决根本性问题,避免小题大做;否则,只能遗患无穷。期刊改制的成功经验,我认为大致有如下几个方面:

其一,打破重复办刊的惯例,办出鲜明的特色,力争人无我有人有我强。在计划体制的文学格局中,文学期刊也就大同小异,省级文学期刊几乎都是仿照《人民文学》的办刊路线,文学动向和文学信息也呈现出从中心向地方扩散的运动规律。计划时代的文学期刊在办刊风格上严重雷同,常设的栏目无非是小说、诗歌、散文,有些期刊还点缀有评论、报告文学等栏目。作为省级和地市级文学期刊,其主要目标是反映当地的文学成就,培养本土的文学作者。在相当长的一段时期内,那些边缘的省市级文学期刊重点刊发短篇小说,数量颇大却少有佳作,这似乎也和它们在质量上把关不严有一定的关系,每期都有几个短篇小说,这都有点填充版面和凑数的味道。在改制期刊的栏目设置上,像《天涯》的"民间语文"、《作家》的"作家地理"、

---

① 参见梁若冰《到了非改不可的地步——文学期刊如何走出困顿》,《光明日报》2004年2月20日。

《佛山文艺》的"城市新移民"和"新民间话本"、《山花》的"自由撰稿人"、《粤海风》的"反响"、《南方文坛》的"今日批评家"、《萌芽》的"青春心事"等,都绝妙地诠释了各自的办刊宗旨,在其他期刊忽略的空隙里建立了自己的"特区"。

其二,做好风险评估和长期规划,在尽量保持刊物的稳定性与连续性的前提下,稳中求变。就文学期刊而言,文学潮流的流转是变幻不定的,没有哪一家期刊能够始终立于潮头,因此自身坚持的风格才是奠定品牌的基石。只有这样,期刊才能保持旺盛的生命力。以两家都创刊于 1980 年的《小说选刊》与《小说月报》为例,20 世纪 80 年代的《小说选刊》比《小说月报》具有更加鲜明的审美包容性和艺术敏感度,但在经历了 1989 年的停刊后,复刊时已经是元气大伤。而《小说月报》始终坚持其现实主义趣味,甚至不无狭隘之处,但从经营理念而言,总体上是成功的。尤其是《小说家》改版为《小说月报·原创版》,作为同样隶属于百花文艺出版社的小说类刊物,这种品牌整合避免了品牌的分散,在印刷风格和审美趣味上都基本保持一致,使品牌形象显得更加简单、清晰、卓然不群,可以集中优势资源把品牌做大做强,而且为品牌的可持续发展开辟了新的空间,一方面利用《小说月报》的影响力,使《小说家》摆脱了生存困境,另一方面使"原发"和"转发"形成良性互动。与《小说月报》相比,《小说选刊》的中断和近期的改版,都使其出版风格缺乏稳定性与连续性,而且《小说选刊》的改版方向与《小说月报》长期形成的风格不无雷同之处,加上《小说选刊》的提价,尽管该刊在不少媒体反复宣传其发行量的提升,但我个人并不看好其未来发展。在选刊市场,《小说月报》目前堪称小说类市场的第一品牌,《小说选刊》知难而上的做法,显然缺乏足够的风险评估和长远规划。

其三,从盲目的大众传播走向精确的小众传播,根据读者的年龄、性别、职业、受教育水平、所属地区的差异,对目标读者进行定位,在此基础上,针对目标读者的接受心理、审美趣味、文体偏向,进行有的放矢的定向传播。在计划期刊时代,文学期刊的主编基本是由上级委派的,作家担任主编在中国当代文坛是司空见惯的事情,这类主编当然有成绩斐然的,茅盾、巴金、靳以、丁玲、秦兆阳、韦君宜等人都曾在这个岗位上倾力扶植过文坛的新生力量;但不合格的似乎更多,要么"出名不出力",仍然把主要精力投入创作之中,要么以自己的趣味为准绳,经营自己的小圈子。在用人机制上长期沿袭论资排辈的做法,使期刊的运作缺乏必要的激励机制,很难激发编辑的责任心和创造激情,编辑几乎不考虑读者的接受心理。文学期刊的成功改制不仅必须对接受群体进行定位,还必须对自己的作者群体尤其是作品风格做出取舍。一些期刊只要收到名家稿件,就不管其风格是否适合自己的杂志,更不管其质量,如获至宝,这只会损害杂志的形象和声誉。《花溪》的转型引发了一些异议,但其对读者、作者、作品风格的定位及其运作机制,值得借鉴。

其四,在核心价值的统摄下,追求风格的多样化与互补性。不少期刊界人士把改版理解成了炒作,炒作无非是提高期刊的曝光率与知名度;而品牌建设光靠一时的风光是远远不够的,这要求期刊必须长期地维护其核心价值。如果一家期刊形象模糊,而且犹疑不定,就无法拥有稳定的读者群体,而且无法在林立的期刊中凸显自己的个性,很快就会泯然无声。《佛山文艺》与《打工族》的良性互动,一方面保持了核心价值的基本一致;另一方面又考虑到同一类型读者的内在差异,使品牌内涵具有了明确的指向性和较大的包容性。对于尝试一刊多版的文学期刊来说,或许应当带着自己的问题,对这种模式进行深入的考察,从中获得有益的启示。

在期刊改制的潮流中,不少期刊的主编为了走出困顿,认为只要发行量能提升就"怎么都行"。这种有奶就是娘的做法不仅无法让刊物焕发生机,只会陷入越来越浮躁的恶性循环。期刊改制之所以会陷入思维误区,在于都不清楚自己想要什么,不要什么,能做什么,该做什么,结果往往只能闭上眼睛走向种种歧途。

其一,盲目跟风,从旧的重复办刊模式走向新的重复模式。改版潮流中的选刊热和校园文学热就是典型现象。《散文》1993年推出萃取刊发于海内外报刊的中文散文精华的"海外版",山东的《文学世界》2001年改成《新世纪文学选刊》,《诗神》2000年改版为《诗选刊》,《芳草》2005年改版后同时出版《芳草网络文学选刊》(上半月刊)和《芳草少年文学选刊》(下半月刊),《北京文学》《当代》《散文百家》都出版了选刊版,小说、诗歌、散文等期刊都把选刊当成救命稻草,一场选刊大战一触即发,一窝蜂地办选刊将带来恶性竞争,同类选刊的选目重复越来越严重。在《萌芽》的改版获得成功后,《花溪》《南风》《天津文学》《青年作家》都把在校学生锁定为目标读者,《美文》《青年文学》《中华文学选刊》都推出了少年版,这种跟风现象反映出期刊改制的浮躁与功利。随着低龄写作风潮热的退潮,这些如雨后春笋一样涌现的少年版必将面临再次的淘汰。

其二,轻易放弃刊物长期积累的优势与特色。放弃或者减弱文学性,并不意味着市场化追求就一定能够实现。有时这种牺牲还得不偿失,一方面失去了原来的铁杆读者,另一方面又很难争取到那些真正把阅读当成消遣的读者,在文学与市场之间徘徊,很可能哪边都不讨好。更值得注意的是,一些期刊的管理部门总是把更换主编作为振兴文学期刊的杀手锏,不少文学期刊因为更换主编等重要人事变动而出现波动或震荡,一些新上任的主编为了显示自己的魄力,新官上任三把火,进行大刀阔斧的改革,为了显示自己的特立独行,凡是前任主编坚持的就一律反对,但实际效果适得其反,把杂志推入很尴尬的境地,将杂志经过长期的历史积累形成的特色给抛弃了,大大地削弱了期刊的品牌含金量。成功的期刊改版,必须处理好继承与发展的关系,尽量用好用足期刊的象征资本。《十月》《当代》《收获》等品牌期刊在改版潮流中谨慎的观望姿态,正在于深刻地意识到只有稳定的核心价值才能抵抗善变的时尚的冲击,抛弃自己的优势无异于自取灭亡。《湖南文学》《漓江》分别改版成《母语》《中外烟酒茶》之后的命运,就是绝妙的反证。

其三,反复无常的变脸游戏,无异于饮鸩止渴。不少文学期刊的改版不成功,就因为其改版太过随意和草率,没有经过深入的市场调查与可行性论证,把改版当成了包治百病的灵丹妙药。《天津文学》2000年改成《青春阅读》,又在2001年9月回归纯文学,一会儿想抓住中学生,一会儿又想抓住白领,像熊瞎子掰玉米一样,什么也没得到;《西湖》2002年9月改成四不像的综合性大文化刊物《鸭嘴兽》之后,又在2004年7月重新启用原名;《广西文学》2000年改为小品文刊物,2002年9月又重新定位为综合性文学刊物;《青年作家》在1999年年底打出"中国高校互联网"的旗号之后,2006年又转而标榜多元化文体,希望通过关注"民间纪实"来实现市场突围。还有《山西文学》,一度计划面向郊区和农村改革的现实办刊,结果半途而废,韩石山接任主编后转向兼顾思想文化与文学创作的路线。在改版潮流中,不少期刊缺乏长远的规划,抱有一种投机与赌博心理,对改版将要遇到的风险与困难缺乏心理准备,更没有理性的预判,先是将改版当成了点石成金的魔杖,很快又视之为万丈深渊,一旦发现效果不明显就赶紧后撤。对于多数文学期刊而言,其弊端积重难返,希望在短期内力挽狂澜,那只能是痴人说梦。

其四,包打天下的"雅俗共赏",往往导致雅俗不赏的尴尬。譬如在"跨文体写作"热中,不少期刊希望催生一种混融了多种文体特征的新文体,既拥有文学的诗性与美感,又能容纳更加厚重的社会、历史、思想与文化含量。一种新文体的诞生,需要较长时间的孕育与生长,无法一蹴而就。说穿了,那些被冠以各种新命名的文体只不过是思想文化随笔,要让各种阶层的读者都接受它,无异于缘木求鱼。《山东文学》的副主编许晨说:"文学期刊的发行量大幅萎缩是个不争的事实,发行量小想拉广告太难了。从我们社长到副主编及普通编辑都有创收任务。"①不少文学期刊都把创收任务落实到人头,一人负责若干栏目,一人一套想法,总想给困境中的期刊多留一条后路,这就难免导致"雅俗共赏"的大杂烩。越是想让更多的人接受和认同,往往适得其反。文学期刊的改版一定要有所放弃和拒绝,想什么都要,结果什么都抓不住。在20世纪90年代初期,一些文学期刊的编辑想当然地认为办《家庭》《知音》一类的杂志易如反掌,认为玩通俗只是小菜一碟。事实上,《家庭》《知音》等杂志的品牌建设是长期苦心经营、积累和维护的结晶。一些打着"雅俗共赏"幌子的期刊以此为冠冕堂皇的借口,迎合低级趣味,哗众取宠,催生了一些不雅不俗、大俗不雅的作品,为取悦金钱而亵渎灵魂。一些期刊从业人员误以为只要渲染低级趣味,期刊就一定畅销,事实上这是低估了读者。而且,通俗并不是庸俗,靠颓废、暴力、色情去吸引读者最终必然遭到唾弃。《传奇文学选刊》的"恐怖"版和"奇幻世界"版以及主推玄幻文学的《梦想者》的停刊,都表明庸俗绝非长久之计。

布尔迪厄说:"凡是提供'高级文化'的机构,只有靠国家资助才能生存,这是一个违背市场规律的例外,而只有国家的干预才能使这个例外成为可能,只有国家才有能力维持一种没有市场的文化。我们不能让文化生产依赖于市场的偶然性或者资助者的兴致。"②在高度市场化的西方世界尚且如此,在计划经济向市场经济转轨的中国"依赖于市场的偶然性或者资助者的兴致"办文学期刊,其难度可想而知。因此,把文学期刊完全推向市场,让其自生自灭,并不合理;评价机制也不应该把畅销与否作为衡量期刊价值的最高标准。国家一方面应该引入市场竞争机制,淘汰一些在平庸中苟活的文学期刊;另一方面应该选拨其中有特殊人文价值但缺乏市场前景的期刊,给予资助,维持那种能够成为民族文化积累的"没有市场的"文学。

---

① 许晨:《文学期刊举步维艰》,《齐鲁晚报》2005年7月23日。
② 皮埃尔·布尔迪厄、汉斯·哈克:《自由交流》,三联书店1996年版,第68页。

◎ 第五章 文学出版的文化转型

20世纪90年代以来,消费文化的畸形繁荣,使市场成为检验文学出版机构的试金石,甚至有了成者为王败者为寇的残酷。尽管众多出版机构仍然把社会效益与经济效益作为选题论证的价值标准,但商业的魔力显然对出版部门的生存与发展具有更强的威慑力。文学出版从以生产为本位的计划机制逐渐地向以消费为本位的市场机制过渡。在计划经济时代,发行与销售在出版流程中无足轻重,是附庸的服务部门,巨额码洋图书的库存与滞销并不影响出版机构的生存发展与业绩考评,图书的选题、编辑、出版周期与图书市场完全脱节。但是,随着市场经济在90年代的风起云涌,图书的发行销售、市场反应逐渐成为选题、编辑工作的指挥棒。计划体制下各自为政的选题、编辑、发行等出版环节在新的出版理念下相辅相成,全能型的、全局式的出版策划日益显示其重要性。品牌竞争与宣传包装成为出版机构抢占市场份额的重要手段。相对于90年代以来的期刊策划而言,出版机构的策划更加注重市场运作。在80年代的文学传播中,出版商似乎还在扮演配角,许多作品都是先在期刊发表并产生反响后才以书籍形式出版。但是,90年代以来"丛书路线"的流行尤其是"布老虎""跨世纪文丛"的成功,个体书商运作的"第二渠道"的有力竞争,打破了传统的文学出版秩序,出版机构开始以主动的、迅速的姿态"制造"和"开发"市场,消费文学成为出版的主导性话语。人民文学出版社在1992年推出梁凤仪财经小说系列,算得上是具有典型意义的事件。

一、名利的夹缝

从20世纪80年代中期以来,文学出版的格局呈现出一种过渡性特征,由计划机制向市场机制转轨,进入一种新旧杂陈的状态。文学出版的中坚力量是35家专业文艺出版社(另有42家出版社有文艺图书出版业务)。① 尽管出版机构越来越重视图书的选题与策划,追求市场号召力,希望能够及时介入公众热点,把握大众消费心理的脉搏;但是,坚持正确导向,注重社会效益与经济效益的互动,仍然是出版部门的基本方针。在这样的文化语境中,出版社普遍重视旨在申报各种奖项的图书的编辑出版,国家图书奖、"五个一工程"一本好书奖、茅盾文学奖、中国图书奖和鲁迅文学奖成为它们梦寐以求的荣誉,获奖经历成为衡量一个单位业绩的重要砝码,获奖的光环同样会制造出市场热点。这样,"主旋律"图书的出版得天独厚,有实力的出版社总是全力以赴。而且,"主旋律"图书与"主旋律"影视剧是一种孪生关系,后者往往会从前者之中选择文学脚本,影视的推广成为图书销售的点金术。比如张平的《抉择》原载《啄木鸟》1997年第2、3、4期,由群众出版社出版后获"五个一工程"奖、建国50周年十大献礼小说和第五届茅盾文学奖,被改编为电影《生死抉择》后更是在全国范围内产生强力震动,引发了猖狂的盗版潮流。这还带火了由作家出版社出版的《十面埋伏》,仅2000年就销出了27万册。作家出版社出版的长篇小说《中国制造》获得1999年国家图书奖、中宣部"五个一工程"奖,并被推举为"共和国五十年全国十部献礼优秀长篇小说",发行数也高达8万册。②

主旋律作品、畅销作品和纯文学作品在世纪之交的文学出版中三分天下,颇有鼎足而立的意味。这种格局意味着图书市场的功能分化,图书规划对目标读者的定位更为明确,更具有针对性。专业化的市场细分使图书出版从漫天撒网的"大众"传播转向有的放矢的"小众"传播。不过,这种划分不是绝对的,主旋律作品在商业上同样可以获得成功,纯文学作品也能成为书市的大赢家。如截止到2000年,《白鹿原》各种版本的总发行量在94万册以上。中外文学经典的出版炙手可热,像人民文学出版社的《围城》,总印数已在220万册以上。③ 出版机构总是紧盯名家新作,而缺乏商业卖点的新人作品和注重形式探索的文学新作在公众中很难产生反响,因此在出版市场中饱受冷落。这类图书的出版逐渐边缘化,不少出版社甚至把出版这类图

---

① 参见赵晋华《2001年上半年文学书情》,《中华读书报》2001年7月25日。
② 参见李春林、秦晋《作家出版社坚持正确导向大力推进改革 成为传播先进文化的生力军》,《作家文摘》第403期,2000年10月24日。
③ 参见蓝星《人民文学出版社50华诞 经典好书传天下》,《北京青年报》2001年3月28日。

书看作了近乎施舍的公益事业。图书市场的大趋势对文学创作产生了非同寻常的调节作用,吃力不讨好的纯文学创作队伍走向分化,一部分作家如周梅森走出形式的堡垒介入社会,高扬主旋律旗帜;更多的作家转入商业化写作,或者在艺术与商业之间游荡,追求所谓的"雅俗共赏";对文学产生深远影响的是文学新人的"投机",那些具有良好文学潜质的新人似乎只有急功近利、哗众取宠才能杀出重围,杀鸡取卵的行为必然使作家个人以至整个文学的发展丧失后劲。

走向市场是20世纪80年代后期以来文学出版的显性话语。1992年,华艺出版社首次出版了《王朔文集》,并在"文革"后在国内首次实行版税付酬制。同年,长江文艺出版社推出《跨世纪文丛》第一辑,收入59位作家在90年代创作的60部作品。这部文丛以强烈的品牌意识将纯文学作品推向市场,尽管编者自称"从美学—历史的角度来选择"作家作品,但也意识到了个别作家的创作"带有相当强烈的表象化和欲望化的倾向"①。文丛将文学史立场与市场推广结合起来的尝试,在维持文学的审美尊严的前提下兑现了文学的商业价值。1993年10月28日,深圳举办"1993深圳(中国)首次优秀文稿公开竞价",11部作品成交额达249.6万元。② 浓重的商业气息席卷文坛,不少作家弃文下海,更多的作家选择了"以文养文",弃雅从俗。同年,春风文艺出版社的安波舜策划了"布老虎"丛书,开创性地以商标注册的形式对文学作品的出版进行商业化运作。丛书的读者定位是城市白领阶层,是"代表中国大多数的理工知识分子,是最活跃最先进的生产力……而来自于文学界的批评、判断甚或发现的惊喜,就当下的意义,都不能代表他们"③。丛书由传统文学出版的"作家主导"转型为"出版主导",出版者全程策划了选择作家人选、稿酬标准、配置作品中的畅销因素、包装行为、发行时机等等。作品的类型化特征极为明显,用张颐武的话说就是"情"与"传奇"④,但与其说是"情"与"传奇",毋宁说是"性"与"猎奇"。由"布老虎"丛书编辑部推出的小叶秀子的《爱情辫子》,编者策划的广告文案是这样写的:"女军官没能将贞洁保留到新婚前夜,一错再错,突然谜一般嫁给行伍老兵、商界英雄。……"洪峰的《苦界》凭空构造了一个国际谋杀案,不厌其烦地卖弄着现代武器

---

① 陈骏涛:《为新时期的文学历史作证》,《南方文坛》1997年第6期。
② 叶永烈:《"深圳文稿竞价"亲历记》,《作家》2000年第9期。
③ 安波舜:《"布老虎"的创作理念与追求》,《南方文坛》1997年第4期。
④ 张颐武:《布老虎:文化转型时代的创意》,《南方文坛》1997年第4期。

知识。英雄加美女的情节结构承载着暴力与性的双重主题,这堪称畅销书的经典模式。

二、"自由"的枷锁

"布老虎"丛书的问世意味着职业作者机制的萌动。西方出版业普遍采用签约作者制度,作者按照出版商的要求"制造"出适合市场口味的作品,这就要求畅销书作者放弃自己的个性,严格遵照事先的约定进行创作。根据常规,国内一般的出版机构不把作者视为"自己的人",他们仅仅充当二传手和筛选器的功能,把经过挑选的作品送到读者手里。"布老虎"丛书的趣味有着鲜明的中产阶级色彩,用王晓明的话说,就是体现了"成功人士"或"新富人"①的价值辐射。1997年11月,"布老虎"丛书在两年的期限内用一百万元的天价征集一部"金布老虎爱情小说"书稿。这次征稿共收到来稿678部,其中专业作家来稿61部,编辑部在审读后认为仅有皮皮的《比如女人》比较接近标准,其余作品均存在不同程度的偏差。② 2000年又爆出铁凝的《大浴女》获得百万大奖的传闻。作者愿意为巨奖而接受出版商的严格限制,愿意以牺牲个性为代价。这样的写作已经和创作自由离得很远,作者与出版商之间的关系是一种交换关系,我把这样的写作称为"雇佣写作",写作成为根据规格要求加工产品的雇佣劳动。

关于作家受雇的潮流,可以追溯到1993年的"周洪"事件,这由几位出版社资深编辑组成的写作集体的作品,在大陆的版权全部被中国青年出版社买断,在香港、台湾的版权被梁凤仪的勤+缘出版社买断,作者三年内的创作计划必须经出版社批准,作者无权擅自做出决定,无权透露自己的写作计划。专门写作畅销小说的"雪米莉"也与出版机构达成了心照不宣的约定。1997年夏天,在出版界颇具声誉的作家出版社的一个新动作引起了业内及新闻界的注意——该社在国内率先试行作家签约制,将"九州方阵创作室"收归旗下,与创作室的四位青年作家签订了出版合同。

---

① 王晓明:《半张脸的神话》,《上海文学》1999年第4期。
② 参见张景勇:《"金布老虎爱情小说"重奖征稿已两年 大奖至今无得主》,新华社北京1999年12月25日晚报专电。

洪烛、古清生、伍立扬和赵凝成为该社的首批签约作家,作家出版社以丛书的形式,长期而连续地展示他们的创作成果。春风文艺出版社1998年也与有"大陆琼瑶"之称的严丽霞签约。1999年,人民文学出版社与青年作家柳建伟等签约,不惜人力、财力的大投入,对他进行包装,让他的作品成为人民文学出版社的畅销品牌。有意思的是,这些约定大都不了了之。世纪之交,"行走文学"浮出水面。1999年,云南人民出版社组织了阿来、扎西达娃等7位著名作家,分7条路线走西藏,推出了"走进西藏"丛书;次年,又动员云南8位作家进行"解读云南文化千里行"活动,随后重金邀请贾平凹、徐小斌、刘亮程、李冯、邱华栋等作家"游牧新疆",出版"游牧新疆"丛书。此外,中国青年出版社和博库网联合推出了"走马黄河"行动,二十一世纪出版社推出了"行走文学青春版"。2000年,鹭江出版社的策划人阿正亲自带队,邀请葛剑雄、周国平等学者同南极科考队同行,开展"人文学者南极行"活动,把"行走文学"推到了高潮。2000年余秋雨的"千禧之旅"与"欧洲之行"将这一潮流推至顶点,《千年一叹》热销一时。出版社决定选题、确定路线并提供费用,成为"行走文学"的发起者和组织者,这就不能不使作家的创作成为"命题作文"。出版社对写作的时限、特色与集群效应的要求,使作家的自由想象难以施展,商业契约成为作家难以摆脱的红舞鞋。更为重要的是,一个独特地域的文化灵魂在很大程度上具有自足性和封闭性,她只在特定时间向特定的人群敞开,走马观花的"行走"捕捉到的只能是浮光掠影的风情。

  20世纪90年代以来,中国文坛在为自由写作而欢呼时,并没有对自由的代价给予足够警惕。其实,雇佣写作并不一定拥有"签约"的外在形式。为钱写作是雇佣写作的本质。更为可怕的是,那些初出茅庐的作家,自觉地按照出版商的要求修改自己,使自己能够符合要求,受到青睐。那些靠卖文为生的"自由作家",更是必须在自由意志与商业意志之间寻求妥协;否则自由就等于失去保障的自戕。在这种意义上,雇佣写作也就有了一种优越,而且在有限的范围内享有了某种自由,因此成为许多作家心向往之的目标。何顿就说:"我没有工资可拿,我的每一分钱都是面对电脑干出来的,哪里稿费高,我就往哪里跑,没有别的思想,因为稿费高就可以多抽几包好烟。……如果写小说养活自己不了,我只怕又得去干别的了。"①在商业意志的作用下,年轻的作家渐渐地被游戏规则所左右;而那些有着广泛的市场号召力的名家,成为出版商关注和争夺的焦点,众多的约稿邀请和可观的预付稿酬逼迫他们成为高速运转的写作机器,尽管其名声足可以使出版商尊重其创作个性,但在薄积厚发的压力下,泡沫写作成为难以摆脱的陷阱。因此,"自由撰稿人"在某种程度上是一种商业标签,我们不妨来看看市民报纸上的描述:"有人称他们为'自由撰稿人',也有人管他们叫'写手''枪手'。有人说他们是地下'文字黑工厂'的'黑把头'——用剪刀和糨糊拼凑文章,或干脆把别人的作品署上自己的名字发表;他们用复印机成百上千地把'文化赝品'发往各地,然后坐等雪片般飞来的汇款单。"②由此可见,"自由"其实是在话语权力与文化商业的夹缝中穿行的荆棘路。

20世纪90年代以来,文学出版的另一新趋势是"第二渠道"的出现。个体书商在打破常规方面显示了强大的活力。一方面,一些不法书商的生存依靠盗版,大量地盗版;另一方面,个体书商一般靠卖书稿、做枪手、做图书零售和批销起家,与二渠道市场一起诞生、成熟,天然地适应市场竞争。书商的素质今非昔比,经过市场的不断淘汰,一批生机勃勃的、有极强市场竞争力的挑战者已经出现。不少图书工作室做过工商登记,不过其注册的经营范围中包含图书批销业务,并不包含图书出版业务。这类公司多与一家或多家出版社有稳定的合作关系,因此有人将其称作1.5渠道。90年代,北京科文剑桥图书有限公司、北京华章图书有限公司、北京正源图书有限公司是其中几家比较典型也比较成功的图书公司。科文以出版教学辅导书、少儿书、科普书起家,每年平均出书300种以上,规模相当于一家大型出版社;他们还利用外资在网络上开办了当当网上书店,号称是中国第一家盈利的网站。华章是专业出版计算机图书的公司,因为老板是美籍华人,能够在第一时间甚至是同步获得美国新书的版权。正源出版的第一本图书是王小波评论集《不再沉默》,出版的最畅销图书是《格调》,随后他们笼络着国内一批年轻的小说随笔作者,其目标是建成综合性出版公司。③ 红桃K的总裁谢圣明就是做书商起家的,他既有红桃K,又是上市

---

① 何顿:《写作状态》,《上海文学》,1996年第2期。
② 步雄:《素描京城"枪手"》,《齐鲁晚报·今周末》2000年11月17日。
③ 徐晓:《当代中国民营出版的演变》,香港《二十一世纪》2001年8月号。

公司东湖高新的第一大股东。红桃 K 又在搞他们原来办的杂志《青年心理咨询》，从战略上看，这是他们进入出版、文化产业的一步棋。武汉原来的上市公司长印股份，就是被一个叫刘波的书商兼并了，改名叫成诚文化。这人是季羡林的博士生，策划出版过一套 139 本的《传世藏书》，1999 年又斥资 200 万启动每套售价 6 000 元的西方名著 100 种出版工程；但好景不长，成诚文化很快就走到了破产的边缘。这也说明，出版的理想与抱负有时也是导致商业失败的因素之一。作家出版社的社长张胜友说："全国图书销售总额中，受国家政策保护的教材、教辅就占了近 2/3。同时，二渠道书商又在迅猛崛起，抢占市场份额，在一定程度上，几乎垄断了图书市场。这里指的是，除教材、教辅以外，出版社与书商都共同参与竞争的占出版总量 1/3 强的自由市场。……我倒是有一种理念，就是要把个体书商的经营机制引入到我们国营出版社来。……我们主动出击，参与市场竞争，要引进个体书商灵活的经营方式，同时又要过滤掉某些人违法乱纪的经营手段和不讲求社会效益只图谋利的消极部分。"[①]

随着中国加入 WTO，为了直面愈来愈激烈的出版竞争，摆脱国有出版机构腹背受敌（内有"第二渠道"，外有随时准备乘虚而入的跨国出版集团）的困境，出版体制改革在新世纪初年被提上日程，全国成立了不少出版集团。重要的有中国出版集团、世纪出版集团、作家出版集团等，大多数省市将管辖范围内的出版机构整合成了集团。在我个人看来，这种半行政半企业的集团并不能提升民族出版的竞争力，反而在叠床架屋的行政隶属关系上又加了一层。有趣的是，原来处于半地下状态的第二渠道开始半遮半掩地浮出地面，被改称为"民营出版"。所谓的"民营出版"与国营出版有千丝万缕的联系，借鸡生蛋，在机制上高效灵活，又没有国营出版社背负的种种包袱，总能抢得先机，出奇制胜。个体书商的成熟使雇佣写作获得了更加广阔的市场空间。安波舜时代的"布老虎"丛书的发行就由第二渠道经营。"跨世纪文丛"的最初策动者更是一个个体书商[②]，后来的市场运作也主要由武汉"作家书屋"经理彭想林主持。个体书商雇请枪手早已不是秘密，他们在包装作家方面尤其表现出敏感的市场意识。由洛艺嘉、严虹、王天祥、陶思璇组成的"美女组合"就是由个体书商从 20 名候选者中精选出来的。她们都是"1970 年后出生、90 年代上大学"的"写东

[①] 胡殷红：《出版家张胜友谈 WTO》，《作家文摘》第 385 期，2000 年 6 月 20 日。
[②] 参见陈骏涛《为新时期的文学历史作证》，《南方文坛》1997 年第 6 期。

西"的丽人,"同时还要是从外地来北京的,工作和其他方面都比较有成绩的",并以四重唱的方式配上照片出书。《说吧,我是你的情人》《同居的男人要离开》《亲爱的你》《很想做单亲妈妈》,仅仅看这些书名就不难感受到其中的商业诱惑。严虹声称:"书名和配照片我当时是不同意的。我们个人认为作家还是应该神秘一些。可是出版商非常聪明,他们将我们的照片精挑细选之后登了出来,并且还给我们每个人定了位,我的书把原来的名字《听说爱情回来过》改成了《说吧,我是你的情人》。我认为是成功的,有人说我们是'粉色炸弹',是'四大俗'。"而书商给她们的定位"就是白领中的女性情感,就是'粉领'。因为我们这套书的内容都是写'粉领情感'的"①。由此可以看出,雇佣写作注定是身不由己的,商业定位成了创作自由的紧身衣,它对写作者的约束称得上是"无微不至",小到书名与出版形式,写作者本人都没有选择权与决策权。

说到20世纪90年代以来的自由写作与民营出版,顺便提一下思想随笔热,因为自由思想者在这一潮流中开始初露端倪。有意思的是,一批标榜自由的思想随笔集的出版,和一个叫做贺雄飞的个体书商紧密联系在一起。他1996年3月正式注册成立"草原部落创作室"。书商给人的第一印象往往是见利忘义,而他却宣称:"我的角色就是为思想者找知音、找市场,充当思想的媒婆,为缺乏思想、不思想甚至反思想的土壤注入思想,我希望国人都来思想,都来与思想者共舞。思想者也决不应该故作矜持、清高、深刻,应走向民间。"②他主编的"'草原部落'黑马文丛"(包括余杰的《火与冰》和《铁屋中的呐喊》、毛志成的《昔日的灵魂》、摩罗的《耻辱者手记》、孔庆东的《47号楼207》、谢泳的《逝去的年代》、朱健国的《不与水合作》等)、"'草原部落'名报名刊书系"(包括《风雨敲书窗》《边缘思想》《守望灵魂》《思想的时代》《今日思潮》《天火》等,是世纪之交中国思想文化界的前沿刊物《博览群书》《天涯》《上海文学》《黄河》《北京文学》《书屋》的精品选集)和"'草原部落'知识分子文存"(包括钱理群的《拒绝遗忘》、朱学勤的《书斋里的革命》、秦晖的《问题与主义》、徐友渔的《自由的言说》等)等一系列丛书,在社会上产生了较大反响,多数成为名噪一时的畅销书。尽管余杰一时间颇有"思想明星"的味道,哗众取宠的言说常常故作惊人之语,与媒

---

① 孟菁苇:《商业包装催生"美女作家"?》(访谈录),《齐鲁晚报》2000年5月11日。
② 贺雄飞:《酋长话语》,《风雨敲书窗》,中华工商联合出版社1999年9月。

体的过分贴近也伤害了思想的独立性。但这些书的出版活跃了思想空气,更为重要的是,成功的商业运作也为自由思想者提供了相对宽松的生存空间。书的印数与书商的盈利总是成正比,思想在商业包装与媒体炒作的夹击下,也会走味和变质,但推广思想的情怀还是值得赞赏。此外,林贤治的思想随笔写作比较值得注意,他的《"胡风集团"案——20 世纪中国的政治事件和精神事件》《50 年:散文与自由的一种观察》等长篇论文都在提倡一种自由写作的观念。他的思想随笔集《平民的信使》和《守夜者札记》也有不少篇什迸射着批评的火星,跳动着自由的光焰。林贤治自 1993 年先后主编的思想性散文刊物《散文与人》(与邵燕祥合作)和《读书之旅》,对思想随笔的写作产生了一种推动作用。这些思想色彩较浓的图书,多由第二渠道推出,这实在是耐人寻味的现象。90 年代以来,自由思想者基本上处于隐匿状态,比如被钱理群在《带着血蒸气的醒过来的人的真声音》一文中称为"精神兄长"的徐无鬼,比如以"老威"的笔名出版《中国底层访谈录》的廖亦武,比如从事"文革"资料整理工作和随笔写作的丁东,这些人的思考的价值大概正如廖亦武所说:"我认为:见证性永远超过文学性,文学趣味会随着不同的时代不同的语境的改变而改变,文学性会消失。可当我们在回顾某一个时代的时候,它是永远存在的,这一点可以肯定。"①

三、空洞的盛宴

时尚化是世纪之交文学出版的重要特点。为了捕捉商机,出版商闻风而动,希望自己占得先机。1993 年顾城杀妻、1995 年张爱玲去世、1997 年王小波去世等事件都造成相关书籍的出版热潮。1998 年安顿的《绝对隐私》出版后,在文化市场刮起了"隐私"旋风。由韩寒、郭敬明等少年写手带动的"低龄写作"也引发了众多出版商快步跟进的热潮。几乎每届茅盾文学奖获奖作品中都有历史小说,历史小说的出版持续加温,尤其是在二月河的《雍正皇帝》被改编成电视剧以后,奇高的收视率引发了长篇小说的"帝王热"。与影视、网络等媒体的互动是 20 世纪 90 年代文学出版的"新概念"。《红高粱》《大红灯笼高高挂》《渴望》《编辑部的故事》《爱你没商量》《北京

---

① 老威、卢跃刚:《非如此不可——关于〈中国底层访谈录〉的对话》,《南方周末》2001 年 4 月 19 日。

人在纽约》《宰相刘罗锅》《牵手》《贫嘴张大民的幸福生活》《还珠格格》《大明宫词》《生死抉择》等影视的播出,都推动了相关图书的销售。海岩编剧的电视连续剧《便衣警察》《一场风花雪月的事》《永不瞑目》《你的生命如此多情》《玉观音》赢得高收视率后,群众出版社推出了《海岩文集》,作家出版社出版了"海岩电视小说书系"。1999年年底,知识出版社出版的《第一次的亲密接触》掀起书市的"网络热",网络文学成为市场新贵,龙吟的《文侠小说》《智圣东方朔》和安妮宝贝的《告别薇安》等图书都曾各领风骚,一些很不成熟的作者也因为"网络"的光环而名噪一时。对时尚资源的争夺使文化市场陷入无序竞争的状态,疯狂的盗版行为、不惜血本的价格大战、选题的严重撞车、灾难性的重复出版导致了书市的混乱和出版资源的浪费。为了搭上时尚的高速列车,许多作家都进入无所适从的状态,紧跟时潮的结果必然是速效与速朽。"用过就扔"的消费观念的渗透,使写作成为机械的、批量的、放弃自我的文化复制。被媒体称为"煽情高手"和"票房毒药"的海岩的作品,就有"配方小说"的特征,他在《永不瞑目》的"代后记"中说:"因为反映缉毒、吸毒和戒毒的作品已经太多,读者早已掉了胃口……为了让人爱看,我在写的时候就采取了戏不够,爱情凑,爱情不够,景来凑的办法。让这个故事的许多情节,都发生在好看的风景胜地。就像电影《庐山恋》似的,不爱看故事就看看景吧。"①

20世纪90年代以来,文学出版的另一重要特点是规模化。"跨世纪文丛"和"布老虎"开风气之先,"文丛""书系""文库"等概念成为文学出版的主导话语。人民文学出版社的"茅盾文学奖获奖书系"和"探索者"丛书,作家出版社的"新状态小说文库"和"都市系列",华艺出版社的"晚生代丛书"和"宏艺文库",中国青年出版社的"90年代长篇小说系列",华侨出版社的"新生代小说系列",上海文艺出版社的"小说界文库",江苏文艺出版社的"文集"系列、"九月丛书"和"边缘文丛",长江文艺出版社的"九头鸟长篇小说文库",云南人民出版社的"她们"文学丛书,河北教育出版社的"红罂粟"丛书,花城出版社的"先锋长篇小说丛书",长春出版社的"新生代长篇小说文库",山东文艺出版社的"东岳文库"……各类丛书层出不穷,蔚为大观。这些丛书中除部分收入作家个人文集外,大部分只收入长篇小说。长篇小说是20世纪90

---

① 海岩:《我为什么写缉毒的小说》,《永不瞑目·代后记》,作家出版社2000年版。

年代文学出版的焦点。在获奖、改编成影视剧、稿费、再版分版税等方面的优势,使长篇小说产销两旺,呈现出持续加温的趋势。由于《妻妾成群》《红粉》《伏羲伏羲》《万家诉讼》《贫嘴张大民的幸福生活》等中篇小说被改编为影视剧后,获得强烈的社会反响,中篇小说的创作依然保持着一定的活力。而短篇小说几乎到了无人问津的地步,像刘庆邦、毕飞宇等主攻短篇小说并且成绩斐然的作家已经是凤毛麟角。许多刚出道的文学青年一出手就是长篇,在语言和结构方面都显示出先天的不足。像20世纪70年代出生的作家的长篇,如丁天的《玩偶青春》、陈家桥的《坍塌》和《别动》、棉棉的《糖》、卫慧的《上海宝贝》等,几乎都是以前发表过的中短篇的集合。在朱文的《什么是垃圾 什么是爱》、李冯的《碎爸爸》、张旻的《情戒》、林白的《一个人的战争》、陈染的《私人生活》、邱华栋的《城市战车》和《蝇眼》等产生过较大影响的新生代长篇小说中,同样可以发现作家的结构能力的贫弱,不少作品都是将具有相对独立性的中篇小说简单地缀连在一起,而且其中各部分还作为独立的中篇发表在文学期刊上。

更为重要的是,文学出版的规模化与文学创作的规模化相互促动,陷入了一种文化怪圈。据统计,当代文学史的前17年共出版发表长篇小说320部,而1995年一年就高达400多部,1996年增加到近600部,1997年突破了700部大关,1998年更是超过1 000部。关于长篇小说热,朱向前有个"三级加温"的说法:20世纪90年代初,一批思想和艺术上都比较成熟的作家经过80年代创作实践的积累,"感到火候到了,应该拿出长篇来了,否则不足以证明实力,不足以征服文坛";二级加温的表征是1993年前后的"陕军东征"和"布老虎"出山,成功的市场运作使作家名利双收;三级加温是有关部门的号召。① 许多作家认为只有长篇才能奠定自己的艺术地位,于是不考虑个人体验的积累,不考虑素材的限制,为了写长篇而写长篇。陈忠实就说:"因为文坛有一条不成文的惯例,作家如果没有长篇就好像在文坛上立不住脚,所以有'长篇一举顶功名'的说法。正是因为这种原因致使有些作家不顾作品的质量而追求篇幅的大小。"② 另外,90年代以来的长篇小说大都追求史诗品格。在"史诗性""纪念碑""传世之作"等宏伟目标的召唤下,许多作家都陷入了大而无当的尴尬。由

---

① 萧复兴、朱向前:《短篇小说的困境和出路》,《小说选刊》1997年第11期。
② 张英:《白鹿原上看风景——陈忠实访谈录》,《文学的力量》,民族出版社2001年版,第196页。

于在生命体验、知识储备、思想境界等方面的欠缺,观念先行成为长篇创作中的一大痼疾;以一个特殊家族的兴衰沉浮来揭示民族的历史演进,更是成为众多长篇结撰情节的枢纽;在表现形式上,生硬的模仿和翻新的赶潮大行其道,许多长篇大同小异,题材和艺术手法都缺乏创新;在叙事结构上,文气不连贯,内在的断裂常常造成虎头蛇尾的草率。另一方面,所谓的"个人化"长篇小说却把视野封锁在琐碎的、感性的、无意义的个人世界,甚至以反抗"宏大叙事"的理念排斥所有与历史、社会、文化相关的叙事元素。最富有讽刺意味的是,对"个人性"的极端强调与商业意志的共谋,催生了以展示隐私为快事的"另类文本","个人"成了一件最具有消费价值的文化商标。为了迎合商业趣味,性与暴力成为长篇小说的必要元素。贾平凹说:"只有把性描写不当回事才是正常的……但老写那也不好,大家反感,但现在我在处理时会写到哪算到哪,该写的就写,不该写的不写,这是我的原则。"①但许多作家不是写性,而是性写,表现出性的自然化倾向。且不说《废都》的故弄玄虚,《白鹿原》中通过朱先生儿媳妇的心理活动,把朱先生的硬汉性格与其奇大的生殖器联系起来,就不无媚俗的意味。再看看阎连科的《坚硬如水》,小说将笔触伸向了那场荒诞不经的"文革",写出了变态岁月里一对沉溺于情欲中的造反男女。一方面,这对男女疯狂地破"四旧";另一方面,他们在不同的场合疯狂地做爱。无论是在墓穴中,还是在自掘的地道中,他们都陷于不能自拔的贪欲中。尤其让人感到震惊的是,越是有"革命歌曲"伴奏,他们的欲望也就越强烈。这种近乎兽行的性展示,或许具有黑色幽默的效果,同时使作家反思"文革"的努力成为一种黑色幽默。

20世纪90年代以来,长篇小说越写越长,心浮气躁的作家启动了规模制作的机器,马不停蹄地进行长篇创作。没有了经验的积累和沉淀,没有了体验的深化和沉潜,没有了构思的推敲和完善,长篇小说显得越来越臃肿、轻飘和拖沓。刘震云花六年时间写出了长达220万字的《故乡面和花朵》,寄托着作家高瞻远瞩的雄心:"我希望通过这个长篇的写作来表达我对一个完整世界的整体感觉,以及我对生活、历史整体和全方位地把握,展示几个家族的命运变迁,生活的正常与不正常,人的意识、潜意识与非现实的东西,而不是现实中的整体。"②作家习惯认为越大的命题需要越

---

① 张英:《文学传统的继承和创新——贾平凹访谈录》,《文学的力量》,第157页。
② 张英:《写作向彼岸靠近——刘震云访谈录》,《文学的力量》,第228页。

长的篇幅来表现,这种思维显得简单和机械。海明威的《老人与海》就只是他原来写的一个长篇的最后一章,他把前面的全部砍掉,只作为中篇发表,而事实上他的长篇已经完成,但他担心前面的 4/5 会损害后面的 1/5,所以作出了删削的选择。①《老人与海》通过凝练、概括的艺术语言,准确地把握了人类不屈的、悲剧性的反抗精神。就《故乡面和花朵》而言,其结构存在着难以弥合的断裂。小说第一、二卷为前言卷,第三卷是结局,第四卷写一个少年对一个特定年份的深情回忆。各卷之间缺乏必要的逻辑关联和精神线索。整部小说就像一堆珍珠,但没有一条金线将它们贯串起来。小说的许多章节都在各大文学期刊发表过,给人的阅读感觉颇像独立成篇的作品。作家很可能有向普鲁斯特的《追忆逝水年华》看齐的志向,但《追忆逝水年华》凝铸着作家毕生的心血,它在叙事方面的精致与大气,随意道来的口吻和似断实连的内在逻辑的照应,绝不是靠凑字数就能达到的。刘震云自己也说:"我在写作中遇到的最大困难是由于时间太长,写作的心态发生了变化,六年前写的一个情节在当时看来很满意而现在却有很多破绽,而现在企图修改它的过程是非常困难的,这涉及情绪和状态的变化问题。"②在某种意义上,篇幅越长破绽越多,当作家自己都无法驾驭时,读者在阅读接受时就更是如坠云里雾里。世纪之交的"长河小说"还有周大新的《第二十幕》和唐浩明的《曾国藩》,前者试图对 20 世纪中国历史进行文化反思和艺术透视,如作家所言:"我读史书时发现,每当一个世纪行将结束的时候,人们总是忙着去做新世纪的计划,而不重视对旧世纪的遗产进行清算。……我想,我如果要写一部和丝织业发展历史有关的小说,我必须着眼于人类遗产的清算,弄清我们在过去的世纪里究竟收获了哪些东西。"③作家的表述中不无好大喜功的意指,这种过大的抱负成了创作的包袱。通过丝织业和尚氏家族作为历史的切入点,通过尚达志来展现一种理想人格,通过"对官要忍"的尚氏家训来揭示权力经济的本质,这些手段在 20 世纪 90 年代以后的小说中已成了一种成规。我对于作家的努力充满敬佩,但如何避免"大而空"的写作是一个值得深思的问题。

出版市场对于名人效应的热衷,使许多作家"被迫"高产。像梁晓声,20 世纪 90

---

① 参见张英《白鹿原上看风景——陈忠实访谈录》中陈忠实的谈话。
② 张英:《写作向彼岸靠近——刘震云访谈录》,《文学的力量》,第 230 页。
③ 周大新:《一些往事》,《作家报》1998 年 12 月 10 日。

年代除出版长篇小说《浮城》《恐惧》《泯灭》《尾巴》外,还出版了《中国社会各阶层分析》《浮躁与腐败》《九三断想》《九五随想》《凝视九七》《九九回想》等等,如此倚马可待、指点江山的明星做派,如何能保证小说的创作质量呢？再看看兼顾诗歌、散文、中短篇小说的海男,除出版《女人传》《男人传》外,她仅在1998年上半年就出版了《坦言》《带着面孔的人》《我们都是泥做的》《蝴蝶是怎样变成标本的》等四部长篇小说。这样的"爆发"只能以牺牲质量为代价。奇怪的是,作家本身和媒体似乎都把这种"丰收"看成荣耀,却缺少对"泡沫写作"现象的深刻反思。电脑成为写作工具大大提高了工作效率,但也为复制、剪贴式的写作打开了方便之门。刘震云的《故乡面和花朵》原来只计划写100多万字,换笔带来的快乐和无法遏止的激情使写作一发而不可收。① 像潘军在2000年出版19本书,这简直就是媒体时代的出版奇迹。贾平凹在90年代出版了《废都》《白夜》《土门》《高老庄》《怀念狼》等多部长篇小说,一直成为媒体的中心,他的任何写作动向都为出版商所高度关注,处于一种"预约写作"的状态。他的作品水平差强人意,但几乎都是在一个平面上打转,情节设置和气氛营造显得虚假和苍白,神秘色彩常游离于整体之外,缺乏打磨的拼凑和编造使作品充满了匠气,创作惯性的限制和突破限制的玄想交错在一起,使其作品同时呈现出呆板和矫情的尴尬,这尤其表现在《白夜》和《怀念狼》之中。老作家施蛰存针对当前的创作状况,说了这样一席话:"现在有些作家的小说太啰嗦,一部30万字的长篇,如果我写只要10万字就够了,那多余的要'砍'掉,许多对话可以说是毫无必要,完全是为稿酬而写,文学功夫也太差,实在看不下去。"②比如现在的历史小说动辄数十万上百万言;而陈翔鹤发表于20世纪60年代的《陶渊明写〈挽歌〉》《广陵散》都是短篇小说,写得精练凝重,真可谓微言大义。

　　系列写作也是20世纪90年代以来长篇小说创作的特色之一。系列化写作有利于出版商实现品牌战略和规模效益,比如二月河的作品就先后在四五家出版社出版,而且河南文艺出版社推出了修订本的六卷《乾隆皇帝》,长江文艺出版社推出了《二月河文集》。一种文化品牌的成熟常常意味着作家创作个性的定型,他培养了自己的读者群,甚至培养了约定俗成的阅读趣味；但同时作家自我也丧失了多种可能

---

① 参见王炜《名人与电脑》,《齐鲁晚报》1999年12月24日。
② 引自张英《长篇小说,出路何在？》,《羊城晚报》1997年5月17日。

性,他的创作只在数量上累积而在艺术探索上停步不前。王小波的《时代三部曲》、王蒙的"季节系列"、周梅森的《人间正道》系列三部、柳建伟的"时代三部曲"(包括《北方城郭》《突出重围》《英雄时代》)、梁晓声的"荒诞小说三部曲"(包括《浮城》《尾巴》《红卫兵在 2000 年》)、王旭烽的《茶人三部曲》、潘军的《独白与手势》三部曲、石康的《青春三部曲》和《爱情三部曲》、丁天的《青春三部曲》、洪三泰的《风流时代三部曲》……在这些名目繁多的"系列"和"三部曲"中,我个人认为除了王小波的《黄金时代》《白银时代》和《青铜时代》,其余作品大多是越写越拖沓,越写越匠气,叙事节奏缺乏必要的节制和紧张,把写小说和聊天当成了一回事,在套路和模式的温柔枷锁中难以自拔,写作格局越来越小,但架势却越来越大,语言的松散和情节的随意造成了叙事的"梗阻"。王蒙的"季节"系列在这一方面具有典型性。作家对于"系列"的偏爱显示了创作题材的狭窄和风格的过分成熟,将自己限定在一块自留地上造成了叙事情感的自恋。即使不考虑这些作品在情节、细节方面的重复,它们在故事结构、人物关系、价值判断、情感表达等方面也存在雷同化倾向,不少作品的场景、对话和结局也是如出一辙,这种现象称得上是"深度的自我重复"。确实,系列化创作要求风格的基本一致,但不意味着缺乏变化。在我个人看来,世纪交替年代长篇创作的系列化倾向,在很大程度上是作家对自身的精神资源进行过度开掘的表征,也是传媒的市场化运作将写作引入机械化、规模化的结果。创造性离写作越来越远,作家一旦获得名誉和市场号召力,市场和自我的双重榨取使"自我超越"成为破灭的泡沫。

◎ 第六章 中国当代文学的版本问题

关于当代文学的文本在传播接受过程中的命运,几乎一直是被忽略的问题。国学研究中非常重视版本的考据,这种治学方式和古典时代单一的传播方式密切相关。"改写"在中国当代文学中是一种非常值得注意的现象。在文化潮流的裹挟之下,在外部批评压力的冲击之下,在"十七"年文学中,不少作家对自己的作品进行增删和改写,以适应主流趣味。相反,作家为了提高作品的艺术品质,精益求精的修订与改写却并不多见,成功的实例就更为稀罕。在"文革"时期,文学的生产、传播和批评被严格地整合进国家的政治轨道中,文学文本成为政治文本,迫于政治压力和服从于政治目标的"改写"变得更加突出。进入新时期,思想解放的潮流有力地冲击着极"左"意识形态的束缚,文学创作环境得到不断改善,文学逐渐摆脱工具性与目的性的桎梏,恢复其应有的独立性与自足性。但是,文学重返自身的过程是渐进的,这从《创业史》《红旗谱》《山乡巨变》等作品的修订本在1977—1979年间的出版,就可折射出思维的惯性;而朦胧诗与主流传统的遭遇,体现出当时观念交锋的激烈程度。正是在"改写"与反"改写"的冲撞之中,文学从过度的外部干预中挣脱出来,所谓的"异端"转化成文学的"正统",实现新旧交替与历史过渡,也推进了社会的改革开放与转型期的文化重建。到了20世纪90年代,市场经济的全面推进,极大地促动着文学的消费化进程,市场需求成为"改写"文学的主导性力量,不少作家为了适应文化市场而听命于商业意志,违心地改写自己的作品。由此可见,这种"改写"现象在当代文学的历史流变中,文本在传播接受中的境遇也呈现出不同的历史形态,不同时代的主流趣味对于文学文本都有自己特殊的要求。我在此讨论的"改写"问题,不涉及以历史和前代作家创作的文本为"前文本"的互文性写作,也就是佛克马所言的"重写":"所谓重写(rewriting)并不是什么新时尚。它与一种技巧有关,这就是复述与变更。它复述早期的某个传统典型或者主题(或故事),……只不过其中也暗含着某些变化的因素——比如删削,添加,变更——这是使得新文本之为独立的创作,并区别于'前文本'(pretext)或潜文本(hypotext)的保证。"① 90年代的"新历史小说"以及王小波、李冯等人的"戏仿小说"都属于这个范畴。"改写"既包括作家自己对文本的"删削,添加,变更",又包括编辑、翻译者、批评家、记者以及其他具有文化权威的特殊读者对作品的修改、误读甚至篡改。有意思的是,文本的遭遇正是作家的命运。

一

新中国成立以后,不少老作家对自己的作品进行了修改。典型如曹禺,他是来自国统区作家中最早反省自我的作家。1950年10月,他在《文艺报》第三卷第1期发表了《我对今后创作的初步认识》,把过去的剧作基本否定了,主动地进行自我批判,其中有这样的表述:"我是一个小资产阶级出身的知识分子,'阶级'这两个字的含义直到最近才稍稍明了。原来'是非之心''正义感'种种观念,常因出身不同而大有差异。"他说《雷雨》中的鲁大海就是"穿上工人衣服的小资产阶级,我完全跳不出我的阶级圈子,我写工人像我自己"。他甚至责骂自己把鲁大海写得"可怕的失败,僵硬,不真实",是"卖过一次狗皮膏药"。1951年,开明书店邀请作家编辑其剧作选集,曹禺对《雷雨》《日出》和《北京人》进行了修改,其中《雷雨》和《日出》改动最多。在同年8月出版的《曹禺选集》中,作家在"序言"中对修改旧作的动机进行说明:"我没有在写作的时候追根问底,把造成这些罪恶的基本根源说清楚。……以我今日所达到的理解,来衡量过去的劳作,对这些地方就觉得不够妥当。"由此可以看出,作家的危机来自于极力地改变自己适应时潮的精神焦虑。为了克服《雷雨》中的所谓宿命论思想,符合阶级规律,作家对作品进行了大刀阔斧的删改,第四幕几乎是推倒重来。侍萍再次与周朴园见面时,作家让侍萍骂周朴园是"杀人不偿命的强盗"。而周萍的堕落成了周朴园教唆的结果,作品中有这样的台词:"有你这样的父亲就教出这样的孩子。"鲁大海被改写成了一个拥有"工人阶级的品质"的罢工领导者,作品中还

---

① (荷兰)D. 佛克马:《中国与欧洲传统中的重写方式》,《文学评论》1999年第6期。

添加了一个作为黑暗官府代表的人物——省政府参议乔松生,他和周朴园的交往成了官商勾结的铁证,鲁大海则戳穿了他们狼狈为奸的阴谋。周萍先同蘩漪私通,随后玩弄四凤,最后又要和蘩漪私奔。周冲没有触电死亡,四凤也没有寻短见。作品的悲剧意味几乎荡然无存。《日出》的修改同样有比附现实政治的倾向,作家为了突出阶级对抗,围绕着"小东西"增加了一条情节线索,增加了"小东西"的父亲以及田振洪、郭玉山等工人形象。金八是纱厂的总经理,其后台是日本帝国主义,"小东西"的父亲是仁丰纱厂的工人,是被金八杀害的革命烈士。纱厂工人为此开展罢工,而方达生则成了地下工作者,他与纱厂工人一起,将被藏起来的"小东西"救出了虎口。作家在这本书的"后记"中说:"改得很费事,所用的精神仅次于另写一个剧本。"耐人寻思的是,作家的修改如他自己所意料的那样"越描越糟",读者难以接受这种改写,1954年人民文学出版社出版《曹禺剧本选》时,作家又改了回去,但也有许多重要修改,例如删掉了《序幕》和《尾声》等。1957年,中国戏剧出版社又据此出版了《雷雨》单行本。对这个版本,曹禺认为"剧本太长,需要大大删减",1959年9月中国戏剧出版社印行《雷雨》第2版时,作者删掉了近十分之一的内容。随后通行的多为这一文本。1954年9月在《剧本》和《人民文学》开始连载的《明朗的天》,曹禺听取别人的意见,也进行了三次修改,压缩结构,减削了一些情节,删去了夏鹤飞、戴美珍、陈亮、赵凤英等人物,对其余人物的戏份进行适当的调整,作品变得精练了。但是作品以二元对立的结构表现知识分子思想改造过程,主题先行,人物成了简单的政治符号,抑制了艺术的生动性与真实性。

老舍在发表于1945年《青年知识》第一卷第2期的《我怎样写〈骆驼祥子〉》中,有这样一段话:"《祥子》自然也有许多缺点。使我自己最不满意的是收尾收得太慌了一点。因为连载的关系,我必须整整齐齐地写成二十四段;事实上,我应当多写两三段才能从容不迫地刹住。这,可是没法补救了,因为我对已发表过的作品是不愿再加修改的。"①对于作品的完整性与原创性,老舍是极力维护的。1945年,纽约的雷诺和希契科克公司出版了伊文·金翻译的《骆驼祥子》,译者删去描写祥子走向堕落的内容,采用了一种大团圆的结局——祥子重新回到曹先生家中工作,并从妓院

---

① 曾广灿、吴怀斌编:《老舍研究资料》,北京十月文艺出版社1985年版,第610页。

中救出了小福子,祥子心满意足:"她还活着,他也活着,他们现在自由自在了。"老舍对译者的篡改与歪曲极为不满,明确地表示出自己的愤怒。在1948年3月29日赛珍珠致劳埃德(老舍在美国的第二任出版代理人)的信中,有这样的话:"他作品的译者伊文·金(笔名),在没和他打招呼的情况下,翻译了《骆驼祥子》。该书经雷诺和希契科克公司出版后,你可能也知道,入选为'每月佳书'。……他(引者注:指伊文·金)着手翻译了《离婚》……但后来,使舒先生十分不安的是,他发现伊文·金的译文在许多重要方面大大偏离了原著,结尾则和原著完全不同。事实上,他对伊文·金在翻译《骆驼祥子》时擅自进行改动本来就十分不满。因此,当他发现伊文·金故伎重演时,他感到无法容忍这件事,并拒绝承认伊文·金的工作。……他(引者注:指伊文·金)还说,照他看来,要不是他在翻译过程中对原著做了进一步的完善,舒先生的著作根本就一文不值。他还通过律师恫吓过舒先生。"①意味深长的是,强烈地拒绝译者对作品进行改写的老舍,居然自己动手对作品进行改写,而且改写的路数如出一辙。开明书店1951年8月版的《老舍选集》中收入了《骆驼祥子》,老舍将一部16万字的长篇删节得只剩下不到10万字,第二十三章删去三分之二,第二十四章全删,这些文字正是集中描写祥子堕落的内容。1952年1月晨光出版公司出版的"改订本四版"中,根据老舍自己的主张,在原来的纸型上删掉了第二十四章开头的大段文字,只剩下八个自然段收束全书。在1955年人民文学出版社出版的修订本中,作家对作品进行了修改,删去了旧版中第二十三章后半部分和第二十四章的全部。此外,删掉了在书中出现过三次的阮明这个人物,因为在这个人物身上,作者表达了对政党的观点,同时删去书中有关性描写的文字。在修订本的"后记"中,老舍有这样的说明:"现在重印,删去些不大洁净的语言和枝冗的叙述。这是我十九年前的旧作。在书里,虽然我同情劳动人民,敬爱他们的好品质,我可是没有给他们找到出路;他们痛苦地活着,委屈地死去。这是因为我只看见了当时社会的黑暗的一面,而没看到革命的光明,不认识革命的真理。当时的图书审查制度的厉害,也使我不得不小心,不敢说穷人应该造反。出书不久,即有劳动人民反映意见:'照书中所说,我们就太苦,太没希望了!'这使我非常惭愧!"

---

① 舒济编:《老舍书信集》,百花文艺出版社1992年版,第168—169页。

这些老作家对代表作品的修改是一种如老舍所言的"自我检讨",是为了抛弃旧我寻找新我。值得注意的是,这些具有民主主义倾向的作家对作品的改写,往往偏离了原著,似乎不这样就不足以表达自己向主流趣味靠拢的真诚。而一些左翼作家诸如丁玲也对《太阳照在桑乾河上》进行修改,订正了作品中涉及土改政策的不妥当的描述,删去了"共产党是穷人党"之类的表述,调整了个别人物关系;但修改多局限于文字的润色上,将口语表达改成书面表达,删掉了书中几乎所有的带风趣的粗话。不过,就我个人看来,丁玲的修改也并非像龚明德在《〈太阳照在桑乾河上〉修改笺评》(湖南人民出版社 1984 年版)中所说的那样成功,小说语言是更规范了,同时也失去了语言的鲜活与野性,而且以道德判断宣称"粗话"都是"群众语言中的渣滓",这是对艺术判断的偏离。而"初生牛犊不怕虎"的萧也牧的改写,却在夹缝状态中努力保持自己独立的艺术判断,但微弱的个人声音最终被滔滔大潮所席卷。萧也牧的《我们夫妇之间》发表在《人民文学》第一卷第 3 期(1950 年 1 月),作品描写了城市出身的知识分子干部李克和边区农村出身的妻子张同志,从边区进入北京后,由于文化、兴趣、爱好的差异造成情感裂痕,夫妻关系的严重恶化促使双方反省,最终言归于好。率先批评萧也牧作品的"倾向问题"的是丁玲和冯雪峰,丁玲发表在《文艺报》第四卷第 8 期的《作为一种倾向来看——给萧也牧同志的一封信》更是指责作品是"虚伪的","穿着工农兵衣服,而实际上是歪曲了嘲弄了工农兵的小说,……正迎合了一群小市民的低级趣味"。在《文艺报》第五卷第 1 期上,萧也牧发表了《我一定要切实地改正错误》一文,作公开检讨,其中谈到了作者在 1950 年秋天对《我们夫妇之间》的两次删改:"例如:张同志不骂人了,李克一进北京城那段城市景色以及'爵士乐'等等删掉了,张同志'偷'李克的钱以及夫妇吵架的场面改掉了,凡'知识分子和工农结合'等字眼删掉。结尾处,李克的'自我批评'中删去了'取长补短'等字眼,在李克自认的错误之前,加上了'严重''危险'等形容词,并且把李克改成参加革命才四五年的一个新干部等等。"值得特别注意的是,作者在强大的批评压力之前,此前曾试图修改作品,但最终放弃了,原因是:"思索结果,除非要把所有的字句全部删去,才能不见到它的错误的痕迹!"我们不难领会这句话中的言外之意。有意思的是,对于丁玲重点批评的作品(首次发表的文本)第四节(在百花文艺出版社 1979 年出版的《萧也牧作品选》中被改为第五节)的第四、第五自然段,作者仅仅删掉了其中的一句话:"'他妈的''鸡巴'……一类的口头语也没有了!"因为这篇作品,萧也牧被调离了原来的岗位,"文革"期间被迫害致死。

在20世纪五六十年代,《青春之歌》的改写具有典型性。作品1958年1月由作家出版社出版,《中国青年》1959年第2期刊发郭开的《略谈对林道静的描写中的缺点——评杨沫的〈青春之歌〉》一文,认为作品对林道静与工农结合的描写不充分,充满小资产阶级情调,《文艺报》1959年第2—9期以"讨论《青春之歌》"为题刊登系列文章,由此引发一场广泛的争论,茅盾、何其芳、马铁丁等表示对作品的公开支持,否定的声音才逐渐沉寂。受这场争论的影响,杨沫开始修改作品,1959年12月修改完毕,她在1960年3月出版的修改版的"后记"中,有这样的说明:"在主观上我曾经极力改正初版本中所发现的缺点或错误,并设法弥补某些不足之处。其中变动最大的是增加了林道静在农村的七章和北大学生运动的三章。而这些变动的基本意图是围绕林道静这个主要人物,要使她的成长更加合情合理、脉络清楚,要使她从一个小资产阶级知识分子变成无产阶级战士的发展过程更加令人信服,更有坚实的基础。……提到修改小说,不能不提到今年《中国青年》和《文艺报》对《青春之歌》初版本所展开的讨论。这种讨论对我来说是非常有益的。"此外,还应该提到的是作者自己改编的电影文学剧本,发表在《电影创作》1959年第2期,作者对原作进行了大规模的删节、压缩、集中和调整,突出林道静参加中国共产党领导的活动的直接因素,矫正了那些受批评的内容。导演崔嵬也参与改编,杨沫在1959年10月的《改编〈青春之歌〉的体会》一文中,有这样的文字:"像现在拍出来的南下卧轨那一场,原小说是没有这个场面的。这是导演同志们想出来的。……因为这对她(引者注:指林道静)以后成长有着一定的作用。另外,如增加林道静在农村掩护江华,替江华送信并参加麦收斗争这一场,也是经过导演同志和我一起商量过多少次、修改过多少次才改得比较好一些的。"①由此可见,《青春之歌》从电影改编到小说修订,都受到了外部舆论的深刻影响,是作家个体的独立判断屈服于主流话语的结果。在作品增写的内容中,作者把时任北京大学校长的蒋梦麟和文学院院长兼国文系主任的胡适当成学生运动的对立面,甚至骂他们是"恬不知耻的走狗",成为林道静们要"一扫而光"的"魑

---

① 杨沫:《杨沫散文选》,湖南人民出版社1981年版,第277页。

魑魍魉",这就违背了历史的真实,是为了当时批判胡适的政治需要的故意丑化。为了丑化余永泽的小资产阶级趣味,修改版中的余永泽也变成了一心巴结胡适往上爬的"走狗"。对这些修改,当时评论界褒贬不一。以现在的眼光看,修改并不成功,"是作者受到某种思潮的压力,顺应那种政治上是左倾,思想方法上是教条主义——唯心主义的文艺批评,运用政治概念,根据某些并非正确的'原则',随心所欲地臆造人物性格,杜撰历史"①。

二

"十七"年文学文本的变迁,多受制于政治潮流的导向与外部的批评压力,作家为了适应时势而修改自己的文本。遗憾的是,这种修改往往损害了作品在艺术上的完整性,但处于进退两难境地的作家依然有限地保持着创作的独立性。进入"文革",文学写作的独立性受到进一步的遏制,"集体创作"得到鼓励和提倡,而"党的领导""工农兵群众"和"专业文艺工作者""三结合"的集体创作方式成为政治时尚。另一方面,除个别作家获得发表权和出版权外,作家们普遍失去写作资格;而重版的著作如贺敬之的《放歌集》、张永枚的《骑马挂枪走天下》、魏巍的《谁是最可爱的人》等作品都响应当时的政治要求作了修改与增删,刘大杰的《中国文学发展史》在"文革"中也被迫增加了儒法斗争的内容,并以此解释和评价文学史。《刘志丹》事件、《海霞》事件、《保卫延安》事件和《海瑞罢官》事件,是文学问题政治化的典型体现。在艰难的处境中,"改写"成了普遍性的生存选择。

金敬迈的《欧阳海之歌》在"文革"前夜的1965年由解放军文艺出版社出版,出版后受到前所未见的热烈赞扬,不少高层领导人给予充分肯定,产生了轰动效应。但小说留下了极"左"思潮的鲜明烙印。1966年小说再版时,将初版本所强调的"英雄主义"主题加以改造,注入了教条式的毛主席语录,曲解英雄人物的思想改造和境界提升,其"内容提要"就作了适应时势的修改。值得注意的是,修改本将原来肯定刘少奇的言论改为猛烈批判的文字,特意加入这样的细节:欧阳海将《论共产党员的

---

① 张钟、洪子诚等:《当代文学概观》,北京大学出版社1980年版,第352页。

修养》这部党的理论读物抛弃在一边,让它掉进放在窗外装垃圾的簸箕里,表示出一种鄙视。而这在欧阳海生前是绝对没有的事情,是作者为了政治意图而杜撰出来的。更有意思的是,作者在1979年再次作了修订,恢复原貌,并删去了一些"左"的词句。

  柳青的《铜墙铁壁》和《创业史》(第一部)都是在"文革"期间进行修订的。《铜墙铁壁》1951年由人民文学出版社出版,1962年重印时就由出版社建议并经作者同意,删去了作品中出现的彭德怀、刘景范的名字。1971年,人民文学出版社恢复部分出版业务,把《铜墙铁壁》列入第一批再版书,并就柳青本人的情况办理政审手续,其间经过曲折而漫长的过程,才于1976年2月再版。作品修改的具体问题是由全国出版工作座谈会和出版社方面提出来的,主要意见为:主要英雄形象石得富不够高大;贬低群众的作用,毛主席"人民战争"的伟大战略思想体现不足;书末直接描述毛主席的革命实践不够慎重;必须删去第二章三次通过区委书记金树旺转述的刘少奇在七大《修改党章的报告》里的话。作品的主要改动为:文字上的润饰,骂人的话如"狗日的"都予以删除;删去有损金树旺形象的一些文字;删去石永害怕敌人的心理活动的描写;删去石得富被敌俘获受到严刑拷打之后想一死了之的所谓"消极"的描写;注意把握表现石得富和银凤的情感生活的尺度;注意表现以石得富为代表的人民群众积极支持我野战军反对胡宗南军队入侵边区的战争;删去一些啰嗦和多余的话;删去每一章的标题。① 1960年初版的《创业史》(第一部)的再版过程同样坎坷。1973年,周恩来提出要加强青少年读物的出版,中国青年出版社的责任编辑王维玲致函柳青:只要出版社一恢复出书业务,第一批就再版《创业史》。柳青立即着手修订作品。看到修订稿后,责任编辑认为删去的地方实在可惜。1974年,因受到当时极"左"势力的阻挠,中国青年出版社恢复出书业务的计划落空。直到1975年,邓小平主持中央日常工作,大抓各条战线的整顿,出版社终于恢复出书业务,《创业史》再版工作才进入出版程序,1977年再版发行。② 《创业史》删削的多,新写的少。删削得最多的是有关梁生宝与徐改霞的情爱心理的描写,尤其是对改霞的描写;专写爱情生活的第三十章删得最多;大幅度删除了描写改霞离开梁生宝之后的愧疚、梁生

---

① 参见何启治《〈铜墙铁壁〉的再版和柳青的谈话》,《文学编辑四十年》,人民文学出版社2001年版。
② 参见蒙万夫等《柳青生平述略》,蒙万夫主编:《柳青写作生涯》,百花文艺出版社1985年版。

宝在私人感情和事业责任心之间徘徊的文字。作者还删除了描写素芳受侮辱的命运的文字，重点删除了第二十章描写磨房事件的过于琐碎和肉麻的文字。最为值得注意的是作者补写的内容，"第一部的结局"添加了这样一段文字："土地改革以后，刘少奇等人散布的所谓'错误的、危险的、空想的农业主义思想'呀，'确立新民主主义秩序'呀，'四大自由'呀，'确保私有财产'呀，等等，等等，造成干部思想上的混乱，社会上资本主义思想的泛滥，到一九五三年冬天才煞住了这股逆流。"这就强化了二元对立的结构，将复杂的问题简单归结为两条路线的斗争。当写到改霞为什么进工厂时，旧版本是这样解释的："她从画报上看到过郝建秀的形象，她就希望做一个那样的女工。新中国给郝建秀这么可怜的女孩子，开辟了英雄的道路，改霞从她的事迹受到了鼓舞。"修订本改为："她打听到国家要先工业化，农村才能集体化以后，郭振山叫进工厂的话，对她才有了影响。"修订本反复强调改霞是受郭振山的唆使，才动摇了对合作化的信心，并在人物对话中把改霞的动摇归结为受刘少奇路线的蛊惑。这样，梁生宝和郭振山也就成了表现高层路线斗争的符号，使初版本中本来就有的公式化、概念化、符号化的弊病，变得更加突出。

关于"文革"时期对文学文本的严厉制约与粗暴干涉，韦君宜《思痛录》中专门有一节题为"编辑的忏悔"的回忆文字，非常生动和深刻地描述了写作自主性的彻底丧失："我记得当时的大作家浩然，他那个《金光大道》的架子实际上是由编辑帮他搭的，先卖公粮，后合作化……前边我不清楚，到写第二卷时，我从干校奉命调回社来，接任责任编辑。管这部书的编辑组长，是由外单位调来没当过文学编辑的一位造反派，他看了稿子就说：'书中写的那个时候，正是抗美援朝呀！不写抗美援朝怎么成？'但这一段故事，实在与抗美援朝无干，作者只好收回稿子，还是把抗美援朝添了进去。……由此我联想到当时很多很多小说，凡写知识分子的几乎全坏，凡写工农兵出身的全好——这就叫'歌颂工农兵．'（自然也不是真的工农兵），否则叫没立场。……但是现在我在干这些，在当编辑，编造这些谎话，诬陷我的同学、朋友和同志，以帮助作者胡说八道作为我的'任务'。我清夜扪心，能不惭愧、不忏悔吗？"①"文革"对文本的改写和特殊要求，同时也意味着迫使编辑与作家对不符合主流规范的

---

① 韦君宜：《思痛录》，北京十月文艺出版社1998年版，第165—169页。

改写,直到他们在恐惧中被"改造"得符合要求。比如李英儒,他也对《野火春风斗古城》作过多次修改,修改作品中与政治要求相冲突的地方,也修改作品中过于巧合的地方;但最终还是因为这部作品被关进秦城监狱,并在《资本论》的字里行间偷偷地写长篇《女游击队长》。但是,在长达七年的单身关押中,在日夜批斗和写检查的环境中,所写下的"秘密小说",也变得禁锢保守。还有天才的路翎,在结束十九年的监狱生涯后,在20世纪80年代写出的长篇小说《野鸭洼》《杏花春雨》和《吴俊美》,都变成了颂歌,那些在文字底部奔涌的天才想象彻底地干涸了,"已经向现成思想、平庸模式屈服了,或者说,'抄袭'现成模式了"①,被主流趣味完全吞噬,被牵着鼻子向前走。"改写"的真正的悲剧意味,正在于文本和主体的双重陷落。19世纪,尼采宣称"上帝死了",百年以后福柯宣称"人死了",罗兰·巴特说"作者已死";但对于文学而言,最具有灾难性的还是文本的萎缩和瘫痪。

三

进入新时期,文学艰难地挣脱极"左"观念的束缚,恢复文学创作与文学文本的独立性,但思想解放显然要经历艰难的苏醒、反思与再生的复杂过程。在极"左"路线依然肆虐、"两个凡是"主导社会的氛围里,心有余悸的作家们显得更加无所适从,在半信半疑中不敢越雷池半步。像周立波的《山乡巨变》,是在"文革"后进行修订的,1979年由人民出版社再版发行。作品正篇第十章"途中",李月辉讲到他在全乡党员大会上读毛泽东《关于农业合作化问题》,读到作者批评右倾机会主义者是"小脚女人",这时陈大春公开指责李月辉是"小脚女人",初版接着有一段精彩的对话:

"我想你不会生气。"邓秀梅笑道。
"我气什么?我只懒气得。小脚女人还不也是人?有什么气的?"

再版时把李月辉的话改为:"我不气。经过学习,我认识到,毛主席的批评是完

---

① 朱珩青:《路翎:未完成的天才》,山东文艺出版社1997年版,第130页。

全对的。"这就把原作中李月辉身上的耿直与幽默感，都给冲淡了。常青社社长刘雨生在原作中是个"近瞅子"（近视眼），但他"眼睛不好，心倒蛮好"，再版时作者删除了这一生理缺陷，也把原有的俏皮、灵动的情趣给弱化了。初版第十五章"恋土"写老贫农陈先晋不愿入社的心理动机，有一段专门写他一门心思想发财，有钱了"就要买了对门的山和屋场"，而且经过人家的好田时总想"买了这丘田"；再版时作家全部删除了这一段，而且也删除了下一段中的"但又只想去剥削别人"等敏感的字句。应该说，原作中的这些文字，把中国农民的土地与致富情结及其两面性，表现得入木三分；而删改后却变得平庸，使人物形象的饱满度大打折扣。续篇"短见"一章，写副社长谢庆元吃了水莽藤中毒，亭面糊提议按民间偏方灌大粪，由此引起一场七嘴八舌的争议，趣味横生。但作者修订时改为亭面糊提议"灌他几瓢水，再拿杠子一压"，以此解决问题。修改的结果不合当地风俗，也使叙述变得呆板和沉闷。从中不难发现作家潜在的疑惧，正如萧乾所说的"步步设防"的"戒备心理"，"外部还好解冻（虽然也并非轻而易举)，个人内心就更加困难了"，自以为解冻了，别人还能在新写的文字中发现"冰碴"，当"早已束之高阁或打成毒草的旧作"终于可以重见阳光时，却面临这样的问题："是原封不动地把它们交出去呢，还是自己先看一遍，作些必要的修订。"①可见，这种疑惧与戒备具有某种程度的普遍性。梁斌的《红旗谱》1957 年由中国青年出版社初版，随后"根据读者意见"陆续修改了三次。1978 年出版第 4 版，作者多次修改的重点都是牵涉到保定二师学潮和高蠡暴动的内容，因为这两次运动是中共保属特委在王明"左"倾路线领导下发动的错误的失败的行动，所以各级领导和权威评价者多希望他在作品中批判王明路线。在写于 1979 年 3 月 11 日的《〈播火记〉再版后记》中，作者对自己所遭受的批判难以释怀；但颇为尴尬的是，作者对《红旗谱》和《播火记》都作了相应的修改。作者愤懑地说："'四人帮'利用群众运动，批判历史上的'二师学潮'和'高蠡暴动'，我认为是错误的。……有人说：'新版本修改了一百余处，无大错也有小错。'真是咄咄怪事，只有鼓励作者修改自己的作品，哪有批评修改自己作品的？书，是要修改的，但关键之处一处也未改。如还有意见，可以按第三个版本批判。我敢说，修改无罪！"②从作者的言辞中，我们不难感受到一种进

---

① 萧乾：《改正之后》，沈展云等编《中国知识分子悲欢录》，花城出版社 1993 年版。
② 梁斌：《梁斌文集》第五卷，百花文艺出版社 1986 年版，第 322 页。

退两难动辄获咎的困境，同时也能从中体察到作家为自己辩解害怕被人抓住把柄的复杂心态。那些迫于压力修改自己作品的作家，其实都有一种害怕因作品获罪的恐惧心理，希望通过修改作品来免罪。

在思想解放的旋涡中，新思潮与旧观念的交锋，一方面清除着极"左"思潮的遗毒；另一方面付出了必要的代价，使稚嫩的新生事物在生长过程中遭遇种种挫折。以现在的视角反思白桦、彭宁的《苦恋》和徐敬亚的《崛起的诗群》的命运，不难发现思想惯性力量之强大。面对压倒性的、全盘否定性的批评攻势，白桦和徐敬亚都在权威媒体公开发表"自我批评"的文章，对文章中的种种"错误"进行深刻的反思与自我纠正。这些现象显示了主流趣味对于挑战者的"改写"冲动与"改写"机制。可以说，文化思想界的新生事物总是在"改写"与"反改写"的夹缝中艰难生长，譬如新时期文学中对于人性正当的欲望要求的正常表达，就曾经遭遇过重重的道德围攻。耐人寻思的是，李存葆的《高山下的花环》在《十月》发表前，送给一向有开明声誉的冯牧审读和评论，他给予高度评价，但建议作一些删改，将矛盾的尖锐性磨平一些。后来责任编辑张守仁和作者暗度陈仓，用删改稿应付冯牧，却在期刊上发表原稿，靠非正常的手段保持了原稿的完整性。①

在20世纪80年代的文学文本中，张洁的《沉重的翅膀》的经历可谓一波三折。作品在《十月》1981年第4、5期连载后，产生了巨大反响，批评意见也接踵而至，"当时来自上面的批评意见就多达一百四十余条，有的批评很严厉，已经上纲到'政治性错误'"。编辑家韦君宜反复劝说作者进行必要的修改，"又很有耐心地亲自找胡乔木、邓力群等领导同志，为这部长篇小说做必要的解释和沟通工作"。这样，1984年人民文学出版社出版的第四次修订的《沉重的翅膀》，已经是"大改百余处、小改上千处"，并以此获得了第二届茅盾文学奖。② 张炜的《古船》在发表与出版过程中，同样遭遇了重重障碍。由于《古船》第十七、十八章直接写到土改扩大化和错打错杀现象，《当代》的审稿人认为一定要改，"和张炜商量的结果，是由他加了土改工作队王书记制止乱打乱杀坚决执行党的土改政策的一个片断（一千多字）"。但作品发表后所招致的批评压力，使《古船》单行本的出版一度搁浅。后来由时任《当代》副主编的

---

① 参见张守仁《我与李存葆和他的〈高山下的花环〉》，《文坛风景》，中国工人出版社2002年版。
② 何启治：《文学编辑四十年》，人民文学出版社2001年版，第57页。

何启治"据理力争","强调要维护党的文艺政策的严肃性和稳定性,我坚持自己对《古船》的基本评价,认为就是消极地说,也应该承认《古船》是有缺点的优秀作品,并以个人的名义向社长、主编写了书面保证,愿意为《古船》单行本的出版承担责任",《古船》一书才得以在1987年由人民文学出版社出版。①

从作家写出"原稿"开始,文本就面临着被"改写"的陷阱。从《沉重的翅膀》与《古船》的命运中可以看出:有责任感的编辑必须与文本的命运同进退,为捍卫文本的完整性而努力,但现实中也不无以"改写"来明哲保身,来体现自己的权威的编辑。池莉的《烦恼人生》在投稿中就遭遇过多次"改写"的指令,幸运的是她拒绝了以"改写"换取发表的代价,最终以原貌发表在《上海文学》上。池莉在《写作的意义》中依然耿耿于怀:"当一个人已经在不停地发表作品,他就很难退回到宁可不发表的地步。……我的中篇小说《烦恼人生》写的时候是悲壮的。这是我撕裂自己的第一个作品。……果然,编辑希望我大动干戈改一改。有人认为这哪儿像工人阶级呢?里头的爱情部分哪儿像爱情呢?我没改。我就是要撕裂。……说真的,我至今都还不明白许多文学中人对文学作品的衡量准则何以如此地僵化,教条和八股,一股子官僚作风的陈腐之气。……这样的风气使意志薄弱的作家和像我辈这种稚嫩的作家如坠五云,极容易走上模仿编造玩弄形式的歧路。这不是逼人为匠吗?"②

20世纪80年代的文学文本努力地挣脱种种陈旧观念的束缚,逐渐地摆脱附庸的命运,回归其审美本体。但是,在90年代的文化情境之中,商业意志以其全新的威力,再次使众多文本普遍性地沦陷为被"改写"的客体。在一个媒体时代,文学的传播变得多元甚至是混乱,文本在传播中扮演着越来越不重要的角色。在经过多种中介(诸如报刊、戏剧、影视、互联网等等)的过滤之后,文本被简化成一种信息,被道听途说、牵强附会的寥寥数语所概括。那些诗意的语言、生动的形象、复杂的灵魂,全部作为累赘被压缩掉。米兰·昆德拉说:"采访、座谈、讲话录、改写、改编、电影的、电视的。改写好像是时代精神,'会有一天已经过去的全部文化被完全重写,它将在它的改写本后面被完全地遗忘'。"③在一个传媒主宰的时代,文学作品进入传播

---

① 参见何启治《文学编辑四十年》,人民文学出版社2001年版,第20—24页。
② 池莉:《写作的意义》,《池莉文集》第四卷,江苏文艺出版社1995年版,第240—242页。
③ 米兰·昆德拉:《小说的艺术》,三联书店1992年版,第142—143页。

渠道必须以牺牲自己的独立性和完整性作为代价,尤其是那些具有鲜明个性的作品,其中的审美新质由于得不到主流趣味的认同,它所面临的选择非此即彼,要么作出让步,要么将作品锁进抽屉。在90年代文学中,林白的《一个人的战争》是典型例证,作家对作品的版本问题作出了详细的交代:

  此作首刊于《花城》一九九四年二期,发表出来的时候出了一个错误,把第四章的标题"傻瓜爱情"排在了第三章三分之二的地方,我当时曾希望登一个更正,未能如愿,一直耿耿于怀。这是第一个版本。

  第二个版本是甘肃人民出版社一九九四年七月版,这是一个十分糟糕但又流传甚广的版本,某些人身攻击和恶意诋毁以及误解大概就来自这个版本。这个版本的封面用了一幅看起来使人产生色情联想的类似春官画的摄影做封面。……这还不算,这本书内文校对粗疏,最严重的一页差错竟达十五处。另外第五章本是我的一个独立的中篇,人物、写法、情节等都是独立的,但我还没得到修改的机会书就出来了,作为长篇的一章实在是不伦不类。出版社通过责编作了一些道歉和解释,并保证马上换一个封面,出一个订正版,我接受了。但我一直没有等到这个版本。在我的一再催促下,才在一九九五年十月份收到一份同意我撤回专有使用权的函件。

  第三个版本是内蒙古人民出版社一九九六年十月版,这个版本的出版过程亦十分曲折。我收回版权后于同年十二月与河北的一家出版社签订了合同,但就在这个月,一家有影响的报纸发表了一篇很不负责的批评文章,称《一个人的战争》为"准黄色",是"坏书"。重新签约的责编打来电话,说领导看到了这篇文章,对是否出版该书拿不准,说最好在同样的版面发一篇正面的文章。但没过多久我就收到了他们退回的书稿,并让我尽快将合同寄去,以便按合同付我退稿费,但我至今没有收到退稿费。一九九六年四月我又与世文图书公司签约,授权该公司出版此书,由于某些不负责的批评,公司联系了七家出版社均被拒绝了,最后才由边远的内蒙古人民出版社接受下来。这个版本在题记和内文都作了一些删改,这是我所作的主动的妥协,因为据世文图书公司的人说,有家出版社在请专家审定此书时,专家说要把第一章全部删去,而且其余各章都要进行大的改动才能出版,我想不如我自己主动作出让步,以免有人看了不舒服。

第四个版本就是这次江苏文艺出版社出版的文集中所收的版本,这是我为文集所修订的一个完整的版本,在这个版本中我将首刊时的题记全部恢复,并把这段话放到了全书的最后,作为结尾。我觉得这样更有力度,更具震撼力。①

我之所以如此连篇累牍地引证,因为这实在是"文本"在传播中被反复"改写"的难得的、绝好的写照。现在的研究界都照搬法兰克福学派的文化批判理论,大谈媒体权力,谈得人满头雾水。其实,媒体的支配作用正是表现在其"改写权"上。最为重要的是,"改写"不仅导致了文本的失真,它同时还以强大的渗透作用"改写"了作家本人。林白在压力下的"主动作出让步",就是明证。至于编辑和出版商对文本的局部和细节的修改,更是家常便饭,九丹的《乌鸦》已经被某些传媒扣上"妓女文学"的称号,作家自己说出了出版过程中的一个细节:"我写书的时候,主人公的身份本来是大学老师,可是长江文艺出版社让我改成记者,这就很容易和我的经历对应起来,但是当时为了出版,也顾不了太多了。"②鲁迅就曾说过,他的文章不仅要经过主编与编辑的层层删除,而更为痛苦的现实是自己在写作时就抽去了若干骨头,这样读者就很难读到有骨气的文章了。他说当年《语丝》上的文章,"一到觉得有些危急之际,也还是故意隐约其词",他自己的杂文也是"自己先抽去了几根骨头的,否则,连'剩下来'的也不剩"③。

林白的《一个人的战争》被配上深含色情意味的封面,是出版商追求商业利润的目使然。有意思的是,当作品被扣上道学意味的"准色情"的帽子时,出版商又避之唯恐不及。所谓的"媒体权力"不纯粹是商业法则,其中纠结着市场与权力的盘根错节的关系。"本土所有的电台、电视台和报纸,一切媒体俱在体制内而非体制外,这种非民间的媒体构成,严格地说,是不应该叫做'大众传媒',而应称为'体制传媒'的……

---

① 林白:《林白文集》第二卷《一个人的战争·后记》,江苏文艺出版社1997年版,第294—295页。
② 杨瑞春:《看!这个叫九丹的女人》(九丹访谈录),《南方周末》2001年8月16日。张英:《白鹿原上看风景》,《文学的力量——当代著名作家访谈录》,民族出版社2001年版,第205页。
③ 鲁迅:《鲁迅全集》第5卷,人民文学出版社1981年版,第418页。

应该说,体制传媒对大众文化的投入已经体现了原有功能的分化,这是一种进步。"①

在 20 世纪 90 年代文学中,另一个堪称经典的"改写"例子是《白鹿原》的修订。作者在第四届茅盾文学奖评委会的要求下做了修改,对此,《白鹿原》的责任编辑和终审之一何启治说:"评委会的主要修订意见是'作品中儒家文化的体现者朱先生这个人物关于政治斗争翻鳌子的评说,以及与此有关的若干描写可能引起误解,应以适当的方式廓清。另外与表现思想主题无关的较直露的性描写应加以删改。'目前来看,删去的文字主要集中在两段,前后加起来只有两千多字,所以不存在'面目全非'。"②有意思的是,修订本当时还没有出版,陈忠实却以此获得第四届茅盾文学奖。不妨来看看陈忠实自己对"改写"的回答:"没有人直接建议我改写,我不会进行改写,那是最愚蠢的办法。我知道过去有人这么做过,但效果适得其反,而且《白鹿原》在读者心目中已经有了基本固定的印象,后面再改也很困难。"③一种权威性奖项是对它所严格奉行的价值和审美标准的弘扬,作为一种追求完美的文学理念实在是无可非议,但如果它必须让获得这一奖项的不完美的作品付出"改写"自己的代价,那么它就与文学发展所必需的宽容性和丰富性背道而驰。一种审美标准如果沾染了"改写"别人的冲动,它与权力意志的距离就形同虚设了。

20 世纪 90 年代小说和影视的关系异常亲密。"改编"是作家名利双收的契机,同时也是文本被"戏说"的一个开端,尤其是作家自己不参与编剧工作的"改编"。苏童的《妻妾成群》被改编成《大红灯笼高高挂》后,"最明显的改变是其中的主观感受与精神力量的相对削弱。……小说中那个有着无数独特感受与个性追求的颂莲,在电影中被替换为不断地迫于命运的压力而无法应付的悲剧女性,这虽然可以说是加深了对没落的传统世界的批判性,但是实际上却是丧失了小说中有着超越意义的,并含有丰富创造性的个人化的独特精神主题"④。有意思的是,作家对于作品被改编的命运可谓求之不得,正因为此才会有苏童、北村、格非、赵玫、须兰、钮海燕等六位作家同时写《武则天》的文学脚本的奇迹。在更强势的传播手段面前,文字文本已经沦落为"脚本",而从事文字创造的作家也甘愿为别的艺术形式效犬马之劳,从文学

---

① 邵建:《知识分子与大众文化》,《小说评论》1998 年第 5 期。
② 引自孙小宁《尘埃何时落定——也谈第四届茅盾文学奖》,《中国文化报》1998 年 2 月 17 日。
③ 张英:《白鹿原上看风景》,《文学的力量》,民族出版社 2001 年版,第 205 页。
④ 陈思和主编:《中国当代文学史教程》,复旦大学出版社 1999 年版,第 333—334 页。

主体退为影视客体。尽管金庸一再批评改编者的荒唐,但他同样无法拒绝改编后面的巨大诱惑。二月河对《雍正王朝》的改编多有批评,认为它矫枉过正,隐去了雍正阴冷、狡诈、残暴的一面。看看编剧刘和平对此作出的解释:"哪个历史集团或历史人物在自我完善的过程中起的是积极作用,我就肯定他;起的是消极作用,我否定他。……如果一定要我说《雍正王朝》的主题,那就是家与国的矛盾。……人们老是谈要忠实原著,我认为不能太谈忠实,两样东西如果完全一样,必定有一个是多余的,多余的就是后来的那一个。"①在实用主义和消费主义的历史观面前,真实的历史本身同样只是一个脚本。显得有点滑稽的是柳建伟的《突出重围》,他自己担当总编剧,电视播出后他同样认为剧本不如原作,这种反应就难免有些戏剧性。90年代小说的影视改编中,作家扮演的基本上是一种扈从的角色,"改编"常常导致了文本的伤筋动骨,变得面目全非,这种不平等直接导致了尤凤伟与姜文的官司。尤凤伟说:"对方说,这种做法在过去电影圈里是司空见惯的,也就是说,一切都属正常。……此案被告三年前与我协商改编《生存》,我是同意和支持的。既然是改编,对原作进行修改就是合乎情理的,否则便不是改编。改编是再创造,即使需要对原作作出较大修改也属正常,但不应对原作的基本精神和原则予以扭曲,同时应当得到原作者的许可;否则,便不是正确的改编。"②

值得注意的是,在这个信息爆炸的年代里,第一手信息已经越来越少,所有的信息都在多渠道传播中裂变。与这些"信息"相比,文学原作的力量变得微乎其微。也就是说,在主流传播中流通的都是这些被"改写"的信息,原作在传播中逐渐地缩水、走样,被一些貌似公正的、削足适履的三言两语所"格式化",成为一个被各种话语和利益榨干的简单符号。在传播学研究中,怀特针对大众媒介的体系、制作、选择与流动,构造了一个守门人模式,即新闻从信息源到达受众的过程当中,新闻从业人员扮演着"守门人"的角色,他们选择一些新闻同时舍弃另一些新闻。麦克内利的新闻流动模式更为完善,他认为新闻从有价值的新闻事件到达受众的过程当中,要经过各个中间环节的编辑、记者的反复选择、拒绝和改变,不断地循环下去。③

---

① 阎玉清:《〈雍正王朝〉编剧刘和平访谈录》,《中国电视》1999年第11期。
② 田川流:《从容应对〈鬼子来了〉——尤凤伟访谈录》,《文学世界》2000年第1期。
③ 参见丹尼斯·麦奎尔、斯文·温德尔《大众传播模式论》,上海译文出版社1997年版,第134—138页。

在 20 世纪 90 年代的语境中，媒体批评（以市民报纸为主体，以"娱记"为核心，集结了大批作家、批评家、编辑、书商的沙龙式言论）对原作的"改写"是最为有力的。媒体的感性话语对文学作品中的欲望表达的高度关注，使切近存在本相的精神表达被忽视。也就是说，媒体对市民趣味的逢迎也导致了记者对文学作品的市民化解读，寻找刺激成为主导的阅读动机。将文学"改写"成事件的媒体法则，使"媒体批评"扮演着"看客"的角色，在顾城杀妻、围绕《马桥词典》的诉讼等"文坛热点"中，"看客"的吆喝艺术发挥得淋漓尽致。像贾平凹的《废都》，炒作者一旦将它定位为"当代的《金瓶梅》"，就意味着普遍的误读的开始，人们对其中的性描写的关注遮蔽了整部作品的艺术价值。莫言的《丰乳肥臀》在感性的传播中，能够剩下的东西还有可能是别的吗？像陈染、林白的所谓"私人化写作"，在传媒的筛子中，能够剩下的只有"身体"和"隐私"。典型如林白的《玻璃虫》，媒体从这部标明是"一部虚构的回忆录"的作品中，捕捉到的"最有意义"的看点是："女性主义作家自曝'绝对隐私'，林白当过裸体模特儿。"[1]寻获重大发现的记者还在文中声称从当事人处得到了证实。在 90 年代后期，许多作家、批评家也加入到媒体的合唱中，成为媒体的共谋。这尤其表现在所谓的"美女作家"身上，她们对媒体对自己的"误读"或者"痛骂"不仅不作抵制，而且与狼共舞。这正是"改写"的真正目的，它从"改写"文本开始，最终把作家和批评家自己也纳入了这一模式。

　　文学作品在媒体的传播过程中，反复的"改写"造成了以讹传讹的恶性循环。而作品的真正意义与价值则在媒体高温的蒸笼里无声无息地蒸发了，留下的仅仅是一些表面上轰轰烈烈实质上空洞无物的文字垃圾。生活在一个充满了伪事件与假信息的世界中，媒体的神奇之处正在于它不考虑信息是否准确地描述了客观情况，而只考虑信息看起来是否显得真实。"记者们不再满足于传播信息，他们要生产信息。他们的确有能力'炒热事件'——这是人们常说的话——有能力将讨论的问题，思考的问题，以及对这些强制性问题的强制性思考一天一天地强加于众。"[2]在见报率、作品数量和版税、个人名声成正比的年代，作品的艺术质量只在圈子内被关注，而媒体的兴趣是寻找适合炒作的"话题"，这样的环境必然驱使相当数量的作家不靠作品的

---

[1] 参见谭飞《女性主义作家自曝"绝对隐私" 林白当过裸体模特儿》，《齐鲁晚报》2000 年 4 月 24 日。
[2] 皮埃尔·布尔迪厄、汉斯·哈克：《自由交流》，三联书店 1996 年版，第 30 页。

质量说话,而是靠粗制滥造和频繁的曝光打天下。既然写得再复杂再深奥再意味深长的作品,在媒体的视野中只剩下那些感性的、奇观的、非常的事物,那么何必在别的地方浪费心神呢?于是,形式上浅显易懂的、叙述停留于故事层面的、情感上煽风点火的、主题集中于肉体(性和暴力)的商业化叙事大行其道。只有当作家不仅利用传媒的趣味来宣传自己,而且将这一趣味贯彻到自己的写作当中时,传播对文本和作家的双重改写才真正显示出其威力。

◎ 第七章　人民文学出版社与当代文学

　　人民文学出版社（以下简称人文社）在六十多年的出版实践中，积累了丰富的经验，推出了不少经得起时间考验的好作品，其中凝聚着几代编辑的心血。人文社之所以能够取得让人瞩目的成绩，正是靠着几代编辑的精神接力。当代文学是最具有竞争性的，是正在进行中的文学创造，人文社的历任社长与总编辑都对促进中国当代文学的繁荣，有一种很清醒的使命感。"文革"以后，时任总编的韦君宜说过，我们社当然古今中外的名篇都要出版，"但是，当代文学创作，特别是长篇小说，是人文社的牡丹花"①。从当代文学的丰富性、动态性和所产生的社会影响来看，它鲜活地回应时代的挑战，在传统经典的基础上寻求新的审美发现，使文学的长河奔流不息。其独特的创造不仅提供新的文学经验与精神资源，而且通过与传统经典的对话，不断地激活它们，为之注入生生不息的当代活力。人文社作为国家级的、最重要的专业性文学出版社，对于中国当代文学的发展理应发挥举足轻重的推动作用。有的作家能够成为大家，成为有影响的作家，跟人文社一些有使命感的编辑家的支持和鼓励是分不开的。当代文学的发展，既有澎湃激昂的潮涌，也遭遇了回旋的潜流与旋涡，这艘航船甚至为凌汛与洪涛所困；它曾经受到严寒的政治气候的制约，这种经历又使它加倍地珍惜思想解放的欢畅；而市场化犹如一柄双刃剑，它既激发自由的创造活力，也以其强大的商业诱惑将文学引向难以自拔的泥淖。我力图以人文社的当代文学编辑实践为核心，通过对几代具有代表性的编辑家的创造性劳动与人格选择的深入剖析，考察当代文学的生产机制与当代文学创作的复杂关联，并从多变的文化语境中探测健康的文学生态的基本要素。

---

① 黄伊：《编辑的故事》，金城出版社2003年版，第30页。

一

人民文学出版社1951年3月创建于北京,其间还先后使用作家出版社(1953—1958、1960—1969)、艺术出版社(1953—1957)、文学古籍刊行社(1954—1957、1987—1989)、中国戏剧出版社(1954—1979)、外国文学出版社(1979年至今)等副牌出版中外各类文学图书。① 冯雪峰是人文社的创建者,在担任首届社长兼总编辑的七年中,为人文社的建设打下了坚实的基础。

1950年10月7日,中央人民政府出版总署决定在上海建立鲁迅著作编刊社,冯雪峰担任社长兼总编辑,他迅速拟订了《鲁迅著作编校和知识的工作方针和计划草案》,为大规模、高质量地出版鲁迅著作做了周全的规划。冯雪峰调任人文社岗位后,把这个班底调到北京,其中包括林辰、孙用、杨霁云、王士菁夫妇和校对殷维汉,他们和1956年调入人文社的王仰晨一起,辑佚、整理、考证、注释《鲁迅全集》,1958年出了一版十卷本,同时推出十卷本的《鲁迅译文集》;1981年又出了一版十六卷本(不含翻译)。他们经年累月地做些琐细而又实在的工作,甘于寂寞。抗战期间就开始鲁迅研究的林辰,在流离于西南偏僻乡镇的动荡岁月,在极艰苦的条件下写出《鲁迅事迹考》一书,还在大后方发表了《鲁迅传》的开头部分,但由于战乱带来的穷困,这部中国人自己撰写的最早的《鲁迅传》不幸夭折了。新中国成立后数十年由于埋头整理鲁迅著作,述而不著,他只写了收在《鲁迅述林》中的少量文章和一些研究古典小说的文章,而其《鲁迅传》至死也未能续写成篇。翻译家孙用对鲁迅著译做了大量校勘工作,并说:"这工作没有多大学问,大家是不乐意干的,我适宜做,物尽其用吧。"他把鲁迅六百余万字的全部著译的各种版本,进行了精细的比勘雠校,对每一个有歧义的字、词和标点,都慎重地斟酌,而且反复多次。为此,他的视力受到严重损害,近视深达一千四百度,又患严重的白内障。其成果体现在《鲁迅全集》之中,并有《鲁迅全集校读记》和《鲁迅译文校读记》。他在退休后,依然主持1981年版《鲁迅全集》的校勘,参与第九卷《译文序跋集》的注释定稿,这时他看书时需要叠用两个放

---

① 参见陈早春《人民文学出版社40年》,《中国出版》1991年第3期。

大镜。①

对于1958年版的《鲁迅全集》，冯雪峰亲自审订，重要的注释条文都是他亲自抽空撰写。1972年秋天，经过王仰晨的争取，鉴于出版鲁迅著作的需要，冯雪峰被恩准从五七干校调回北京，但不能参与编选、注释等重要工作，只能做一般资料性工作；而且不许对外，不许到人文社办公；凡是外来向他了解鲁迅情况的人，须经组织批准。当社会上大批瞿秋白时，鲁迅在《辱骂和恐吓决不是战斗》中所批评的芸生的《汉奸的供状》，被罗织为瞿秋白的一项"罪证"，芸生被批判者误认为瞿秋白的化名。1975年冬天冯雪峰与周扬意外相见时，虽然彼此要谈的重要话题很多，但仍没有忘记取证芸生是邱九如的事情，为新版《鲁迅全集》补上一条芸生的注提供了确证。②冯雪峰及其同人为鲁迅著作的出版默默奉献，经年累月地从事繁琐而不被人重视的工作，看淡个人的名利与荣辱，在政治压力面前宁折不弯，还原历史的本来面目，为历史负责，其独特的敬业态度与人格精神，在严酷的环境中艰难地传承鲁迅的精神薪火，拒绝迎合当时的主流思潮对于鲁迅精神的工具化阐释，以自己的生命实践抵制鲁迅精神被扭曲的命运，在困境中持守着鲁迅捍卫自由、独立的价值立场。

在鲁迅开辟的精神道路上艰难迈进，是人文社最为值得珍惜的精神传统，也是冯雪峰为人文社留下的最为珍贵的文化遗产。在"文革"期间，为了防止别人不负责任地捏造与诬陷，冯雪峰写了一百多万字的外调材料。尽管他与周扬、夏衍等人有历史恩怨，但正如周扬在1979年5月1日写给楼适夷的信中所说："他没有乘'四人帮'恶毒诽谤我的时机，对我落井投石，把一切错误推在我的身上。"③在1970年深秋的一次群众大会上，他激于义愤，不顾自己的处境，进行了"干校"时期唯一一次大会发言，愤慨地批驳了攻击生活书店的污蔑，充分肯定三十年代左翼文化出版战线的功绩。④ 在种种压力下，冯雪峰依然努力地追求人格的完善，追求日常生活和内心信念的一致。当时主管他的工作的胡愈之说："人民文学出版社搞得很不错，雪峰有眼光，有魄力，出版了许多优秀的文艺书籍，也拒绝了不少'有来头'的不够出版水平的

---

① 参见朱正、陈早春《孙用小传》，《新文学史料》1984年第1期。
② 陈早春：《夕阳，仍在放光发热》，包子衍、袁绍发编《回忆雪峰》，中国文史出版社1986年版，第290—291页。
③ 参见楼适夷《话雨录》，三联书店1984年版，第85页。
④ 参见扬尘《病床前的回忆》，《回忆雪峰》，中国文史出版社1986年版，第228页。

书稿。……有人说他在《鲁迅全集》里加进了他自己的东西,派性的东西,他搞宗派主义。具体是指鲁迅先生那封著名的公开信——《答徐懋庸并关于抗日统一战线问题》,他们怀疑此信是冯雪峰写的,至少有一部分是他加进去的,他们希望冯雪峰承认错误,或加以删改,或加注说明。但是冯雪峰宁愿戴上右派帽子,也不肯违背事实,承认'错误'。"① 只有以一种独立不倚的人格和传承文明的信念作为支撑,文学出版才可能成为一种灵魂的事业,而不是沦落为借书牟利的工匠。对于不断行进的中国当代文学而言,必须正视"文革"时期"石一歌"写作组对鲁迅和现代文学传统的歪曲与丑化,剖析其症结所在,在商业与话语的涌潮中坚持并发扬以鲁迅为核心的现代文学传统,激浊扬清,营造自由、健康的文学生态。

冯雪峰主事期间,主持出版了五四以来新文学运动的代表作,同时也出版解放区的优秀作品,如《中国人民文艺丛书》;1958 年被开除党籍和撤销职务后,至少用了一年以上的时间,编辑《郁达夫文集》,撰写了郁达夫传略和著作目录,亲自抄录了不少原稿,而郁达夫日记则至少抄了五六万字。② 王仰晨接过冯雪峰的接力棒,在新时期初年为尽快恢复出版五四时期的作品而奔走,从 1977 年下半年起陆续出版了郭沫若、茅盾、巴金、叶圣陶、曹禺等人的代表作,尔后又建立了五四文学编辑室。他还以业余时间协助童怀周编选、校订了《革命诗抄》第二集和《天安门革命诗文选》,1978 年又促成人文社出版了《天安门诗抄》。③ 对于人文社的当代文学出版来说,也只有在种种诱惑面前坚持自己的价值底线与人文追求,以五四文学传统为参照,弘扬现代知识分子的忧患意识与自由精神,承传五四作家激活现代汉语的审美潜能的浪漫情怀与创造活力,为历史作证,以自己的责任感点燃正义之火,照亮我们这个民族曾经经历的苦难记忆以及与生命相始终的人性幽暗,继往开来,才能为当代汉语文学建设发挥积极的推动作用。

冯雪峰亲自动手当责任编辑,主持出版了方志敏《可爱的中国》和四卷本的《瞿秋白文集》,这赢得了出版史学者的高度赞扬,而更能体现其敏锐与远见的是对青年作者的大力扶持,这为人文社开创了另一种优良传统。1953 年冬天,杜鹏程把《保卫

---

① 胡愈之:《我所知道的冯雪峰》,《回忆雪峰》,中国文史出版社 1986 年版,第 74 页。
② 参见扬尘《病床前的回忆》,《回忆雪峰》,中国文史出版社 1986 年版,第 228 页。
③ 江边:《应该让更多的人知道他》,《无名集》(本社编),山西人民出版社 1985 年版,第 70—71 页。

延安》的打印稿分送有关单位和个人,征求意见,想不到很快就收到了冯雪峰约请他面谈和吃饭的信。冯雪峰熬夜审读《保卫延安》,并与作者反复长谈,两个人并坐在写字台边,几乎是手把手地帮助作者进行大幅度修改,从 70 万字压缩成 40 多万字。而且,他还向《人民文学》推荐,希望他们能够选发其中一部分,并亲自撰写评论《〈保卫延安〉的地位和重要性》,刊发在《文艺报》1954 年第 14、15 期,不遗余力地扶持新生力量。① 冯雪峰对朱正的呵护更是不留痕迹,坦荡无私,默默地承担风险。1956 年,年仅 25 岁的朱正写了一本《鲁迅传略》,5 月寄到人文社,年底就以副牌作家出版社的名义出版。直到 1980 年,作者才知道当时《新湖南报》秘书处人事科曾写公函给出版社,阻止这本书的出版。② 在《鲁迅传略·重版后记》中,朱正有言:"我猜想,他当时作为人民文学出版社的社长,又具体领导着鲁迅著作的编注工作,这小册子大约是经过他审阅的。这使我深感荣幸。对于一个素不相识的默默无闻的年轻人的单薄的习作,能够就这样很快出版,我对他和对鲁编室的同志是十分感激的。特别是后来当我知道这书的出版并不那么顺利,有人曾发公函劝阻,我的感激之情就更深了。"③

1954 年进入人文社的巴人,1958 年接替冯雪峰出任社长。1952 年创作了《春到鸭绿江》的雷加将稿子投送给作家出版社,他回忆:"《人民文学》编辑同志读过原稿,出版社责任编辑也读过全部原稿。但是我万万没有想到人民文学出版社社长王任叔(巴人)同志也读了原稿。……他就责任编辑方白和方紫二同志提出意见之后,他又提出自己的具体意见,这就把自己降到类似责任编辑地位。"④同时《人民文学》也选载了几章。巴人亲自管理编辑工作,带队到全国各地组稿,亲自审稿,帮助青年作家改稿,凡是出版了优秀的文学新作,他都热情洋溢地撰文评价,他还亲自过问出版印刷工作,特别重视装帧设计的艺术效果。他不谋私利,没为自己出一本书。1958 年,巴人在阅读普通来稿时,发现一部署名"浩然"的书稿《喜鹊登枝》很有基础,便亲自出任责任编辑,10 天内连续写了三封信函,与作者平等协商出版事宜,在肯定作品

---

① 参见楼适夷《零零碎碎的记忆——我在人民文学出版社》,《新文学史料》1991 年第 1 期;杜鹏程:《回忆雪峰同志》,《延河》1979 年第 11 期。
② 参见朱正《怀念与感激冯雪峰同志》,《鲁迅研究资料》1980 年第 5 辑。
③ 朱正:《鲁迅传略》,人民文学出版社 1982 年版,第 377 页。
④ 雷加:《文学回忆》,《新文学史料》1988 年第 3 期。

优点的同时,字句推敲、一丝不苟地指出作品的局限性,设身处地地为作者着想。书还没出版,巴人就给《文汇报》写了一篇《读稿偶记》的推荐文章,寄托了殷切的期望,又为《人民文学》撰写评论《略谈〈喜鹊登枝〉及其他》,突出地谈论了作家深入生活之急需。①正如浩然所说:"巴人同志革命资格很老,可以做高官。巴人同志艺术造诣极深,可以搞创作。可是,他却心甘情愿在出版社率领一伙编辑,兢兢业业、辛辛苦苦地'为他人做嫁衣'。"②

巴人的编辑方针是古今中外不予偏废,突出当代激活创作。他主持出版的《中国古典文学读本丛书》《中国古典文学理论丛书》《外国古典文学名著丛书》《外国现代文学名著丛书》和《外国古典文学理论丛书》,源源不断地问世,至今魅力不减,仍然被奉为范本。在现当代文学方面,人文社先后出版了《鲁迅全集》《茅盾文集》《沫若文集》《巴金文集》《叶圣陶文集》《郑振铎文集》以及近50位五四以来名家的选集;1959年编印了当代作家中有影响的作品近40种。人文社及其副牌作家出版社在20世纪50年代出版的红色经典有徐光耀的《平原烈火》、柳青的《铜墙铁壁》、杜鹏程的《保卫延安》、孙犁的《风云初记》、李英儒的《野火春风斗古城》、曲波的《林海雪原》、杨沫的《青春之歌》、艾芜的《百炼成钢》、魏巍的《谁是最可爱的人》等。值得一提的是《林海雪原》的责任编辑龙世辉的敬业精神,他是从堆积如山的自然来稿中发现这部作品的,稿名叫"林海雪原荡匪记",稿纸有大有小,每一叠用各种颜色的碎布条捆着,字很不好认。只读过六年书的曲波花费数月修改一次后,承认有困难。后来龙世辉整整花了三个月,使出浑身解数帮作者修改,并把书稿推荐给《人民文学》的副主编秦兆阳,使其选载了其中部分章节;龙世辉还在《人民文学》发表评论文章表示赞赏和支持。③④ 许觉民说:"读书界和出版社的同志回忆起这一段光景,常称之为人民文学出版社的黄金时代。这是因为当时不仅出版物势如波涌,重要的是质量高,基本上都具有流传价值。"⑤重视文化积累是冯雪峰、王任叔以及聂绀弩、楼适

---

① 参见浩然口述、郑实采写《我的人生——浩然口述自传》,华艺出版社2000年版,第316—317页。
② 浩然:《巴人同志指导我学习创作》,《新文学史料》1986年第3期。
③ 黄伊:《燃烧了自己 照亮了别人——介绍老编辑龙世辉》,《无名集》,第135—136页。
④ 但堪为教训的是,龙世辉在《林海雪原》再版时,不尊重作者曲波的著作权益,擅自删节了描写少剑波和白茹的爱情的情节与文字,自觉自愿地顺应了当时"左"的文艺批评观。
⑤ 许觉民:《风雨故旧录》,上海教育出版社2002年版,第213—214页。

夷、许觉民等出版家一贯的方略，也只有把当代文学的创作和出版纳入世界文学的整体性、历史性的视野中，才能引来源头活水，在经典的参照下，激发与时代紧密结合又超越时代的创造潜能，使当代文学不成为速效而速朽的过眼云烟。

　　巴人的赤子之心使其出版实践闪耀着人格光芒，把时代和心灵结合到一起，在特殊的政治环境中保留着一份对于人性的深切关怀。黄秋耘回忆，1959年夏天应巴人之约选编《建国以来文学评论文选》，其中选了一篇周文的文章，并且说明根据文章的水平理应入选，但周文是在"三反""五反"运动中自杀的。巴人听后拍案而起，激愤地说："只有中国人才把自杀看得那么严重，一定要开除党籍，还说这样是自绝于党，自绝于人民，一个人不想活下去，难道连结束自己生命的权利也没有么？马雅可夫斯基是自杀的，法捷耶夫是自杀的，高尔基也自杀过，只不过没有死去，难道连这些大作家的作品也都不能出版了么？"①巴人的这种飞蛾扑火一样的激情以及《论人性》赤膊上阵的真诚，最终将自己推入了万劫不复的炼狱，使其生命蒙上了沉重而阴郁的悲剧氛围。置身于这种特殊的政治气候之中，人文社20世纪50年代的出版也不能不深深地镌刻着时代的烙印，留下让后人深思不已的前车之鉴。楼适夷慧眼识珠，为《大波》《死水微澜》的出版立下汗马功劳；又启发周而复，废弃了已经成稿的一百多万字，从更广阔的背景上创作抗战题材的巨著，催生了六百多万字的《长城万里图》②。他在《零零碎碎的记忆》中进行了沉痛的反思：

> 　　我们好像一个外科大夫，一枝笔像一把手术刀，喜欢在作家的作品上动动刀子，仿佛不给文章割出一点血来，就算没有尽到自己的责任。这把厉害的刀，一直动到既成老大作家，甚至已故作家的身上。当然对鲁迅著作的原文，是一个字也没动过的（不过根据上级命令，也删过他大量的书信），其他作家的作品几乎全动过一些手术。郭老《女神》解放后的第一新版，就给删去了三首小诗，其中一首《死的诱惑》（引者注：《死的诱惑》是郭沫若白话诗处女作），内容说到诗人面对一把刀子，一条绳子，忍不住想走

---

① 黄秋耘：《可爱可敬的"莽秀才"——追念巴人同志》，《文艺报》1985年11月16日。
② 参见周而复《相期一步一层楼》，人民文学出版社建社五十周年纪念文集《我与人民文学出版社》，人民文学出版社2001年版。

自杀的路。茅公的《蚀》《子夜》,说有些描写认为是"黄"了一点;曹禺的《雷雨》《日出》,都是被动过手术的;甚至《夏衍戏剧选》,硬是给删削了整整的一篇《上海屋檐下》,认为小资产阶级的气味重了。当然,编辑部是当做意见向作者委婉提出协商的,而作者则无不遵命,一律照办。……

更荒谬的是,动刀子动到已故作家的身上,《瞿秋白文集》(1953年版)中《俄乡纪程》,开头有一处写海参崴华侨吸鸦片和贩毒的。这不是给中国人脸上抹了黑吗?便都予以删去。仿佛我们这样一删,三十多年前的海参崴就真没有一个华人抽过鸦片了。作者已故,当然毋须征求同意,可以为所欲为。实际上,那时作者心虚,编辑也心虚,生怕把不住关,就做出这种事来了。到了后来,凡是这种不成理由的改删,又照原状恢复了过来。编《茅盾全集》时,我见到改删过的地方都已恢复了原状,教训是应该记取的。几年之中,特别涉及到政治运动,改来改去,真成了编辑部的一件浩大工程。发生了"高饶事件",查一次书,凡书中有高岗的名字,都得删去;庐山会议出了"彭德怀事件",彭老总的名字也不许出现了,讲好讲坏,一律删去。同某国外交发生了纠葛,歌颂某国的东西当然也不要了。(记得反修时,名编辑某君,发现了一句歌颂南斯拉夫的话,立了大功,任叔同志大为器重,特奖《六十种曲》一部。并从编辑升为编审。①)编辑部一次次停产查书,印厂挖改纸型,抽页排版,有些已出的书,则干脆停止发行。浪费时间,劳民伤财,这样的笨事,真不知做过多少。②

五十年代的人文社,在艰苦的条件和复杂的环境下取得了辉煌的实绩,尤其在中国古典文学和外国古典文学的译介与出版方面,出手不凡,流传不衰,而在当代文学出版上也有得意手笔,诸如《青春之歌》《保卫延安》《林海雪原》等作品,为文学史提供了新的叙事范型,字里行间燃烧着的生命激情,犹如凝固的火焰,成为记录红色记忆的经典性精神标本。遗憾的是,由于过度考虑作品的时效,适应主流思潮对文

---

① 根据舒芜的《悼念楼适夷先生》(载《新文学史料》2002年第3期),这位"名编辑"就是舒芜,舒芜认为事实有某些偏差,舒芜"以与我国当时的政策以及外交方针不合为理由",指出了人文社出版的一本苏联电影剧本里有严重问题。
② 楼适夷:《零零碎碎的记忆——我在人民文学出版社》,《新文学史料》1991年第1期。

体的约束与规范,以作品图解政治,人文社虽然催生了不少大作,在当时产生了轰动效应,艺术上也有独到之处,但多数作品都扮演着时代传声筒的角色,很快就被历史所遗忘,不可能成为经得起历史考验的文学经典。

二

20世纪60年代,严文井接任人文社社长,但他在中国作家协会上班,许觉民有这样的说法:"他当社长采用的是'务虚'之法,从不来上班,连个办公桌也没有,只参加一些要紧的会议,平时则听别人的汇报,再提一些原则性的意见让别人参考,日常的许多事都并不参与。"①当时实际主持社务的是韦君宜,"她重点是抓当代创作,其他古典、外文、戏剧等部门都有文艺界的名人分兵把口,她似乎很少过问"②。在1943年的"抢救失足者"运动中,韦君宜的丈夫杨述被污蔑成执行国民党"打着红旗反红旗"政策的特务,直到1944年下半年才被摘帽;韦君宜担任《文艺学习》主编期间,因为组织关于《组织部来了个年轻人》的讨论,替丁玲、陈企霞的所谓"反党集团"说过几句公道话,1957年差点被戴上"右派"帽子,到农村去改造了一阵,"自此后她沉默少语,遇事不敢决断"③。但韦君宜为人开明而善良,同时作为一个创作了《访旧》和《月夜清歌》等作品的作家,她又具备独立的艺术判断与难以苟同流俗的审美直觉。在政治敏感与艺术标准的夹缝之间,从60年代初期一直到"文革"结束,韦君宜似乎一直都压抑着内心的苦衷,在两难的抉择中寻求平衡。许觉民回忆,当年出版杨朔的《非洲游记》,封面设计是一群飞禽猛兽,印好后遭到一个"隐性领导"的否定,说把非洲人民都认作是野兽,必须撕去重印,虽然时任第二副社长的许觉民认为有特色,坚持不必重印,但韦君宜最终还是采纳了"隐性领导"的意见;在编辑曲波的长篇小说《桥龙飙》的过程中,王笠耘殚精竭虑地进行修改,实际上帮曲波具体写,书印好后又遭到这位"隐性领导"的否定,认为被八路军收编的主人公不服从党的领导,许觉民不以为然,最终韦君宜还是决定将印好的五万册书全部销毁。④ 意味深长

---

① 许觉民:《风雨故旧录》,上海教育出版社2002年版,第148页。
② 陈早春:《我看君宜同志》,于光远等著《韦君宜纪念集》,人民文学出版社2003年版,第396页。
③ 许觉民:《风雨故旧录》,上海教育出版社2002年版,第112页。
④ 参见许觉民《记韦君宜》,《风雨故旧录》,上海教育出版社2002年版,第112页。

的是,韦君宜的谨慎与担忧并非空穴来风,据王笠耘回忆,江青在"文革"期间深夜召见曲波,并说:"《桥龙飙》是棵大毒草,可倒也看出你有才气。"于是叫他按照样板戏改写《林海雪原》。①

马识途在回忆《清江壮歌》的出版过程时,说到韦君宜为了让他有充裕的修改作品的时间,特意请周扬给西南局常务书记李大章打招呼,允许他只上半天班。《刘志丹》事件掀起的风波,让马识途进退两难,韦君宜了解情况后,"她说《清江壮歌》一书,她认为是不会有问题的,他们还将继续出版。不过她叫我再认真地检查一遍,可能犯嫌的地方都要进行必要的改写。她提到,最后的被屠杀的悲惨结局,一定要把调子提高一些,亮色一些"②。尽管出版社反复催促,但作者一直犹豫不决,拖了五年才把书稿的清样送回出版社。颇为荒诞的是,这部出版于1966年年初的长篇小说,还是成为"文革"时期被反复批判的"罪孽"。据陈早春回忆,1965年,编辑部决定一部"献礼"书稿的选题时,得到与会者高度的肯定;临近散会时陈早春认为虽然题材好,但不是作品,想不到居然得到了韦君宜的响应,她在总结时认为"稿子是不成熟,艺术上太粗糙了,编辑加工量大",并安排有加工经验的龙世辉逐章逐节去加工。③由此可见,在政治挂帅的年代里,虽然顾忌重重,画地为牢,如何启治就认为自己在1965年组织编写的《我们的青春》和独立撰写的《天亮之前》,都是韦君宜出题组稿的"遵命文学"④;但韦君宜依然执守着独立的艺术良知,也没有因噎废食,她还是在压力中审慎地激励着具有独创意义的艺术实践。不无悲剧色彩的是,"文革"中她还是作为"头号走资派",成了人文社的第一位批判对象,以至于精神失常,与世隔绝了三年。

"文革"后期,韦君宜1973年从干校回到人文社,她自己在《思痛录·编辑的忏悔》中说:"实则是回到了真正的囚笼,真正去做自己应当忏悔的事情去了。"⑤从韦君宜对《千重浪》《金光大道》《伐木人》《铁旋风》《无形战线》《朝晖》《晨光曲》《钻天峰》

---

① 参见王笠耘:《难忘的韦君宜》,于光远等著《韦君宜纪念集》,人民文学出版社2003年版,第475页。
② 马识途:《〈清江壮歌〉出版的前前后后》,《我与人民文学出版社》,人民文学出版社2001年版,第14页。
③ 陈早春:《我看君宜同志》,于光远等著《韦君宜纪念集》,人民文学出版社2003年版,第398页。
④ 参见笔者与何启治的访谈录,压缩稿《用责任点燃艺术》发表于《文艺研究》2004年第2期。
⑤ 韦君宜:《思痛录》,北京十月文艺出版社1998年版,第162页。

等书的反思与自责,以及对于强迫作者就范的深深愧疚可以看出,尽管她当时受制于军宣队,但她并没有推卸责任,而是真诚地袒露其灵魂深处的撕裂感与负罪感,以孤独的背影昭示着后人:在再为艰难的环境里,都不能把外部压力作为自我开脱的借口。她在1982年写给一位作家的信中有这样的反省:"我承认我是帮你编过故事的人。这应该说是一个文学编辑的悲剧,我毫不推卸责任。"①1976年人文社出版了浙江作家胡尹强的《前夕》,这是一部表现教育革命的作品。作品写中学生活,原来的主题是反对死读书,提倡从实践中获得知识,塑造了一个热爱教育的老校长的形象。当韦君宜收到从别的编辑手里中途转来的稿子时,这位校长已经被改成了"走资派"。韦君宜觉得这样修改说不通,但最终被迫同意了。书出版后走红了大半年,"四人帮"被打倒后,《前夕》又被浙江金华地区列为和"四人帮"有牵连的十大要案之一,作者从1977年8月开始,被禁闭了17个月。其间,了解到作者处境的韦君宜当即写了一篇文章,发表在《人民日报》内参上,"说《前夕》写成现在的模样,责任在出版社,在她,作者是没有责任的,不应该受到如此不公正的待遇"。时任中宣部部长的胡耀邦阅读后立即批示:先把作者放出来。② 韦君宜的这种态度反映了其正义感和同情心,以内在的正直与良知抗拒着混乱与泯灭,其独特的文化人格为荒唐年代的人文社镀上一层血色的光芒,其中滴渗着的流血一样的隐痛,不仅对于中国当代的文学出版事业,而且对于中国当代知识分子的思想史与心灵史,都是一面必须直面的解魅之镜。不妨再度听听她的警言:"我有罪过,而且没别的改正的做法了。十年内乱,自己受的苦固然有,也应该把自己的忏悔拿出来给人看看,不必那么掩饰吧。"③

或许正是循着这种自责与改正的精神理路,韦君宜为新时期初年人文社的当代文学出版承担了不少风险,扫清了多重障碍,开拓出一片异彩缤纷的新天地,当然这也并非意味着其工作无可挑剔。见证了这段历史的何启治回忆:"如果不是她亲自到湖南约稿,而且毫无私心杂念,冒着风险做出决断,恐怕不会有《将军吟》;像《生活的路》《冬》《铺花的歧路》等作品,现在看来很平常,但当时却有反对出版的意见,韦

---

① 韦君宜:《老编辑手记》,四川人民出版社1985年版,第40页。
② 参见胡尹强《天,我们在这里做什么》,于光远等著《韦君宜纪念集》,人民文学出版社2003年版,第324页。
③ 韦君宜:《思痛录》,北京十月文艺出版社1998年版,第170页。

老太觉得自己的威信不够,就将这些作品都搞了故事梗概,亲自送给茅公过目,茅公都肯定了,这才出版;'四人帮'刚倒台,她就给远在伊犁的王蒙写信,希望他重新拿起笔,王蒙复出后所有重要的长篇小说都由《当代》发表和人文社出版,和韦老太与王蒙亦师亦友的关系密切相关;她不断地鼓励张洁,帮她修改《沉重的翅膀》,在张洁受到批评和压制时,保护她,亲自找胡乔木和邓力群等领导同志做疏通和解释工作,可以这么说,没有韦君宜,《沉重的翅膀》就不会获得茅盾文学奖,也就没有张洁。"①张洁也充满感激地说:"我并不认为这是她对我情有独钟。她不过认准公正是一个正常社会的应有标准,并为它的实现尽力而为。"②1980年,她曾经挤公共汽车到上海郊区南翔镇去看望当时处境艰难的竹林(《生活的路》的作者),当她看到嘉定二中在图书馆的书库里为竹林提供了简易住处时,居然感激地向校长和教导主任鞠躬。③1981年,她从投稿中发现北大中文系学生张曼菱的小说《有一个美丽的地方》,热情地向《当代》推荐,于是张曼菱脱颖而出。韦君宜以点燃自己照亮别人的奉献精神,发现并培养了不少文学英才,为弱小的文学之苗遮风挡雨,并以自己正直的品格净化文学领地的污浊,艰难地维护艺术的纯洁。

1980年,编辑杨桂欣从一堆自发来稿中发现了复旦大学学生赵祖武的一篇文章《一个不容回避的历史事实——关于五四新文学与中国当代文学的估价问题》,当时编辑部通过了,主管的副总编也点头了,发表在《新文学论丛》上。后来据说出版主管部门某人有意见,主管的副总编就推卸责任。底下的人就不服气,作为终审人,你都表态了嘛!韦君宜了解情况后,在1981年初夏开领导班子会议,批评这个副总编,而且请《新文学论丛》理论组的同志列席会议。韦君宜在会上说:"今天的会就是批评理论稿子终审人往下推卸责任的错误。请你们理论组全体人员列席,不是要你们发言,情况我们都知道了,你们的责任就是来听,来看看社里领导层对这件事的态度。有意见会后再提。"④这充分体现了韦君宜敢于承担责任,不把责任推卸给下属

---

① 参见笔者与何启治的访谈录《用责任点燃艺术》。
② 张洁:《你不可改变她》,于光远等著《韦君宜纪念集》,人民文学出版社2003年版,第251页。
③ 参见竹林《我的恩师韦君宜》,于光远等著《韦君宜纪念集》,人民文学出版社2003年版,第294页。
④ 杨桂欣:《君宜同志留给我的精神财富》,于光远等著《韦君宜纪念集》,人民文学出版社2003年版,第446页。

的一贯品格。耐人寻思的是,1984年,她坚持要离任回家,在告别会上,她不断哽咽着擦眼泪,甚至说:"这里是个联合国,我指挥不了人,人人都可指挥我,上面的,下面的……""我一辈子为人做嫁衣裳,解甲归田,也得为自己准备几件装殓的寿衣了。"① 这些语句中沉淀了其编辑生涯的酸甜苦辣。可以说,她是人文社的一位苦主,把困难作为营养,在不堪重负的情形下步履艰难,她所承担的种种压力、苦恼甚至屈辱,似乎要比发现重要作家和推出重要作品所带来的欢乐要多得多,其编辑生涯甚至具有某种悲剧性。而韦君宜的价值正在于她抗拒湮灭的坚韧,面对种种掣肘,以牺牲自己的代价为艺术挤出局促的发展空间,其编辑生涯的复杂与坎坷,以活生生的生命实践验证了成为一个有责任感的编辑之难度,而这种苦苦求索的责任感,恰恰是当代文学得以持续生长的文化土壤,也为当代文学增加了几分厚重感和现实感,就如钢铁的锻造与淬火过程一样,使之变得坚硬,对历史与现实具有更强的概括力,承载着更加丰富的文化信息。

在新时期初年,严文井同样有神来之笔。尤其是他亲自拍板,"一个字不改",及时出版巴金的《随想录》。巴金写《随想录》时,每写一篇都先发表在香港的一家大报上,有一次编辑事先没有和作者商量,就删除了文中的部分字句和段落,这干扰了作者的写作情绪,致使他停笔好一段时间,并在大陆文坛引发议论。当人文社有关编辑争取到《随想录》的大陆版权后,严文井异常果决地决定:"巴老怎么写,我们就怎么出。我们一个字不改。"此外,从1982年到1984年,他还无微不至地给予陈祖德以切实有效的帮助,为其《超越自我》的写作进行跟踪性指导。② 严文井温和宽容与无为而治的方略,韦君宜孜孜不息地负重潜行的姿态,共同为20世纪60年代至80年代初期的人文社营造出相对宽松的环境,即使在风雨如磐的"文革"灾难中,也在艰难的喘息中默守着与人为善的人性底色。难怪秦兆阳在平反之后,尽管作家协会挽留他,但他还是放弃在作协书记处掌权的位置,降格以求地到人文社担任副总编辑,并说:"不为别的,就因为文学出版社的领导不整人。"③ 正是因为这种宽松,人文社在新时期初年才能很快地恢复元气,为思想解放与艺术革新起着助推之功。

---

① 陈早春:《我看君宜同志》,于光远等著《韦君宜纪念集》,人民文学出版社2003年版,第403页。
② 参阅胡德培《赤诚的心——我所认识的严文井》,《新文学史料》2001年第1期。
③ 参见杨桂欣《君宜同志留给我的精神财富》,于光远等著《韦君宜纪念集》,人民文学出版社2003年版,第451页。

要做一个合格的编辑,大概首先就得接受自己被遮蔽的宿命。翻译家和诗人屠岸,曾经主管人文社的现当代文学出版,因为编辑工作和郭风、焦祖尧等作家结下了深厚的友谊。1979年的中长篇小说研讨会即由他动议,会议邀请胡耀邦、茅盾、周扬作报告,有效地催动了冲破僵化思维的艺术变革。① 但是,他投注精力最多的编辑工作似乎很少为人所知,其译笔和诗章的光华却至今不衰。像龙世辉、王笠耘、许显卿、李曙光、刘炜、周达宝、谢明清、于砚章等等名字,似乎都已经被人遗忘,他们就像深埋于当代文学河流的河床中的砾石,从来不显山露水,但是如果没有他们的支撑,河流就可能会下陷甚至改道。他们的生命就像那些被河水冲刷得越来越小的卵石一样,将自己的生命信息完全地融入了当代文学的发展进程,消散了自己的形状,以遮蔽自己的代价托起那些名家与巨著,但他们分明是描绘一个文学时代的总体图景的必要背景,甚至是文化底色。他们都非常敬业,王笠耘常说的是"我们尽量不要出馊主意",尊重作家的独立创造,甚至跟作者联系的退稿信,都给年轻编辑写过样子,认为即使不用人家的稿子,话也不能说得太过分。② 许显卿是魏巍《东方》的组稿人,为了帮珠珊修改《爱与仇》,可以说是煞费苦心,以至于最后作者要求将编辑的名字署在书上,结果当然是编辑拒绝了这种美意,正如韦君宜所言:"我们自己也觉得做了一件好事——把一颗珍珠上的尘土拂去而使它放出本有的光芒。可是光芒还是珍珠自己的。"③周达宝顶着压力编发张洁的《沉重的翅膀》。刘炜是《将军吟》和《芙蓉镇》的责任编辑,在书稿的反复删改中承担了不厌其烦的工作。龙世辉除了编辑《林海雪原》外,陈国凯的《代价》也凝聚着他的心血与创造性劳动。他还是《芙蓉镇》的复审编辑,在审阅初稿时,他向作者提了一条十分重要的意见:黎满庚这个人物的由好变坏,缺乏一个令人信服的过程;由正直、真挚到出卖灵魂,不能像变戏法似的说变就变,"黎满庚这个人物我们接受不了"。古华采纳了龙世辉的创造性建议,在修改完备的全稿中增加了一个人物——王秋赦。这个混进土改队伍中的"勇敢分子",后来干了初稿中黎满庚干的种种坏事,其形象比原来半拉坏的黎满庚更丰富,

---

① 参阅孔令燕《记忆,在叙述中重显——纪念〈当代〉创刊二十周年往事回顾座谈会》,《当代》1999年第3期;屠岸《回顾在"人文"的岁月》,收入《我与人民文学出版社》,人民文学出版社2001年版。
② 参见笔者与何启治的访谈录《用责任点燃艺术》。
③ 韦君宜:《老编辑手记》,四川人民出版社1985年版,第64页。

更典型。① 龙世辉是一位多才多艺的编辑,在寓言、小说、散文、评论等体裁的创作中显示了自己独特的审美潜能,但正如郑伯农为他写的挽联所言:"无心为本家种自留田;全心替他人做嫁衣裳。"他在终其一生的编辑生涯中不遗余力地为作家服务,亦如朱珩青所言:"环境铸造了这一代编辑,他们也进一步铸造了自己,完全地奉献给出版事业,鞠躬尽瘁,死而后已。他们是一批工作狂,带着浓厚的痴迷色彩。"② 尤其值得我们深入思考的是龙世辉本人已经意识到的悲剧性,1984年在内蒙古讲学时他讲到"编辑与常识",就援引自己编辑工作中的几处失误来进行自我解剖。他们这一代编辑几乎不可能不受到时潮的牵制,难免以政治视角抑制艺术判断。龙世辉曾一再提醒为他写评传的李频应该注意下述问题:"作为编辑,我只能承认自己是勤奋的,一生不敢苟安,但我受着时代社会机制的局限,不会也不能超越,个人经历带有某种不可明言的悲剧性。"③ 相对于那些风光无限的职业相比,编辑角色所要求的自我牺牲精神本身就具有一种悲剧性,典型如莫应丰在首届茅盾文学奖的授奖仪式上的发言,其中宣泄了针对龙世辉的怨言,大意是"什么是创作,创作就是写出不同于任何人的作品,不是那些人家说什么你也说什么的话,可是人民文学出版社现代文学编辑部有的编辑,看到有创造性的作品动手改,让你改,改得既不像这个的,也不像那个的,把创造性都砍掉了"④。置身于复杂多变的蹉跎岁月,承受着种种压力,在与作家荣辱与共的过程中还得不时面对作家的误解甚至责难,每每与成名后的作者反目,"在欣喜与愤懑的强刺激中度日,终于积郁成疾"⑤。他在临终前写给王有钦的信中有这样的话:"我是累死的,历年来历次运动,心中受气受压,促使我提前十年死亡,所处的时代如此,怨也无用。"⑥ 编辑生涯确实是钢丝上的舞蹈,他燃烧自己的光芒往往只能用来照亮别人,而留给自己的是灼痛的灰烬与无边的黑暗。编辑的最大的悲剧性,莫过于在各种强力话语的长期灌输下,失去独立判断,过分看重创作的姿态、技巧或者大众趣味,成为话语的仆从,扮演着工具性的角色,使呕心沥血的奉献

---

① 李频:《龙世辉的编辑生涯——从〈林海雪原〉到〈芙蓉镇〉的编审历程》,河南大学出版社1992年版,第130—131页。
② 朱珩青:《龙世辉的价值》,《文学自由谈》1994年第2期。
③ 参阅李频《龙世辉的编辑生涯——从〈林海雪原〉到〈芙蓉镇〉的编审历程》。
④ 参阅李频《编辑史不会遗忘的名字——追忆龙世辉》,《当代》2002年第6期。
⑤ 本刊记者:《〈芙蓉镇〉传奇》,《当代》1999年第3期。
⑥ 王有钦:《我与老龙的编辑生涯》,《粤海风》2002年第2期。

成为无谓的牺牲。

三

  在人文社新时期以来的发展历程中,社办报刊对于当代文学的繁荣,产生了积极的推动作用。1978年,在韦君宜主持下,由楼适夷倡议,亲自制定规划和办刊方针,创办了《新文学史料》。这是全国唯一一家反映现当代文学历史和现状,集学术性、资料性、研究性为一体的史料性刊物,先后由牛汉、陈早春主编,某些回忆录有一些不尽准确、全面之处,也因为敢于刊发说真话的文章而多次引发争议;但其人文品格较为纯粹,对于文化积累与学术建设具有不可抹杀的贡献。1984年,韦君宜动议创办了《文学故事报》;1993年人文社双管齐下,创办了《中华文学选刊》和《中华散文》,这些报刊追求雅俗共赏,在商业与艺术之间摇摆,闪光之处自然不少,但总体上只能算差强人意。而具有里程碑意义的是创办于1979年7月的《当代》①,其贴近现实的顽强姿态,真可谓以不变应万变;在文学体裁上突出长篇小说和报告文学的地位,因为"前者容量巨大且最能体现一个时代的文学水平,后者则最能及时反映广大读者所关注的社会热点问题"②;而扶植新人的策略,是其制度性的办刊路线,严文井在发刊辞中就强调"希望多多发表新作家的新作品",又采纳朱盛昌的提议,规定"每期必发新人新作,而且,每期都有一个新人简介"③。

  主编的风格会对期刊的风格产生决定性影响。《当代》先由严文井主持,1983年韦君宜接任;1986年第4期开始由秦兆阳、孟伟哉署名主编,秦兆阳从1987年第4期起担任独立主编,一直到1994年10月去世;1995年第1期朱盛昌接任主编;1997年第2期起主编为陈早春、何启治;2000年第1期起由陈早春任主编;2001年第1期起由刘玉山、高贤均任主编,高贤均在2002年8月去世后由刘玉山任主编。由于《当代》的历任主编不少是主持人文社全面工作的高层,往往无暇兼顾《当代》的编辑

---

① 参见孟伟哉《〈当代〉,一个美好的记忆》(载《当代》1999年第3期),其中说到由于《当代》是季刊,故在标注出版时间时提前到6月。
② 何启治:《文学编辑四十年》,人民文学出版社2001年版,第427页。
③ 孔令燕:《记忆,在叙述中重显——纪念〈当代〉创刊二十周年往事回顾座谈会》,《当代》1999年第3期。

工作,最为专注的当数秦兆阳与何启治。

秦兆阳是现实主义的积极倡导者。他编发过萧也牧的《我们夫妇之间》①,1955年年底出任《人民文学》副主编后,推出了刘宾雁的《在桥梁工地上》和《本报内部消息》、王蒙的《组织部来了个年轻人》、耿简的《爬在旗杆上的人》、耿龙祥的《明镜台》等作品,直面现实,深入剖析生活中的复杂矛盾。在以何直的笔名发表的《现实主义——广阔的道路》中,他号召作家们"勇敢地从自身的教条主义的束缚中解放出来",他列举了种种用政治化来曲解和缩小现实主义文学原则,用政治教条来束缚文学创作的现象,提出"不要简单地把文学艺术当作某种概念的传声筒,而应该考虑到它首先必须是艺术的,真实的,然后它才是文学艺术";提出"必须少用行政命令的方式对文学创作进行干涉"。② 这篇文章以及1956年的编辑工作导致作者被开除党籍,被划为"右派",1959年至1978年以病弱之躯长期下放广西劳动。杨沫的《青春之歌》也是由秦兆阳审阅后,鼎力举荐给人民文学出版社的,稿子由王笠耘取回,具体负责编辑加工的是任大心等人。涂光群说:"秦兆阳的悲剧在于他既有点'超前',骨子里又执着,对自己的主张不肯'随行就市'。"③二十多年后,他仍然在《现实主义——艰苦的道路》中坚持认为:"人民迫切需要文艺真实反映自己的生活、认识自己的生活和提高自己的精神境界。"④秦兆阳的这种执着,也为《当代》涂抹上了现实主义的沉重底色,"现实主义是主编秦兆阳制定并为编辑部长期坚持的办刊宗旨","突出时代性、现实性和群众性"⑤。他亲自动手修改过《代价》《热流》和《中国姑娘》等作品,比如将《代价》中忍辱负重的余丽娜改写为拿起剪刀作了适当的反抗。路遥曾称"秦兆阳是中国当代的涅克拉索夫",他写于1978年的中篇处女作《惊心动魄的一幕》,两年间被反复退稿,绝望中投寄给《当代》,意想不到地收到了秦兆阳的长信,肯定了其艺术探索。秦兆阳不仅指导他修改作品,还全力以赴,为这篇小说争取到全国第一届中篇小说奖。路遥认为"这整个地改变了我的道路"。⑥ 非常值得琢磨的

---

① 参见秦兆阳《忆萧也牧》,《随笔》1987年第4期。
② 何直:《现实主义——广阔的道路》,《人民文学》1956年第9期。
③ 涂光群:《中国三代作家纪实》,中国文联出版社1995年版,第359页。
④ 秦兆阳:《文学探路集》,人民文学出版社1984年版,第198页。
⑤ 参见屠岸《关于〈现实主义〉的一封信》,《当代》1998年第5期。
⑥ 参见李频《磨稿亿万字 多少悲欢泪——缅怀秦兆阳先生》,《出版广角》1997年第2期。

是秦兆阳对这部作品的评价,他认为"这不是一篇针砭时弊的作品,也不是一篇反映落实政策的作品,也不是写悲欢离合、沉吟个人命运的作品,也不是以愤怒之情直接控诉'四人帮'罪恶的作品。它所着力描写的,是一个对'文化大革命'的是非分辨不清、思想水平并不很高,却又不愿意群众因自己而掀起大规模武斗,以至造成巨大牺牲的革命干部"①。从中不难发现秦兆阳既试图推动思想解放,又采取了一种谨慎的策略。在1980年召开的全国文学期刊编辑工作会议上,他在大会讲台上宣告:"真正的歌德派,应该是我们,我们,我们! ……我们通过批判来歌颂,通过歌颂来批判!"②这段话里既有为自己辩诬的成分,也隐约地折射出沉痛的历史记忆所造成的内心恐惧与精神阴影,表露了他对于"灰败情绪"的自卫性抵触。他推崇《改革者》《在困难的日子里》《励精图治》《跋涉者》《龙种》等作品,认为它们及时地反映了"举国注目的、振奋人心的大事","不是低沉灰暗的,也不是浅薄庸俗的荒诞和空空洞洞的东西,而是严肃、健康、引人奋发向上的东西";并说:"我们不要回避矛盾,但也不要被矛盾吃掉。要看到希望,保持着一种健康的思想情感去写矛盾斗争。"③秦兆阳以受难的代价,刻骨铭心地见证了现实主义的艰难与复杂,他晚年对现实主义的理解,已经没有了五十年代的锐气,其中弥散着挥之不去的沧桑感与欲说还休的困惑。难能可贵的是,秦兆阳并没有敷衍塞责,而是兢兢业业,临终前"还在关心着人民文学出版社和《当代》杂志的评奖工作,关心着青年作家的成长,关心着《当代》杂志出版一百期的有关活动"④,在两难中稳步推进,突出重大而统一的主题,弘扬时代的主旋律。正如刘心武说:"秦兆阳在某种程度上,确实象征着《当代》这刊物的性格。"⑤

从完成于20世纪80年代的长篇小说《大地》中可以看出,秦兆阳的文学思维已经从50年代的"超前"变成了当时的"滞后"。对于被误解的悖谬,他说:"是歌颂者却长时间变成了'暴露黑暗'的代表人物;离开了革命所教导的认识生活的能力和对生活的感情,我就一个字也写不出来,长期以来却被认为是马克思主义世界观的反对者;在取消了这种'代表性'以后反倒写了一点批判意味的作品;一直不愿搞编辑

---

① 秦兆阳:《要有一颗热情的心——致路遥同志》,《中国青年报》1982年3月25日。
② 参见韩晓玲等《白羊山下参天树——记从团风走出的秦兆阳》,《湖北日报》2002年12月12日。
③ 何启治:《"休云编者痴,我识其中味!"——秦兆阳谈文学编辑工作》,《编辑之友》1986年第3期。
④ 胡德培:《脚踏现实——一生敬业而正直的秦兆阳》,《新文学史料》2002年第3期。
⑤ 刘心武:《江声浩荡》,《当代》1999年第3期。

工作却一直使劲搞编辑工作,甚至就是在编辑工作上摔了很重的一跤也不后悔。"①这种近乎荒诞的悲剧性,或许也正是理解秦兆阳否决《九月寓言》的一把钥匙。他在写于"1991.7.22—24"的《对〈九月寓言〉的基本看法》中,有这样的质疑:

> 作品第二章就多次出现"队长""红卫兵""忆苦"等词句,说明作者既想淡化具体时空,又不得不点明具体时空,于是作者所写的解放后的农村就成为无组织、无领导、无理性(社会理性和个人理性)、无社会性功能的,极端贫困、极端愚昧、极端盲目的、动物式的生存状态。这种"寓言"中的生活状态跟新中国成立后实际的现实情况是绝对矛盾的。于是失去了寓言的真实性的基础,超过了合理虚构的限度,形成了作品根本性的问题。……为什么作者不干脆把时空放在新中国成立以前呢?那样不是更好处理吗?这是不是有意无意之间透露了作者对新中国成立后农村历史的片面认识,并想用这种认识(即极穷、极愚、极盲目、极无理性)去强调农民的原始生命力?……作品的问题在于:寓言的虚构与生活真实的矛盾;从哲学上讲则是"抽象人性论""人命意识论"与历史唯物主义的矛盾;从政治思想上讲则是偏颇的思想认识的表现。……因此,对历史,尤其是对革命历史,决不能持轻率的态度。在革命的历史转折时期——在纠正历史偏差的时候,许多知识分子就易于轻率地对过去的历史下结论,并且以"高明"或"精英"自居,从而造成混乱。近年来这种混乱思想的极端就是"全盘西化"。多么深刻的历史教训啊!②

行文中既表达出固执的真诚,也透露出内心的顾忌。《古船》发表后所引发的争议,尤其是调离人文社的孟伟哉在一次会议上,在他列举的精神污染在文艺界的八大表现的第二项中,批评有的作品"以人道主义观照历史",不指名地批评了《古船》③,这算得上是前车之鉴。秦兆阳的抉择也正如有过相似经历的萧乾在"改正"之

---

① 秦兆阳:《秦兆阳小说选》,四川人民出版社1982年版,"自序"。
② 材料由何启治先生提供,参见笔者与何先生的访谈录《用责任点燃艺术》。
③ 参见何启治《文学编辑四十年》,人民文学出版社2001年版,第24页。

后所言:"我开始发愁:写作的权利是恢复了,可我还能像以前那样写吗?我开始懂得,外部好解冻(虽然也并非轻而易举),个人内心就更加困难了。"①意味深长的是,秦兆阳的顾虑并不是个别的,在其同代人中表现出某种普遍性,譬如丁玲就具有更加突出的典型性。秦兆阳的命运浮沉,称得上是一种文化现象,在某种意义上折射出了现实主义在当代中国的尴尬,它极力地寻求突破,但常常受制于种种外部力量的钳制,从20世纪30年代的左翼文学、40年代的解放区文学到"十七年"文学,现实主义背负着太沉重的历史负荷,文化的惯性与惰性使之每前进一步,都牵一发而动全身,需要推动者付出太大的代价,创伤体验也不能不使秦兆阳步步设防。而《当代》推举的现实主义作家诸如苏叔阳、焦祖尧、蒋子龙、刘心武、柯云路、陆天明、俞天白、周梅森、柳建伟等等,其对于现实的卷入往往只激发出短暂而暧昧的批判激情与社会责任感,其中混杂着的机会主义的功利观念与工具主义的文学观念,往往动摇了真正的现实主义的精神基石,也泯灭了作家的探索精神与独创意识,使之逐渐沦落为平庸而讨巧的乡愿,个人的声音越来越微弱,写作的姿态也不无游戏倾向与世故色彩。

提议创办《当代》的孟伟哉,他在1976年12月出版的《昨天的战争》,描写了抗美援朝战争中,我志愿军某部团长周天雷率领十几人的小分队潜入"三八"线以南的敌占区,获取有关美军将在朝鲜蜂腰部两栖登陆的重要军事情报的故事。小说情节曲折,人物形象鲜明,有较强的艺术感染力,但也不无受"三突出"模式影响的痕迹。他为苏叔阳《故土》的出版倾注了心血,也曾经邀约遇罗锦撰写《一个冬天的童话》。由于遇罗锦已经成了著名的"祸水",他"一旦接到遇罗锦的电话,也要叫来别的编辑旁听。要是遇罗锦真人到达,更是赶紧叫人作陪。实在没人,就把房门大敞,以正视听"②;发表莫应丰的《将军吟》时,"责编深感为难。请示主任孟伟哉,孟用铅笔一勾:删!又请示韦老太,韦拿起橡皮一擦:恢复!出刊之后,反响很好,未遇风险。韦老太常感叹说:如今看来,还是删多了些!20年后,重提旧事,孟伟哉也感叹说:有些话,就是到了今天,也还得删!"③由此可见,他在艺术趣味上偏于传统与保守,行事谨

---

① 萧乾:《改正之后》,沈展云等编《中国知识分子悲欢录》,花城出版社1993年版,第656页。
② 本刊记者:《关于〈一个冬天的童话〉》,《当代》1999年第3期。
③ 本刊记者:《关于〈将军吟〉》,《当代》1999年第3期。

慎而沉稳。

对现实主义的理解具有更大的包容性的是何启治,这使他相对注重现实主义表现生活的复杂性、深广度与多样化,这给《当代》带来了活力。他回忆:"1986 年,王建国发张炜的《古船》时,确实有很大风险。一开始我也有些疑虑,对作品中描写还乡团的报复和土改中农民的错打错杀,有点拿不准,对隋抱朴多次学习《共产党宣言》的情节,也觉得有些牵强。但作品所取得的突破是明显的,不能求全责备。在出版单行本这个环节上,社长以行政命令的方式拒绝出版,最后我据理力争,愿意承担责任,都要立军令状,这种情况确实很少。"①他在 1973 年就找到从未谋面的陈忠实,约请他写长篇小说,1992 年早春陈忠实给他写信报告《白鹿原》完成的消息,除了陈忠实的夫人和孩子,他是最早知道这一消息的。② 在对《白鹿原》的终审意见中,他有这样的表述:"此作体现了比较实事求是的历史观、革命观。在政治上是反'左'的,是拥护十一届三中全会正确思想路线(实事求是)的。……我们有一个时期以简单的阶级斗争(甚至扩大化)观点来统率一切,事实已证明这是不符合历史真实的。……牵涉到此稿的性描写如何处理的问题。首先,我赞成此类描写应有所节制,或把过于直露的性描写化为虚写,淡化。但是,千万不要以为性描写是可有可无的甚至一定就是丑恶的、色情的。"③这些意见针对《白鹿原》可能遭遇到的阻力,进行有利于作品的阐述甚至辩护,反映出何启治的良苦用心。在《白鹿原》出版之后,何启治也竭尽全力地给予支持,组织一些评论家写文章,他于 1993 年 7 月将朱寨的《评〈白鹿原〉》和蔡葵的《〈白鹿原〉:史之诗》送给《人民日报》。《人民日报》的样稿都排出来了,文艺部的负责人却突然通知我,稿子不用了。上面通知他,关于《白鹿原》,不管是赞扬的文章,还是批评的文章,一律不用,实际上就是不再讨论了。何启治说:"《白鹿原》一开始能够出书,没受到压制,很重要。开始就给你压住,书都不能出,那就没办法了。尽管修订了才能获茅盾文学奖,但没有伤筋动骨啊。有人说陈忠实没有骨气,我认为说这些话的人不了解中国国情。"④由此可以看出何启治的开明以及与作者荣辱与共的可贵品格。有意思的是,阿来的《尘埃落定》的原稿是由《当代》编

---

① 参见笔者与何先生的访谈录《用责任点燃艺术》。
② 参见陈忠实《何谓益友》,《我与人民文学出版社》,人民文学出版社 2001 年版。
③ 何启治:《〈白鹿原〉档案》,《出版史料》丛刊第三辑,2002 年 9 月。
④ 参见笔者与何先生的访谈录《用责任点燃艺术》。

辑周昌义、洪清波带回北京的,人文社副总编辑高贤均读后,认定这是一部好小说,他在电话里兴奋地说:"四川又出了一个写小说的人。"①何启治获悉后,自作主张,决定在《当代》上选载《尘埃落定》,并为之写了"编者按"。发人深省的是,何启治说:"对现代主义的东西,我们并不排斥,但我们不负责提供试验田。我们要的是那些把现代主义的精神融入了现实主义主体的作品,像张炜的《九月寓言》和《家族》。……编辑的处境很尴尬,不敢放纵自己的审美偏好。……坦白地说,由于年龄、性格、学养和经历等缘故,我对现代主义的东西,就不如对现实主义那么喜爱。如果我只是个读者,我完全可以无视现代主义的存在。"②相对于《九月寓言》而言,他也承认自己更喜欢《古船》,但他还是为刊发《九月寓言》而竭尽全力,还争取到张炜的《家族》作为补偿,表示自己的歉意。大概是基于同样的审美趣味,他认为王安忆的《纪实与虚构》可以在人文社出版,却不适合在《当代》发表,因为它和《当代》所推崇的风格不一致。

低调而敬业的高贤均由于英年早逝,未能将其个人构想充分地付诸实施,带给《当代》更深刻的个性化烙印。他在《白鹿原》《尘埃落定》《活动变人形》《大国之魂》等作品的编辑出版中,倾注自己的智慧、心血和可贵的劳动。作者在交出《白鹿原》书稿仅仅20天后,就收到了高贤均明确的表态信。何启治回忆:"《白鹿原》发稿以后,发现问题不少。高贤均当时是编辑室主任,差不多花了一个月,通读了一遍。对《白鹿原》的处理很巧妙,保持了其本来的语言风格,但这也很重要。……现在我们肯定《白鹿原》的语言雅俗共赏,关中方言的运用也比较恰当。但陈忠实的文化底子还是比较差的,原稿中错别字很多。"③高贤均在病中还托人嘱咐邓贤在写《中国知青终结》时应当超越自己,遗憾的是邓贤的书稿完成,他已经猝然离去。让人心酸的是,他在评职称等关乎个人名利的环节上一贯谦让,到1997年当上副总编了还不申报,直到1999年才申报。何启治说:"自有评定专业职称的制度以来,人民文学出版社哪里会有不是编审的副总编呢。而你,就是这样优秀而又谦逊的唯一呀!"④

---

① 脚印:《阿来与〈尘埃落定〉》,《人民日报》海外版2000年11月15日。
② 何启治、柳建伟:《五十年光荣与梦想——关于编辑、出版与长篇小说创作关系的对话》,《当代作家评论》1998年第1期。
③ 参见笔者与何启治的访谈录《用责任点燃艺术》。
④ 何启治:《贤均,我有话对你说》,《当代》2002年第6期。

1997年第1期的《当代》刊登了关于现实主义座谈的报道,其中认为现实主义"需要以更开放的姿态吸收各种文学流派和各种探索的积极成果,使得自己心胸更博大,思想更深化,道路更广阔";朱盛昌扶植了报告文学作家陈桂棣,主持发表了其《淮河的警告》以及其与春桃合作的《民间包公》等①,他主张现实主义应当是流动的、开放的,提倡多样化的现实主义;何启治也标举跟着社会发展而发展的现实主义。但《当代》的这种超越愿望并没有美梦成真,对于现实主义的过度偏爱使其缺乏必要的激活机制,由于害怕轻举妄动的求新求变使刊物丧失了特色,失去了固定的读者群,患得患失,不无固步自封的倾向。有研究者尖锐地指出:"《当代》由于与意识形态强势话语的共谋关系,从而解构了刊物所应有的独特品格和艺术情趣,单一地限制在主流文化所圈定的格局中不能自拔。《当代》依靠主流权力的支撑、支持得以生存,而主流话语也通过话语霸权的渗透参与了管理和制作,限制了其言论豁达、开阔及用稿的自由取舍。虽然后来经济独立,自负盈亏,但在行动上、心理上依然十分贫弱,显得萎缩、卑微,始终难于挺拔、独立。……生活原本是丰富的,艺术手法应该是多样的,而《当代》仅容忍有所限定的现实主义作品,阻止了它的成长和扩大。它倾斜于主流肯定强势话语,而忽略了个人化探索的弱势群体,与主流文化尺度共谋抗拒形式的变革和创新,抗拒几乎包括浪漫、抒情、自由主义情怀、文化寻根等不同品类的各类作品。"②

《当代》刊发的作品获得了名目繁多的各种奖项,是典型的"得奖专业户",通过刊发于1999年第5期的《〈当代〉二十年获奖作品篇目》,我们就可以大致了解其光环后面的主导性趣味。在我个人看来,标志着《当代》艺术高度的作品是《芙蓉镇》《古船》《活动变人形》《白鹿原》《尘埃落定》,其余作品大都片面追求大场面、大气象,强调高屋建瓴的总体把握,力求揭示历史规律与时代精神,在思维路向上强调概括和归纳,注重对必然性、最高法则、绝对真理的形象化阐释,却忽略了对复杂性和差异性的审美观照。因为一味求大,多数作品都不无理念化倾向,教化和认识价值的膨胀削弱了作品的审美感染力,对于社会意识的敏感遮蔽了对于人性和灵魂的洞察。这些作品的中心人物总是被塑造成具有"类"的特征的符号,而不是鲜活的、不

---

① 陈桂棣:《往事历历总关情》,《我与人民文学出版社》,人民文学出版社2001年版,第180页。
② 蔡兴水、郭恋东:《宏大的叙事样本——阅读〈当代〉(1979—2000)》,《文艺争鸣》2001年第5期。

可替代的"这一个"。时代精神从来就充满了内在的冲突,具有复杂的内涵与内在的差异性,将它定于一尊不仅会削弱其活力,这也使以表现时代精神为己任的现实主义文学呈现出雷同化趋向。这些作品并没有解决好"十七年"文学遗留下来的"大而空"的问题,在预设的框架中填充平面化的人物形象和失真的细节,在观念上也常常陷入历史决定论、目的论和道德优先论的陷阱。

《当代》对报告文学的推举是其办刊的一贯特色,其中也有不少作品产生过轰动性效应,获得各种奖励;但是,由于作家往往聚焦大众最为关注的热门话题,而且总是试图借斑窥豹,进行全景式的扫描,跑马观花地串联起纷繁的信息碎片,浮光掠影地抒发表面化的感受,无节制地为社会代言的热情也使作品表现出煽情倾向,缺乏周密的调查分析与深刻的批判意识,缺乏基希所强调的品质:"作家必须能从现在的关联中显示出过去和未来。这是推论上的幻想能力,这本来是从陈套与政治宣传中的解放。"① 基希认为那种使真实模糊不清的幻想应该摒弃,那种服务于真实的幻想应该容许,但我们的不少报告文学作家似乎正好采取了与之相反的选择。像《当代》发表的犯罪题材以及意在揭示"内幕"与"秘闻"的作品,就不无迎合大众猎奇冲动的倾向,而即使像《世界第一商品》《和当代中学生对话》《世界大串联》《强国梦》《前门外的新大亨》等既叫好又叫座的作品,其价值似乎也停留在"新闻大特写"的层面上,在事过境迁之后成为过眼云烟。真正经得起时间考验的还是那些为数不多的饱含着忧患意识,具有现实铁证与历史纵深感的作品,诸如冯骥才的《一百个人的十年》、邓贤的《大国之魂》、陈桂棣的《淮河的警告》及其与春桃合作的《中国农民调查》等。

过分急切地捕捉时代新动向的冲动,使《当代》刊发的小说也具有"报告小说"的特征,诸如《钟鼓楼》《新星》《夜与昼》《商界》《大上海沉没》《补天石》《大都会》《人间正道》《天下财富》《突出重围》等作品,作家敏锐地描述着时代的新变,迎合社会文化的兴奋点,他们信奉客观生活本身所蕴含的表现力往往比杜撰出来的人物和情节更生动更丰富更深刻。但是由于现代生活的超常态变化,作家对社会生活的把握变得鞭长莫及。面对斑驳而跳荡的社会万象,他们的经验和想象力相形见绌,由于失去

---

① E. E. 基希:《一种危险的文学样式》(贾植芳译),《论报告文学》,上海泥土社 1953 年版。

了历史的支撑和参照,更是无法穿透表象挖掘社会深处的潜在秩序与精神症结。这就使这类创作过分强调即时效果,注定和追求时效的娱乐新闻一样,是"为了遗忘"的写作,像盛放街头快餐的便当盒一样,用过就扔。尤其是进入20世纪90年代以后,《当代》在商业与话语的夹缝之中,被迫与时代保持同步性,坚持经验的现在性与流行性,这就陷入了米兰·昆德拉所描述的尴尬:"这个现时性如此膨胀,如此泛滥,以至于把过去推出了我们的地平线之外,将时间缩减为唯一的当前的分秒。小说被放入这种体系中,就不再是作品(用来持续,用来把过去与未来相接的东西),而是像其他事件一样,成为当前的一个事件,一个没有未来的动作。"①一方面是文学观念的封闭与保守;另一方面是趋时应景,比如《当代》曾经刊登不少网络作品,诸如蒋方舟的《青春前期》,时下仍在继续的"中学生文社"等栏目对于"少年写作"的推动,都难有作为。一家文学期刊对于文学新人的发掘,关键在于能否激发其潜质,而不能拔苗助长。《当代》所推介的新人鲜有成器者,这实在是值得深刻反思的问题。路易·阿拉贡这样描述"现实主义者"遭遇的困境:"这个词的滥用、把它赋予庸俗的(像人们对某种唯物主义所说的那样)艺术形式、出售歌片或图片的商人对它的过分使用,都极大地使这个词丧失了信誉。"②可以说,《当代》所倡导的现实主义一方面并没有挣脱传统观念的枷锁,另一方面又逐渐地显现出商业化的弊端。一位年轻编辑过于自信,没按规定程序处理,只看过一部分原稿后就草率否决了路遥的《平凡的世界》,被何启治引为沉痛教训,并认为这是在"盲目的追新求异风"影响下"随波逐流,甚至成为新潮的忘情歌者"③。作为《当代》看家本领的现实主义理念在保守与趋新的夹缝之中,显现出潜在的混乱与分流动向。

与小说的现时性相伴,《当代》所推举的小说在艺术上不无粗糙之嫌。徐坤就说:"《当代》比较注重写实的传统,注重讲故事,能把故事讲得好,讲得圆满,作品就成功了一半。"④对于现实主义近乎狭隘的标举,使《当代》向来注重小说"写什么",而忽略了"怎么写",在叙述上不能兼收并蓄各种艺术流派尤其是现代主义的形式技

---

① 米兰·昆德拉:《小说的艺术》,三联书店1992年版,第18页。着重号原有。
② 路易·阿拉贡:《序言》,罗杰·加洛蒂著《论无边的现实主义》,上海文艺出版社1986年版。
③ 何启治、柳建伟:《五十年光荣与梦想——关于编辑、出版与长篇小说创作关系的对话》,《当代作家评论》1998年第1期。
④ 徐坤:《我和〈当代〉的缘分》,《当代》1999年第3期。

巧。对"时代感和现实性"①的强调，以及对认识"时代本质"②的迫切渴望，使《当代》一直追求小说的思想性与导向作用，也使不少作品中的"思想"太过直露和表浅，成了艺术的添加剂甚至附属物，不是艺术化地提炼与传达思想内涵，无法不露痕迹地成为整体的有机组成部分。正如恩格斯在《致玛·哈克奈斯》的信中说："作者的见解愈隐蔽，对艺术作品来说就愈好。"③譬如《国画》，何启治在"编者按"中增加了这样的内容："我们精选刊发《国画》，相信还会有读者反映是片面的真实。作为编辑，对创作出真实得如此片面的作家，我们也唯有感激之情。我们希望众多的优秀片面组合起来，能够实现人们对于全面真实的理想。"④我个人认为，《国画》的关键问题绝不在于其是否片面，也不在于是否过多地描写了朱怀镜与梅玉琴之间的性爱，当然这些因素也都是艺术的杂质；而更值得关注的是其叙述的随意和结构的散漫，精神自省逐渐地走向文化妥协，甚至在叙述口吻中不无卖弄的轻佻，在塑造人物的性格、命运时并没有挖掘内在的复杂性，陷入了好人吃亏而投机者获利的情节模式。《沧浪之水》也有同样的问题，像池大为的转变有明显的戏剧化色彩，这不仅损害了作品的批判性，甚至对于特殊利益集团流露出暧昧认同甚至自觉参与的倾向。黑格尔说："形式的缺陷总是起源于内容的缺陷。……艺术作品的表现愈优美，它的内容和思想也就具有愈深刻的内在真实。"⑤从这个意义上说，前述的作品多有就事论事的倾向，不能超越到它自身以外，表现某种心灵的东西，开掘现实法则下涌动的历史与人性暗流，甚至陷入庸俗社会学的沼泽。

四

进入20世纪90年代以后，人文社面对的最为严峻的挑战，就是如何在商业化语境中保持品牌优势，利用自己的文化积累激活经典资源，提升市场竞争力。90年

---

① 朱盛昌：《〈当代〉七年》，《当代》1986年第4期。
② 何启治、柳建伟：《五十年光荣与梦想——关于编辑、出版与长篇小说创作关系的对话》，《当代作家评论》1998年第1期。
③ 《马克思恩格斯选集》第4卷第462页。
④ 《当代》1999年第1期。
⑤ 黑格尔：《美学》第一卷（朱光潜译），商务印书馆1979年版，第93页。着重号原有。

代初期,人文社顾盼自雄的"皇家"姿态使其残留着计划经济时代的思维惯性,在市场运作中显得滞后与刻板,在经营上颇有靠天吃饭的味道,沿袭"酒香不怕巷子深"的思维定势。1998年,人文社出版了《尘埃落定》,据说此前已经遭到六家出版社的退稿,是阿来"跑了两年,写了一年,又放了几年"才得以问世,编辑人员鉴于当时纯文学人气散淡,书稿也具有先锋意味,将书稿编入"探索者丛书",起印数定为一万册。在图书上市前,关正文负责编辑的《小说选刊·长篇小说增刊》比较完整地选载了这部作品,并且组织召开了一次拒绝"老生常谈"的研讨会,产生了热烈的反响。受此鼓舞,人文社积极地投身于图书推广,"隆重推出"《尘埃落定》。① 此书的责任编辑脚印追忆:"人民文学出版社牌子又老又硬,好书稿、好机会、好编辑不缺,社里一直在寻找一条适应市场化的出路,1998年社里刚成立了宣传策划室,室主任张福海年轻有锐气,他认定要做就要把《尘埃落定》做成一流的作品,老牌出版社第一次尝试了全方位策划、营销一部纯文学作品的运作:写出厚厚的策划书、开新闻发布会、电视、广播、报纸大规模立体宣传、区域代理、全国同时发货,每日监测销售量数据,不久盗版书铺天盖地……"② 1999年人文社计划出版王海鸰的"影视同期书"《牵手》,起印数一万册,可是电视剧已播出了五集,小说仍未开印,急得作者要"改嫁"开出五万册起印数的华艺出版社,幸亏上任不久的新社长聂震宁以"真诚甚至稍带强硬的挽留"感动了作者,并在五天内出书,十几天后上市,5月1日在劳动人民文化宫的签售仪式上,聂震宁还亲自坐镇。③《牵手》的出版催化了人文社的市场意识,也为《大明宫词》《大宅门》《橘子红了》等"影视同期书"的出版铺平了道路;但其命运也折射出人文社在名著名译、精校精印背后迟钝的市场反应,这一幕高度喜剧化的情景无法掩饰其市场化进程的艰难、缓慢与尴尬。邓贤就说:"人文社有五十周岁,年纪大了,难免有些腿脚不便,对市场的反应总是处于下风。举个例子,几年前我的《大国之魂》起印数两万,不久加印两万,令人费解的是这后两万一直躺在仓库睡觉。原

---

① 关于《尘埃落定》出版的前前后后,笔者曾通过电话访谈脚印,《用责任点燃艺术》披露了其中部分内容。
② 脚印:《阿来与〈尘埃落定〉》,《人民日报》海外版 2000 年 11 月 15 日。
③ 参见王海鸰《文学内外》(收入《我与人民文学出版社》)和尚晓岚《跟着市场走牵住读者的手》(《北京青年报》1999 年 5 月 8 日)。

因不是市场饱和,后来某书社租型,一次印了××万。"①在转变观念的前提下,如何摸索着建立灵活、高效的运作机制,大概是所有的老牌出版社必须高度重视的问题。在 WTO 机制正式启动后的激烈竞争中,拖沓、繁琐、官气十足的作风是它们的软肋甚至是死穴。

在挖掘品牌优势与激活经典资源方面,聂震宁执掌期间的人文社多有得意手笔。典型如 1999 年和北京图书大厦联合发起并组织"百年百种优秀中国文学图书"评选,"共斟共酌中国社会百年之沧桑,重读重温中国文学百年之佳作,用理性和激情去擦亮一块块文学丰碑"②,得到了比较普遍的认同,甚至被褒扬为"中国文学的百年盛宴"。在入选作品中,人文社享有版权的有八十多种,这就使其传统资源获得了重生,既有益于文化建设,弘扬优秀的人文传统,又为这些长销的世纪经典积累了象征资本,获得了良好的市场反响。"茅盾文学奖获奖书系"对于版权资源的重新包装,"名著名译插图本"对"世界文学名著"的二度开发,都有异曲同工之妙,使这些曾经绚烂的图书迎来了第二个春天,提高了作品资源的利用率。成功引进《哈里·波特》的中文版权,是人文社在市场转型中的标志性事件,也是国内出版界在国际版权贸易中的经典案例。对于对方要求具体译名与台湾皇冠译本保持一致的条件,人文社据理力争,最终本着信赖和合作的态度达成共识——"哈里·波特"简体中文版以规范的现代汉语翻译出版。根据风险共担利益均沾的原则,人文社借助其品牌号召力,非常理性地以较低的代价获得了较高的回报。③ 至于《哈里·波特》的艺术价值,我个人认为作品具有技术时代的文化魔方色彩,远非如宣传创意所描述的那么完美。人文社在 1999 年还借鉴西方出版界的成功经验,尝试建立签约作家机制,列入首批签约名单的青年作家是柳建伟、赵德发、阿来、邓贤和王跃文,旨在培养优秀畅销书作家,结果也是不了了之。

主旋律作品、畅销作品和艺术作品在 20 世纪 90 年代的文学出版中三分天下,这种格局意味着图书市场的功能分化,图书规划对目标读者的定位更为明确与细化,更具有针对性。专业化的市场细分使图书出版从漫天撒网的"大众"传播转向有

---

① 邓贤:《我喜欢和不喜欢人民文学出版社的几个理由》,《我与人民文学出版社》,人民文学出版社 2001 年版,第 55 页。
② 引自"百年百种优秀中国文学图书"的《丛书前言》。
③ 参见惠心《哈里·波特中文版权尘埃落定》,《中华读书报》2000 年 8 月 16 日。

的放矢的"小众"传播。不过,这种划分不是绝对的,主旋律作品在商业上同样可以获得成功,艺术作品也能成为书市的大赢家。① 如《白鹿原》1993年由人文社出版单行本,1996年的修订本获得茅盾文学奖,1997年收入"茅盾文学奖获奖书系",2000年收入"百年百种优秀中国文学图书"丛书再版,各种版本的总发行量在94万册以上。人文社的《围城》总印数已在220万册以上。② 因此,人文社的出版定位应当如聂震宁所说的那样,坚持走文学的道路,"挺拔主业,优化结构,强化品牌,丰富品种,加大市场覆盖面"③,激活老经典,打造新经典,以长销书为依托,同时探索畅销书运作机制,开发那些富有艺术魅力的文学作品的市场潜力,既通过有效的宣传策划,获得市场成功,又有益于文化建设,不唯利是图。

　　人文社近年出版了邓一光的《我是太阳》、艾伟的《越野赛跑》和《爱人同志》、张者的《桃李》、李洱的《花腔》、韩东的《扎根》、范稳的《水乳大地》等新生作家的作品;其"蓝心文库"在诗歌出版不景气的情况下,推出舒婷、海子、食指、于坚等人的诗集;"探索者丛书"推出了《赤彤丹朱》《疼痛与抚摸》《城市白皮书》《新西游记》《喜马拉雅》《独白与手势》等具有形式探索意义的作品,其中还包括科幻小说《二十五世纪》——这表达了人文社全面推动当代文学建设的良好意愿。20世纪90年代以后,出版机构总是紧盯名家新作,而缺乏商业卖点的新人作品和注重形式探索的小说新作在公众中很难产生反响,在出版市场中饱受冷落,因此这类图书的出版逐渐边缘化,不少出版社甚至把出版这类图书看作了近乎施舍的公益事业。图书市场的大势对文学创作产生了非同寻常的调节作用,吃力不讨好的纯文学创作队伍走向分化:一部分作家如人文社曾经极力推举的周梅森、柳建伟高扬主旋律旗帜;更多的作家转入商业化写作,或者在艺术与商业之间游荡,追求所谓的"雅俗共赏"。这对文学产生深远影响的是文学新人的"投机",那些具有良好文学潜质的新人似乎只有急功近利、哗众取宠才能杀出重围,杀鸡取卵的行为必然使作家个人以至整个文学的发展丧失后劲。像柳建伟的转向就发人深省,从《时代三部曲》到《惊涛骇浪》,艺术水准呈现出一种下滑的趋势,而且这种选择的普遍性,足以称之为"柳建伟现象"。将

---

① 参见拙文《文学出版与90年代小说》,《文艺争鸣》2002年第4期。
② 参见蓝星《人民文学出版社50华诞　经典好书传天下》,《北京青年报》2001年3月28日。
③ 引自舒晋瑜《2001年书界看好什么书》,《中华读书报》2001年1月3日。

柳建伟引入人文社的何启治这样评价:"过去对柳建伟有个评价,他不反对主流意识,甚至有意靠拢主流意识,但他不离开文学的本分。也就是说,他前期的作品毕竟还是文学,只是现实性比较强。我觉得我们的文坛应该鼓励多样性,也应该接受多样性。如果作家离开文学的根本,只是通过作品去靠拢主流意识,去唱响主旋律,喊标语口号,那肯定完蛋。……如果再往这个方向走,会不会滑到不够格的程度,连文学作品都不是呢?他还是要有所警惕的。"①需要进一步追问的是,柳建伟的转向是否和人文社的市场定位有关系呢?譬如《突出重围》的宣传定位是"如何打赢未来战争"②,这种造势与作品的艺术性缺乏内在关联,而且一部小说又如何能够给"打赢未来战争"提供答案呢?既然"功夫在诗外",过度膨胀的功利意识很容易驱动作家不仅利用传媒的趣味来宣传自己,而且将这一趣味贯彻到自己的写作当中。

毋庸讳言,人文社在 20 世纪 90 年代以来的出版实践中,向利润的倾斜导致了对文学建设的相对忽视,其品牌的号召力也有所下降。1992 年,人文社率先出版了梁凤仪的系列"财经小说",并在其带动下形成了所谓的"梁凤仪旋风"。人文社的这种匆促转向固然无可厚非,但也体现了在市场压力下的浮躁心态。何启治回忆:"我曾在某饭店出席了关于梁凤仪作品的一个研讨会,那个会是由人文社、《文学评论》编辑部、中国社科院文学所联合召开的,结果被人讽刺为'文学出版第一社、文学评论第一刊、文学研究第一家,全为小梁捧臭脚'。"③像人文社推出张俊彪的《幻化》三部曲(《尘世间》《日环食》《生与死》)和罗萌的国粹系列(《丹青风骨》《杏林风骚》《梨园风流》),并且以合作出版的形式推出作品的评论集,就是艺术标准向商业目的妥协的结果。至于 2003 年出版的"语文新课标必读丛书",将"新课标"中的"建议"篇目升格成"必读书目",以具有权威性的名义误导读者。毕竟教育无小事,出版部门

---

① 笔者与何启治的访谈录《用责任点燃艺术》。
② 谢光军:《现代图书推广招数三人谈》(访谈录,接受访谈者为孙顺林、高眺、陈桃珍),《中国新闻出版报》2003 年 6 月 25 日。
③ 笔者与何启治的访谈录《用责任点燃艺术》。

不能仅仅从利益出发,因为其代价很可能是一代人的未来。① 人文社近年出版了王蒙的"季节系列"和《青狐》、周大新的《第二十幕》、方方的《乌泥湖年谱》、韩少功的《暗示》、宗璞的《东藏记》、唐浩明的《张之洞》、董立勃的《白豆》等重要作品,但却一直与张承志、莫言、余华、苏童、史铁生、贾平凹、刘震云等作家的原创性小说无缘,这也能说明人文社的当代视野存在某种偏向。对于获奖和现实主义的片面追求,使它错过了那些走在艺术前沿并且最有审美冲击力的作品,人文社与先锋作家的双向疏离同样是耐人寻思的现象。而"三驾马车"系列的赶潮色彩,《拯救乳房》的商业暗示和《青狐》对"身体写作"进行嘲弄和颠覆的性描写,都折射出出版商复杂而暧昧的趣味。

　　人文社拥有深厚的历史积淀与悠远的人文传统,积累了丰富的经验,薪火相传地坚守着一种可贵的文化责任感,推出了不少经得起时间考验的好作品,其中凝聚着几代编辑的心血。正是基于此,我以爱之愈深责之愈切的姿态,检视其历史教训与现实偏向,也希望人文社发扬其点燃自己照亮艺术的高贵品格,避免在商业诱惑面前陷入鲁迅所批判的"帮忙"与"帮闲"的怪圈,在困境中突围,正如韦君宜所言的那样"要当出版家,不当出版商"②,为当代文学的发展与积累发挥更加积极的建设作用,筑成文学的公共家园,铸造独树一帜的新辉煌。在时间的潮水穿越这片文学的滩涂,在冲刷掉淤积在表层的枯枝败叶之后,希望留下的不止是零星的金沙和破碎的贝壳,而应该留下生机勃勃的红树林,甚至是历久弥坚的文学新岸线。

---

　　① 参见拙文《文学教育不是形象工程》,《文学报》2003年9月25日。教育部曾在2003年11月12日向媒体提供新闻通稿《〈尘埃落定〉不是教育部〈普通高中语文课程标准(实施)〉的必读书目》,并在其网站上发布(http://www.moe.edu.cn/news/2003_11/16.htm)声明,其中有这样的文字:"有的出版社盗用教育部名义,在一些作品上打上了'语文课标必读丛书'的字样,是其从经济利益出发,蓄意误导公众和广大师生的行为。对此,教育部将保留追究其法律责任的权利。"

　　② 引自何启治《文学编辑四十年》,第465页。

◎ 第八章　网络文学的可能与限度

网络文学的概念众说纷纭,有些宽泛的描述认为只要使用网络媒介的文学就是网络文学。台湾的须文蔚认为网络文学是"当代文学理论上惯称的'超文本文学'(hypertext literature)或'非平面印刷作品',利用HTML或ASP语言、动画或JAVA等程式语言为基础,创作出新型态的'数位文学'作品"①,这种观念把追求数位美感的"新文类"作为核心要素。就这一标准而言,大陆的网络写作基本上都缺乏"数位美感"。为了避免陷入概念的陷阱,我重点考察的是以在线书写(随写随贴)、互动写作和网络阅读为基本存在形态的文学创作,并分析网络传播与文学生态之间的交互影响。网络文学的主体几乎都是无名小辈,网络文学的题材领域多是被主流文坛所排斥的校园、言情、玄幻、恐怖、穿越、盗墓等题材,在审美趣味上也偏爱煽情、猎奇、颓废、搞笑等风格,其语言风格追求直观感性、诙谐生动、新奇怪异的效果,为了营造现场感而创制大量的谐音词和缩略语,常常被成人世界视为疯言疯语。由于在主流的传播渠道中,个人和群体的表达与选择自由被严格限制,这些年轻人被挤在社会生活和主流规范的外围,那些大事和正事他们无缘置喙,制度化观念对他们潜在的排斥也激发了他们的逆反心理,他们只有在闲暇与娱乐之中才能最大限度地获取自我支配的自由空间,甚至以越轨的形式来表达对于成人的、主流的文化规范的不屑;另一方面他们又始终无法放弃被主流文化接纳甚至接管主流领域的渴望。基于此,网络文化和网络文学都在某种程度上具有青年亚文化的特质。面对网络文学,文学界对其可能性曾经充满期待,极力肯定其自娱自乐的无功利性、突破僵硬的现实文学体制的技术优势、超越时空限制的共时交流、冲出陈腐语言罗网的无所顾忌的语

---

① 须文蔚:《台湾数位文学论》,台北:二鱼文化事业有限公司2003年版,第12页。

言风格;但是,随着时间的推移,网络文学日益沦落为饱受商业利益侵蚀的名利场,经过层层包装的色情、暴力话语如同水银泻地一样渗入网络文学的肌体,而那种独往独来的文化反叛也不断被种种利益的诱惑所钳制。在意识形态、资本、技术垄断、网民的集体无意识等强势话语的围困之下,网络文学的可能性正在幻灭成镜花水月。在时下的文学语境中,越来越多的人把网络文学视为左右文学前途的关键力量,其中不少人看重的是其中蕴含的巨大的商业潜能和全时空覆盖的传播优势,文学则蜕化成点缀在这一超大的利益蛋糕上的彩色奶油。在这种情景下呼唤网络文学的文学理想,无异于白日做梦。不无悲剧性的是,驱使我深入考察网络文学的,恰恰是那种不可能的可能性。

一、零点写作

何谓零点写作?零点写作就是让文学重新回到起点的写作状态。网络文学的出现,有力地冲击着传统文学体制的文化壁垒,在当时对文学发表的审查机制产生了强有力的冲击,突破了文学保守的等级制度所维护的种种文化特权,也轻易地摆脱了种种文学成规对写作者的束缚,文学不再是作家、编辑家、批评家层层把守的封闭的话语空间。正如南帆所言:"网络的发明骤然增添了文学两端的张力。一方面,文学赢得了前所未有的传播范围与传播速度;另一方面,文学撤销了作品发表之前的一切审查机制。文化公共空间最大限度地向私人话语敞开。"[①]网络的技术优势为体制外的书写开辟了领地,为那些无法被主流文坛接纳的人们提供了直抒胸臆的交流平台。在网络空间的去中心化、不确定性、匿名状态中,网民的书写与发布行为都显得随意而率性,进行自主无忌的自我展示,将即时的喜怒哀乐倾泻到网上,缓解内心的郁结。这种零训练、零编辑、零形式的写作回归到原始的文学状态,一如《诗经》中草根阶层的初民立足于田间地头的歌吟,也是对黄遵宪"我手写我口"理念的绝妙诠释。在我看来,大陆网络文学真正自生自灭、无所顾忌的黄金岁月是1997年到1999年之间,当时的网络作者散落在BBS的文学板块,没有拘束地涂鸦,进行自娱

---

① 南帆:《游荡网络的文学》,《福建论坛》(文史哲版)2000年第4期。

自乐的匿名写作。曾经的网络写手李寻欢认为网络文学的核心价值是:"自由。不仅是写作的自由,而且是自由地写作。(网友 SEIG 语)/平等。网络不相信权威,也没有权威。每个人都有平等地表达自己的权利。/非功利。写作的目的是纯粹表达而没有经济或名利的目的。/真实。没有特定目的的自由写作会更接近生活和情感的真实。……在我看来,网络文学之于文学的真正意义,就是使文学重回民间。"①他的表述为文学敞开了一扇面对理想、内视心灵的窗口,自由、平等、非功利、真实——这恰恰是中国文学长期匮乏的精神资源。写作者没有名家与新人、权威与后进的等级界限,平等对话,自由交流,各种话语不能通过对外部权力的依附来以势压人。需要指出的是,网络文学的这种美妙是在其萌芽状态的一种虚拟的幻境,一如王维《辛夷坞》里山中红萼纷纷开落的自在,当其影响日隆被各种强势力量所掌控时,形势顿时变得复杂起来。

采用"零点写作"这一概念,是为了区别于来自罗兰·巴特1953年的论文《写作的零度》的"零度写作"的概念,巴特反复强调中性、自足、饱和、客观的视野,通过对字词独立品质的解放来实现写作的多种可能性和无趋向性。大陆的新写实小说因其碎片化、冷漠化也被贴上"零度写作"的标签。这一概念还被用于描述20世纪90年代以来中国文坛那些放弃意识形态化的代言立场、去中心化、虚无化的写作,这和巴特的初衷已经有了不近的距离。归零写作回归写作的原始状态,犹如孩童眼中的世界,一切重新恢复活力,散发出奇异的光芒。在变换角度和思维方式之后,体制化写作积重难返的弊端也似乎被抛开了。但是,网络世界并非封闭的世外桃源,归零写作在某种意义上也是一种遗忘的仪式,是一种鸵鸟式的白日梦。与归零写作相关的另一概念是"零点结构"(zero structure),这是社会学家用来描述青年亚文化的功能与影响的专门术语,即将文化现实废墟化、无差异化、非秩序化的社会结构,拆除现成的社会规范与文化壁垒,在突破禁忌中获取自由自在的生活领地。"在零点结构的条件下,社会接触变得稍纵即逝,并且肤浅;社会联系不牢固,或者不存在;而一种飘忽不定的模式则成了标准。"②正因如此,青年亚文化也表现出无所适从、随波逐流的盲目性,网络文学同样隐含着这种随风转向的脆弱性。

---

① 李寻欢:《我的网络文学观》,收入《粉墨谢场》,天津人民出版社2002年版,第295页。
② 伯尼斯·马丁:《当代社会文化流变》,辽宁人民出版社1998年版,第60页。

二、边缘写作

在网络空间中,网络文学是时政新闻、公共信息等中心议题的陪衬。作为边缘群体的青年的深度介入,又进一步强化了网络文学的边缘性。马赫列尔这样界定边缘性:"边缘性可定义为某个社会群体从属于两个(或更多的)社会阶级(阶层),从而在承担状态——角色方面处于一种不利的地位;这个群体所要求的状态——角色同社会所赋予的、得到社会承认和保障的状态——角色之间存在矛盾。"①具有草根性的网络写作是主流文坛圈子以外的写作,汇聚了众多在文坛面前无法得其门而入的文学青年。安妮宝贝在接受访谈时说:"买来电脑就是为了上网。我觉得自己的文字是独特的,但现在的传统媒介不够自由和个性化,受正统的导向压制太多。就像一个网友对我说的,我的那些狂野抑郁的中文小说如果没有网络,他就无法看到。"②像宁财神渲染恐怖氛围的网络鬼故事,林长治将 31 篇经典课文涂改为无厘头爆笑故事的《Q版语文》,以及近年出尽风头的玄幻小说和盗墓小说,这都是主流文坛所不屑的。即使在网络文学被不少人视为文学未来发展方向的今天,坦率的传统作家还是无法掩饰对其艺术性匮乏、语言粗糙的质疑。盛大文学 CE0 侯小强邀请刘震云"参加网络,参加网络文学",理由是"第一,有人,因为每天有那么多人在看。第二,有钱。"但刘震云还是坚持认为:"网络文学确实很新鲜,写的都是妖魔鬼怪、盗墓的、吹灯的,作为一个传统的作者往这方面靠,目前还稍有些困难。我也希望这些网络作家是不是也能够从墓地回到人间,从晚上回到白天。我也经常看发表在网络上的作品,有的不仅文学性不强,错别字也很多,一个首页要没有十多个错字就不是首页,还有的连句法也不通。我觉得稍微有些过分。从文字到文学,我觉得还差 23 公里。能不能先从学好汉语文字开始,如果文字是一个传统的话,作为网络和网络作家,网络文字、网络文学也可以稍微回归传统一下。"③余华也认为有些作品并不成熟,"对于文学来说,无论是网上传播还是平面出版传播,只是传播的方式不同,而不

---

① 马赫列尔:《青年问题与青年学》,社会科学文献出版社 1986 年版,第 246 页。
② 吴过:《桀骜不驯的美丽——网路访安妮宝贝》,《程序员》2000 年第 1 期。
③ 杨鸥:《专业作家眼里的网络文学》,《人民日报·海外版》2009 年 6 月 6 日。

会是文学本质的不同"①。

　　我个人认为网络的边缘写作中最有价值的是以博客和社区为主阵地的网络时评与思想随笔,这种文体的审美性可能会遭到质疑,但是那种切中时弊的犀利、纵横捭阖的气势,依稀承传着鲁迅杂文的思想风骨。在近年重大的网络事件如"孙志刚""最牛钉子户""黑砖窑""华南虎""三鹿假奶粉""俯卧撑""躲猫猫"等事件中,网络时评的边缘发声唤醒了民众自由表达的激情,是伸张民意的重要渠道,强大的舆论声浪对公共权力构成压力。在一些权威论坛和个人博客里,一些资深网友逐渐成长为意见领袖,他们以草根身份和深入民间的影响力批评种种社会流弊,表达对弱势群体的关切,摆脱了凌空蹈虚的知识分子的空谈。应该说,目前大陆最好的杂文就在这些自由、泼辣、尖锐的网络时评之中。遗憾的是,由于意见领袖的流动性与暧昧性,其中同样存在失控的"网络暴民"的头领,因而意见领袖要成长为具有稳定价值关怀和持续批判精神的公共知识分子,尚有不远的距离。思想随笔的创作主体集结了学院的人文与社会学者、民间的思想者,不过其中多数篇章都会见诸传统纸媒,最值得关注的恰恰是那些仅仅在网间流传甚至是转瞬即逝的部分。诗歌被认为是具有"无法流通的天赋"的文体,尽管围绕诗歌也曾在网上爆出轰动一时的"梨花体"事件,但总体上还是少人喝彩,是真正爱好诗歌的网民的自留地。在近乎无功利的状态中体会自我陶醉的创作快感,寻找志趣相投、声应气求的知音,融入动态文字、声音文件和多种视觉元素的诗歌文体实验,在扭转诗歌的传播劣势和互动性不足的同时,激活了崭新的艺术潜能。1994年设立在北美的著名的"橄榄树"网站对母语的依恋,2000年创立的"诗生活"网站以独立、包容的品格连通整个华语网络诗坛,这些网站的存在使大陆、台港、海外华语诗歌能够突破地域自由交流,为华语诗歌注入新活力和新元素。其他值得重点关注的诗歌网站还有"诗江湖""界限""灵石岛"和一些诗歌民刊的网络空间。网络中边缘的文学声音有利于真正实现文学的多元互动,不至于在定于一尊的格局中同声合唱,保持必要的丰富性与复杂性。正如汪丁丁所言:"'边缘'是一种生活方式,是一种'非主流'的生活方式。假如一个社会里面所有的人都局限于'主流'的生活方式,那么,这个社会的创造力和生命力的源泉迟早要

---

① 余华:《网络和文学》,《作家》2000年第5期。

枯竭。所以，真正丰富的生活是'主流'之外的生活，这被海德格尔叫做'世界'——基于原始对立的逻各斯在展开自身生命时所创造的世界。"①

三、交互性基础上共同体意识的建构

网络交流高度开放、共时互动的特性，使网络写手可以迅速了解受众的反馈信息。这种即时交流有力地冲击着传统写作以作者为中心的模式，读者甚至通过在跟帖、转帖中对文本进行编辑与改写来凸显自己的话语权，接受趣味的渗透会矫正明显的错讹。国内影响最大的网络社区天涯社区的总编胡彬对互动式写作进行了生动的描述："你的读者会不断跟帖，发表对你作品的看法，给你提建议，甚至要参与你的写作、干预你的写作。比如作品中有个人物他很喜欢，但是他预感有不好的事情会发生在这个人物身上，他就会跳出来警告你不要把这个人写死了，否则他就跟你没完；你过年回家几天没写，他不干了就骂；你再不写呢，他就自己接着往下写了。"②在天涯社区成名的慕容雪村坦承："我经常会把未写完的长篇发到论坛上，观看读者反应，根据他们的反应来修改小说。《原谅我红尘颠倒》刚连载时，有几处硬伤，一是把朴树的歌当成许巍的了，另一个是关于支票的细节，很快就有读者给我挑了出来。"③但是，这种从众倾向的负面性似乎更为突出。在众声喧哗、嘈杂纷乱的网络语境的包围中，网络写手为了不让自己的文字成为"沉帖"，就只有顺应时势，迎合众心。宁财神就说："按我的脾气来说，我特希望能狂拍读者的马P，让他们看完了段子就夸我，然后到处吹捧我，这是我一直以来孜孜不倦追求的远大目标。"④在网络社区中，最能够吸引网友关注的帖子几乎都有标题新颖出位、高跟帖数、高浏览量的共同特征。基于此，网络作家邢育森将网络文学戏称为"最为时尚、流行的一个网络实时在线游戏"，他认为"使一个文盲一路斩将夺关杀奔网络文学殿堂的最高极点"的入门功夫是起一个标新立异的网名和吸引眼球的文章题目的"起名功"，攻关秘籍是

---

① 汪丁丁：《走向边缘：经济学家的人文意识》，北京三联书店2000年版，"自序"。
② 李幸：《Web2.0对新闻、文化传播与流通产业的影响——与天涯社区总编辑胡彬聊天记》，《现代传播》2008年第5期。
③ 吴波：《网络让我变成了穷鬼》（访谈），《广州日报》2009年1月30日。
④ 吴过：《水煮宁财神》（访谈），《传奇文学选刊(人物金刊)》2006年第4期。

先要"混脸熟",然后是推销自我的"大串联",借此提升人气,最后才是过"作品关"——"模仿是基础,抄袭是点缀,爱情是佐料,包袱最主要。"①读者的追捧是网络写作的外部动力,但聚众狂欢的沉醉也容易使作者失去方向感,被受众牵着鼻子走,谋篇布局和文字风格都受到干扰和误导。对点击率的片面追求必然损害作者的独立性与自主性。《第一次的亲密接触》的悲情结局遭到众多网友的排斥,在网友的声讨与乞求中,痞子蔡半推半就地写下《爱尔兰咖啡》,一改前面作品中主人公不是生离就是死别的结局套路,让其中的主人公大团圆。这表明网络写作在与传播接受的互动中,个人性受到了严重的抑制。

以网络为纽带,网络文学的拥趸随着交互性的增强逐渐形成虚拟的共同体,一些文学社区相对固定的成员群体更容易形成黏性较为显著的认同感,他们除了个体之间的网络交流之外,还表现出类聚的群体性。当网文的跟帖数和点击量攀升到一定数量时,信息在辗转传播中的趋同化以及不断的强化容易引发羊群效应,就会在连锁反应中形成公共话题,在汹涌的舆情中形成舆论压力。虚拟社区中当然也存在复杂的话语冲突,网管、版主、意见领袖、普通网民之间都可能产生相互冲突,而且这种冲突具有普遍性、对抗性、多变性和随意性特征,其议题设置也包含着一定程度的现实关切,但势不两立的敌对意见的交锋常常产生偏离,陷入情绪化、非理性的泥沼。群聚性与冲突性在网络共同体中的并存,也使网络文学的写作与传播具有双重特征:一是追逐流行趋势,迎合大多数网民的阅读趣味,以制造悬念讨取欢心为要务,把网民在接受过程中普遍的心理障碍视为禁忌,典型如玄幻小说将小挫折大圆满作为结撰情节的金科玉律;另一种是在叛逆的名义下故作惊人之语,以嘲讽一切的姿态来排泄空虚与苦闷,表现出一种拘奇抉异的趣味追求,借助逞工炫巧的末技以招徕围观。正如莫斯科维奇所言:"通过一种社会感应术,成千上万的个人都被施加魔法似的形成了相同的思想和影像。这些东西就像无线电波一样,从一个人传播到其他人。当这样的事情真的发生时,我们所看到的景象是令人担忧、难以忘怀的。其中一大帮彼此素不相识的人,被同样的情感本能的支配着。他们就像一个人那样对一条标语,或者一个口号做出反应,并且自发地融为一个集体性实体。"②

---

① 邢育森:《网络文学的攻关秘籍》,《电脑爱好者》2000年第12期。
② [法]塞奇·莫斯科维奇:《群氓的时代》,江苏人民出版社2003年版,第33页。

网络空间的社群意识也会强化网络作家的身份认同,并对网络文学与传统文学的分野怀有清醒的自觉,这种界限意识阻碍了网络作家与纸媒作家的平等对话,彼此交流不畅,甚至产生内在的排斥。台湾的文学传播研究专家林淇瀁(向阳)认为:"网路世界中对照存在着一个虚拟却又真实的文学社群,它们在网路上建构新的象征环境,在网路上肆无忌惮地翻覆着主流媒介的价值、嘲讽着文本的叙事结构,并且以着电脑键盘乃至 HTML 语言的书写嘲讽主流文学社群的纸笔、文本与意义。"[1]网络文学与传统文学激烈的分庭抗礼并不罕见,这从一些充满火药味的争议言论中可见一斑。不过,各得其所地为不同目标受众写作,井水不犯河水的状态似乎更为常见。玄幻小说作者张威说:"文学界的其实看不起我们这种网络作者。"又说:"其实这个无所谓。大家分属于不同的领域。像托尔金,英国文坛上所有有名的几乎全看不起他,那又怎么样。托尔金的《魔戒》一样卖上亿册。托尔金是魔幻的鼻祖呀。"他们对自己的写作的明确定位"就是为了娱乐大众的",这种近乎自我放逐的疏离并不妨碍他们保持一种职业的尊严,对"用网络来炒作"的木子美等表示不屑,通过自我约束来保证作品的质量与效果——"娱乐大众,先要娱乐自己。你要自己都不觉得满意,怎么去让大众满意,支持的人肯定会变少。所以一定要保证质量。"[2]

四、抗拒与逃避之间的暧昧美学

网络文学作为青年亚文化,其边缘定位以及与传统纸面文学之间的内在紧张感,使其具有潜在的文化反叛特性。网络文学在艺术手法上对戏仿、拼贴、恶搞等的偏爱,其内在根源是写作主体对一种犯禁的文化快感的追逐。不少网络作家习惯以怪诞、夸张、炫耀的方式来抗拒外在的压抑,宣泄内心的苦闷,通过对主流规范的戏谑来获得突破壁垒的解脱感。网络写手以一种阴阳怪气的语调来捍卫边缘个体被漠视的自由,用扭曲的方式来建构被遮蔽的表达空间与话语权利。这种虚幻的自由空间的获得,一方面有限度地维护了边缘群体享受表达自由与话语快感的权利;另一方面化解了群体内在的紧张感,将潜在的文化冲突转换成一种自我娱乐,在虚拟

---

[1] 林淇瀁:《书写与拼图——台湾文学传播现象研究》,台北:麦田出版社 2001 年版,第 212 页。
[2] 程绮瑾:《"他们用网络炒作,我们用网络写作"》,《南方周末》2005 年 11 月 17 日。

的天地里筑起精神的围墙,将复杂而痛苦的现实阻隔在屏幕之外。"想象力的解放是网络为写作作出的又一个暧昧贡献,说其暧昧,是因为这种想象力似乎只愿意往平庸的娱乐方向片面用劲。体现于文学领域,我们得以目睹的不过就是玄幻鬼怪小说的横行。然而,这样的想象与其说是对于现实的超越,还不如说是对于现实的反动抑或逃避。"[1]

从宁财神的鬼故事到林长治的《Q版语文》,文字的背后都涌动一种恶作剧式的窃喜。但在网络空间中最为强烈地表达出反叛秩序的自由冲动的是今何在的《悟空传》。作品中唐僧的宣言激发了青年网民强烈的共鸣:"我要这天,再遮不住我眼;要这地,再埋不了我心;要这众生,都明白我意;要那诸佛,都烟消云散!"作者不满于《西游记》中孙悟空放弃反抗并接受规训的悲剧命运,通过对《大话西游》的言说方式的戏拟,将孙悟空重塑为一个失败的英雄。"我是从石头里蹦出来的,生我者天地,谁也没资格管俺老孙生死,管他是阎王老子还是玉皇大帝!"在戳穿真相并看破自身后,孙悟空打死了师父唐僧,大闹冥王地府,棒杀东海龙王,又当着玉帝的面再闹天宫,落入圈套后在灵霄殿被擒,最终其复活的精灵用金箍棒戳破天顶,引燃天火,并葬身熊熊火海,回归顽石的原形。难得的是作品对悲剧感的深入开掘,孙悟空在反复受挫后意识到:"有些事是可以靠力量来改变的,后来才发觉,反抗不过是徒增痛苦,才受封做了神仙。"当他被缚在锁妖柱上,在承受了五万狂雷、三千刀砍、三百头天狼的撕咬、三千只天鹰的啄食后仍然不肯瞑目时,玉帝委派孙悟空心爱的紫霞,不费吹灰之力,用一席话就杀死了"妖王"的内心:"别骗自己了!你还在做着你的梦吗?我希望你清醒过来,永远记住你是谁!你是孙悟空,妖王孙悟空!你永远不要想和我在一起,因为孙悟空是不能成正果的!你要记住,花果山的天空其实是一片黑暗,在那儿看不见晚霞的!"而愚忠的沙僧为救王母娘娘而打碎了琉璃盏,他花了五百年时间找齐碎片补全琉璃盏后,王母以"我要这东西还有什么用呢"的轻蔑,再次将它摔碎。这种洞穿残酷的权力法则的悲剧意识——"五百年的光阴只是一个骗局",使作品升腾起一种蕴涵着人文悲悯的反讽氛围。

《悟空传》的语言是充满激情的诗化语言,其叙述流于粗疏不够细密,情节在跌

---

[1] 路文彬:《网络写作:意义的解放还是死亡?》,《扬子江评论》2009年第5期。

宕起伏的快速推进中失之凌乱，人物也因为过度戏剧化的夸张而显得扁平、极端。但是，这部作品将前文本推倒重来的勇气，对"本性比所有神明都高贵"的自由意志的捍卫，张扬了一种冲破一切外在束缚、反抗失败宿命的青春激情。在冲破边界、追逐自由、张扬个性的精神维度上，《悟空传》在迄今为止的网络文学作品中具有典型性。值得注意的是，《悟空传》弘扬的"宁愿死，但不肯输"的反抗精神，因为神魔题材的外壳而具有一种模拟和游戏色彩，是青年一代被压抑的内在激情与愿望的心理投射，也是一种经过伪装的精神表达。从这一典型个案的剖析中，也可窥斑见豹，暴露网络文学的自由精神与文化反抗的脆弱性。它往往是一种较为温和的讽喻与揶揄，在形式与技巧上通常暗含了缓冲与过滤的隐蔽机制，在某种意义上是不合作与协商性共存的文化碰撞，在插科打诨中宣泄不满，又在哗众取宠中暗送秋波，属于价值认同并没完全破裂的内部的冲突，在风格与形式上表现出指桑骂槐、阳奉阴违、温婉多讽、怨而不怒的特性，意在暴露文化的表象与实质、现实与内心之间的戏剧性反差。网络文学并不直接抗议，而是在表面认同的面具下揭开种种充满戏剧性的矛盾，颇有张爱玲式的冷眼看世界的意味："生活是一袭华美的袍子，上面爬满了虱子。"这种挣脱与疏离在剖视对象荒唐的底色的同时，也彰显了自己的无奈与无力。因此，与其说这种虚张声势、虚与委蛇的姿态是文化反抗，毋宁说是文化逃避。

在这种暧昧的价值趣味的引领下，拼贴与恶搞就成了网络写手爱不释手的利器。所谓拼贴（bricolage），费斯克的定义是"一种即兴或改编的文化过程，客体、符号或行为由此被移植到不同的意义系统与文化背景之中，从而获得新的意味"，通过对"拼贴的颠覆功能"的强调，"借助这些功能，主流文化或天然文化的元素被赋予新的批判性意味，并常常被冷嘲而怪诞地并置在一起。这个概念的有用之处在于，它将注意力引向构成方式/样式的客体、礼仪与意义。而且，它还要求我们把这些作为动态的历史与文化过程中的元素"。[①] 有趣的是，中国网络文学与网络文化对拼贴的滥用，往往缺乏明晰的价值指向，仅仅满足于推倒虚假偶像的狂欢性与娱乐性，最终陷入虚无主义的泥沼。慕容雪村的网络小说有明显的套路，那就是在揭示生活之恶的过程中表现出溢恶的倾向，甚至通过对欲望与罪恶的渲染来提升点击率。他说："我

---

① 费斯克编撰：《关键概念：传播与文化研究辞典》，李彬译，新华出版社 2004 年版，第 31 页。

觉得这世上没什么事情值得彻底相信。爱情可疑,金钱也可疑。总之我是一个狐疑的家伙,什么都不愿意相信。……我向来不以道德高尚自居,也不喜欢一切以道德高尚自居的傻逼们。"①这种蔑视一切的表达也成了他的一种固定的姿态。值得警惕的是,其笔下的那些男性主人公正是将这种"上帝死了"的言论作为为所欲为的挡箭牌。这种因为别人堕落才被逼堕落的逻辑,不仅推卸了自己的责任,还在虚无的幌子下,以粪土一切的姿态抹杀神圣、崇高与卑鄙、邪恶的界限,事实上是在为罪恶与欲望辩护。正因如此,"新兴亚文化风格的创造与传播,无法避免与生产、宣传、包装的过程扭结在一起,因此必定会削弱亚文化的颠覆力量"②。

网络恶搞文化的流行,其精神根源是身处边缘的青年群体无所适从、没有归属的价值迷惘。在不断遭遇界限的规约与壁垒的挤压时,他们的生存处境与外部环境就会产生龃龉。而 20 世纪 90 年代以来中国社会变动不居的现实,也强化了本来就游走在社会边缘的青年群体的不稳定感和不安全感。缺乏确定的生活状态,容易造成青年期的价值混乱。青年发展期的目标是摆脱以家长、老师的价值观为核心的价值空间,在更为广阔的空间中认识世界的丰富性与复杂性,在抽象的概念与社会秩序、内心世界、家庭观念等错综复杂的关系中寻找理解的交叉点,寻找自我实现的桥梁。这一阶段被埃里克森界定为同一性与角色混乱共存的阶段,所谓同一性是"一种熟悉自身的感觉,一种'知道个人未来目标'的感觉,一种从他所信赖的人们中获得所期待的认可的内在自信"③。在某种意义上,青年亚文化视野中的恶搞文化具有代际冲突的特性,往往表现为青年一代对成人社会的行为模式与潜规则的戏谑和嘲弄。对陈凯歌的《无极》进行恶搞的胡戈,针对外界对《一个馒头引发的血案》的争议,有这样的表述:"恶搞是一种新型的开玩笑的方式。恶,并不是坏的意思,也不是恶意,而是表示程度很夸张,搞得比较过分。"④网络文化潜在的反叛特性被追逐利益的媒体过分放大,成为纯粹娱乐化的"恶搞"时,也就被居于主导地位的文化规范所整合。其外强中干的文化软刺,为大众文化带来了活力,避免了一潭死水的凝滞,它不断吞没边缘的亚文化以保持有限的丰富性,其用过即扔的速食主义逻辑也意味着

---

① 吴虹飞:《慕容雪村一个狐疑的家伙》,《南方人物周刊》2009 年 2 月 16 日。
② Dick Hebdige, *Subculture, The Meaning of Style*, London: Methuen, 1979, p. 95.
③ 参见赫根汉《人格心理学导论》,海南出版社 1986 年版,第 162 页。
④ 李径宇:《胡戈:我的内心充满搞笑的念头》,《中国新闻周刊》2006 年第 3 期。

必须不断添加新的流行元素,以满足餍足的大众改换口味的需求。网络文化暧昧的仪式化抵抗,面对商业利益与主流媒介的召唤、诱惑与收编,最终还是汇入以批量化复制为核心准则的大众文化的洪流。

网络文化与网络文学充满喜剧性的抗争,扮演的似乎是嬉皮笑脸的小丑角色,具有过渡性、暂时性、不确定特征,因为游离在中心与主流之外而缺乏归属感,并且往往具有代际性、群体化、仪式性色彩。这一文化形态所依仗的青年群体也仅仅是暂时性组合,最终也必然走向分化。青年亚文化具有一种逆流而动的反叛特性,在主流文化的缝隙之间张扬被压抑的个性。不幸的是,这种个性由于缺乏价值支撑而呈现出暧昧、模糊、碎片化的状态,容易被时潮和外力所动摇。布雷克这样定义亚文化:"一个意义系统、表达方式或生活风尚,而这些与占主导地位的意义系统相对立,由从属结构地位的群体发展起来。而且,这些内容也反映出从属群体企图解决产生于广泛社会关系中的各种结构矛盾的方式。这样,一种亚文化必须发展它新的意识,以作为群体本身存在的基础内容,它会导致一系列行为、活动和价值观的形成,这里存在着活动者本身所特有的象征符号系统。"[1]正因如此,网络文化与网络文学在价值选择上总是犹疑不决,缺乏自觉的控制、明确的目标与清晰的流向,像变色龙一样随波逐流,在自立还是依赖、忧虑还是安全、幻想还是实干、成熟还是世故、创造还是享受、顺从还是支配之间踌躇,清浊一体,既充满活力,又浑浑噩噩。

---

[1] [加]迈克尔·布雷克:《越轨青年文化比较》,岳西宽译,北京理工大学出版社1989年版,第11页。

◎ 第九章　汉语网络文学的发展轨迹

一

关于中文网络和华语网络文学的起源,应该追溯到《华夏文摘》和ACT。网络中文杂志《华夏文摘》创刊于1991年4月5日,该刊的宗旨是搭建一个信息平台,加强散播于美国各地的中国大陆留学生的联络。它主要摘录世界各大通讯社关注中国的新闻,也选发一些汉语小说、散文和报告文学,发表了不少留学生书写的原创文学习作。《华夏文摘》起初通过电子邮件传送,后来才建立网站。ACT建立之后,《华夏文摘》借鸡生蛋,既选发ACT上的张贴,也把ACT作为最为重要的发行阵地,声名鹊起。1993年10月,图雅以ACT上的佳作为主体,为《华夏文摘》编辑了一期"留学生文学专辑",产生了广泛影响,好评如潮。1992年6月28日,美国印第安纳大学的留学生魏亚桂在该校系统管理员的协助下建立ACT,它是"互联网新闻组alt. chinese. text的简称","是国际网络中最早采用中文张贴的新闻组",起初几个月其空间内张贴的大部分为测试贴和技术性文章,1993年正式形成中文国际网络。[①]ACT初期以简体中文发行,其目标读者是中国内地的海外留学生,后来为方便来自台湾、香港的留学生阅读,又推出了繁体中文镜像版,即alt. chinese. text. big5,简称ACTB。以中国大陆留学生为主体的写作者在ACT上发表了大量表达文化乡愁与漂泊体验的文学作品,文体覆盖了小说、诗歌、散文、随笔,这吸引了大量感同身受的留学生读者。"在ACT的鼎盛时期,平均下来,每天有两三百封张贴,若遇到非常时

---

① 参见方舟子《ACT的兴起》,http://www.xys.org/xys/netters/Fang-Zhouzi/Net/act1.txt。

期,自然远不止此数。……ACT 的特点,就是在掐架的主旋律之下,呕哑嘲哳的百家争鸣。"① 有趣的是,最早一批中文网络写手大多数主修理工科,其写作多有自我消遣的非功利色彩。1993 年曾出台过"网文八大家"的评选,入选者为冬冬、凯丽(男)、晓拂(女)、不光、图雅、散宜生、嚎、方舟子等。从现在已经结集成书或散见于网络的创作来看,这些率性而为、随写随贴的文字常有灵光乍现的神来之笔,但总体上还是显得粗糙、散漫。1993 年年底到 1995 年年初是 ACT 的黄金时期,图雅、百合、莲波、方舟子等人的小说和散文风格各异,缤纷多姿,在吸引众多留学生读者的同时,也激发了留学生的网络写作热情。随着 ACT 的一些活跃分子纷纷出走,"新语丝""橄榄树""花招"等网络杂志先后创办。他们又陆续在杂志的基础上建立网站,ACT 分崩离析。ACT 走向衰落的根源,在于原创贴急剧下降,新闻转帖铺天盖地;无所不包的宽容导致了"污言秽语骂大街成了 ACT 的主流";"英文贴的泛滥和汉字编码的混乱"②打破了"用中文不用英文"的规矩,文化认同感的丧失无异于自掘坟墓。同样值得反思的是,ACT 并非世外桃源,其发展轨迹已经暗示了网络文学未来必须遭逢的危机与困境。出没在此的网民五花八门,"有在那里进行政治宣传和反宣传的,有传教和反传教的,有发表文学创作的,有抄书的,有聊天的,有感慨的,有吵架的,有骂大街的,有讲故事说笑话的,有交流日常生活经验的,有对联猜谜的……甚至还有进行'学术交流'的"③,内部曾以"黑"(匿名骂人)、"白"(反动宣传)、"红"(紧跟中国政府)、"黄"(黄色下流)、"蓝"(多愁善感的文学腔调)作为标签,区分不同的网人类型。方舟子在《新语丝》的发刊辞中有言:"几万分布世界各地的汉字使用者,黑白红黄蓝各色人等,通过一张无形的网,紧紧地联系在一起。网里的世界,跟人世间的一切也没有什么太大的不同。"④ACT 正处于鼎盛期的 1994 年下半年,商业广告与垃圾信息蜂拥而入,阻塞了正常的信息交流与网络阅读。意识形态、商业主义等权力话语的无孔不入,是网络文学难以拒绝的诱惑,也是无法逃避的挑战。

在中文网络文学的萌芽阶段,图雅是一个传奇。网络作家宁财神有这样的表述:"1995 年,图雅应该是最受欢迎的网络人士,虽然从未现身,但方舟子那帮老炮谈

---

① 方舟子:《ACT 的繁荣》,http://www.xys.org/xys/netters/Fang-Zhouzi/Net/act2.txt。
② 方舟子:《ACT 的衰败》,http://www.xys.org/xys/netters/Fang-Zhouzi/Net/act3.txt。
③ 方舟子:《ACT 的繁荣》,http://www.xys.org/xys/netters/Fang-Zhouzi/Net/act2.txt。
④ 方舟子:《发刊词》,http://www.xys.org/xys/magazine/GB/1994/xys9402.txt。

起他,都是一脸神往。那时候,图雅靠的应该是文采吧。后来看到一些当年 ACT 的旧人旧贴,任意挑一个出来,搁到现在都可以打遍天下无敌手了。"①与那些公布真实身份的早期网络写手不同,图雅自始至终坚守匿名写作。图雅(偶尔也写作涂鸦,昵称鸦)1993 年 7 月开始在国际中文新闻组(ACT)写作,担任过中文电子杂志《华夏文摘》特约编辑,不久因意见不合而退出;参与了"新语丝"中文网的筹备工作;1994 年因《寻龙记》获奖,图雅应主办方要求提供简历,但透露的有效信息仅仅是"五十年代出生于北京"。1996 年 4 月"新语丝""花招""橄榄树""枫华园"等海外中文电子杂志的成员在华盛顿聚会,图雅答应出席,却最终没有露面。1996 年 7 月图雅离网,从此再未出现。图雅在 1995 年 8 月所作的《砍柴山歌》的后记中有这样的自白:"几十万字,信手涂鸦,说明这两年还挺有心情。这个也值得高兴。生活是许许多多大大小小的着急构成的。一会要交作业,一会要去饭店洗碗,一会又要去车站接同学,每一件事都刻不容缓,每一个人都讨债似的追你,一直把你轰进坟里才罢休。这就导致了生命质量的显著下降。在如此劣质的生活中,能'偷得浮生半日闲',往键盘上打一篇玩意,不是相当对得起自己吗?"图雅的文字简洁明快、议论机智诙谐、故事活色生香,没有过多的渲染和雕饰,这种隐身、即兴、自由、非功利的写作状态,正是真正热爱文字的人对于网络文学的期待。而且,海外留学生在远离母语版图的边缘情景中自生自灭的写作,在很大程度上是自我陶醉的寂寞歌唱,在无所依托的离散状态中摆脱了先入为主的写作框架。图雅的存在,在网络空间点亮了一种纯粹的梦想,推开了一扇半开半掩的精神之门,吸引着追梦的人群去寻觅无限的可能性。在通读收集了他的主要作品的图书《图雅的涂鸦》之后,不难发现居住在"建工部大院"的图雅作为"大院子弟",对市井里弄的生活万花筒烂熟于心,以冷眼热肠洞察复杂人事背后的尔虞我诈,其小说中不时流露的玩世不恭的意味,为之带来了"网上王朔"的别称。其杂文深入浅出,用娓娓道来的口语化表达借古讽今,指桑骂槐,既说理又解恨。这种风格颇有王小波的神韵,图雅的出生地、年龄段及其在网上独来独往的姿态与王小波的巧合,更是引发了"图雅就是王小波"的种种猜想。其实,图雅的文字也有结构松散、语言讨巧乃至流于油滑的不足,一些篇章失之于虎头蛇尾的草率与

---

① 宁财神:《瞧人家那青春燃烧的》,《芳草》(网络版)2006 年第 8 期。

故作惊人的漏气。方舟子认为人们怀念图雅的根源在于:"鸦在中文网的三年,恰恰是中文网络同一、非商业化的黄金时代,鸦也因此成了那个时代的一个象征。我们今天怀念图雅,也正是因为怀念中文网那段一去不复返的好时光。"①

二

1995年之后,随着中文网络的不断推广,汉语网络文学的主阵地逐渐向台湾和大陆转移。大学校园是台湾网络文学最有活力的场域,校园的BBS催生了台湾网络文学,1992年建置于高雄中山大学的BBS站成为台湾BBS的滥觞。台湾大学"椰林风情"和成功大学"猫咪乐园"的story版就汇聚了最早一批的网络小说写手,后者在20世纪90年代中后期更是成为引领网络小说的写作和阅读潮流的领头羊。对网络诗歌创作产生推动作用的校园BBS有中山大学的"山抹微云艺文专业站"、海洋大学的"田寮别业"、台湾政治大学的"猫空行馆"等。而最具规模与影响的当属1996年成立的"晨曦诗刊",它横跨了中兴法商、东海大学和清华大学,它以充满理想的文学激情和迎接"台湾诗坛未来所面对的一个新诗的宁静革命"(发刊词)的展望,通过网络诗刊与纸面诗刊的互动来建构跨媒介文学社群,激活校园诗歌的创新意识。同样值得注意的还有由"山抹微云"的创办人之一的woodman建立的"尤里西斯文社",以同人性质的文学社群凝聚着拥有共同审美追求的同道,强化认同与交流。遗憾的是,以青年学生为主体的网络社群星聚云散,水流花谢,难以长久。"尤里西斯文社"和"田寮别业"的网人更因硝烟弥漫、剑拔弩张的网络论战而分化,乃至决裂。

台湾的网络文学在文体发展上极不平衡,尽管在商业推广与社会反响方面,蔡智恒、藤井树等人的网络小说都曾红极一时;但真正具有持续推进的后劲,并在艺术上有所突破的文体却是网络诗歌创作。在《第一次的亲密接触》《蛋白质女孩》《一杯热奶茶的等待》《几乎错过的恋爱》速生速灭之后,男生女生之间的情感纠葛成为网络小说难以解开的死结,藤井树、穹风、洛心、王兰芬等后继的写手似乎也在重复泡沫化的情感游戏。2005年以来,随着部落格(博客)的逐渐普及,日记体的个人化书

---

① 方舟子:《怀图雅(代序)》,《图雅的涂鸦》,现代出版社2002年版,第Ⅲ页。

写蔚然成风,BBS 的浏览量骤降,网络小说的创作数量也直线下滑。

在形式革新方面,1996 年上网的曹志涟的超文本小说《某代风流》先声夺人,而平路的《歧路家园》《禁书启示录》《虚拟台湾》融合多种媒介元素的迷宫体也能为网络超文本小说提供有益启示,但作家着力揭示的却是记忆与历史、词与物、符号与意义之间的悖谬。至于联合副刊 1997 年在"文学咖啡屋"上举办的"多结局小说网路大竞写",最终演变成奇观玄虚的大比拼,不是陷入脑筋急转弯式的陡转,就是在重复演绎欧·亨利式的结尾。就发展趋势而言,网络超文本小说的实验难以为继。与此形成对照的是,以曹志涟、姚大钧、苏绍连、李顺兴、向阳、须文蔚等为代表的诗人不仅是超文本诗歌创作的先锋,也是网络文学尤其是网络诗歌研究的奠基人。曹志涟(涩柿子)和姚大钧(响葫芦)夫妇的"妙缪庙"、李顺兴的"歧路花园"、苏绍连的"FLASH 超文学"、向阳的"向阳工坊"和"台湾网路诗实验室"等、须文蔚的"触电新诗网"、白灵的"象天堂"等个人网站,为建构超文本诗歌的多向或多文本性、多媒体性和互动性展开了多样化的探索,渐成气象。孙基林认为:"以超文本为范式的网路新文类的出现,为我们跳出传统文学视野而去展望和观察一种新世纪的诗学形态,提供了一次契机,一种范本。对此也不难看出,台湾中生代诗人前卫性、实验性的网路写作,无疑已具有了历史的价值和意义。"[①]不过,这种超文本实验在陌生化的形式创新的路途上,已经显露出越走越窄的危机。须文蔚敏锐地注意到了其潜藏的问题:"本地的青年诗人从事数位诗创作者却仍然寥寥可数,足见数位诗的开发、实验与创新仍有相当大的空间。"[②]超文本诗歌的探索后继乏人,这种纯粹形式化实验的可持续性也值得深思。

台湾网络文学的发展陷入了艺术与商业的悖反格局,坚持艺术探索的寂寥无声,加入商业狂欢的几乎完全放弃了艺术追求。正如向阳所言:"在网际网路这样迷幻的虚拟之城中,文学社群(无论是旧媒介或新媒介领域)的文本虚拟,相对地更像是断裂的、瓦解的'碎片',被华丽的流金掩饰、遭淫邪的声色鄙夷。文学与网路的联结,因而更陷入吊诡的困局之中:作为文学书写者,到底该加入这个迷幻的虚拟游

[①] 孙基林:《台湾中生代网络诗歌及诗学初识》,《扬子江评论》2008 年第 3 期。
[②] 须文蔚:《台湾数位文学论》,台北:二鱼文化事业有限公司 2003 年版,第 72 页。

戏？还是该介入其中抵抗这种被市场逻辑操纵的戏局？"①有趣的是,以《第一次的亲密接触》为代表的台湾网络作品的输入,促动了大陆网络文学走出潜在状态的步伐,其商业路线也影响了大陆网络文学的基本走向。而更具有艺术性的超文本诗歌在大陆反响寂寥,大陆网络文学在文本形式上的探索一直处于偏废状态。

三

进入新世纪以后,大陆网络文学成为华语网络文坛的中心区域。在大陆网络文学的发展历程中,榕树下、天涯虚拟社区、起点中文网是三家标志性的文学网站,也代表着不同时期具有主导性地位的传播风格与经营模式。

榕树下的网络沙龙模式

榕树下在文学生产流程中延续了传统媒体的操作理念,以作者、作品为本位,对编辑筛选功能的重视阻挡了文学的丰富性,庞大的编辑队伍也提升了运营成本,写作与阅读的互动性极弱,推动文本"下网"的版权代理收益为其主营收入。1997年12月25日,美籍华人朱威廉在上海建立个人主页"榕树下";1999年7月,榕树下中文原创作品网编辑部问世,当年8月6日"上海榕树下计算机有限公司"注册成立。"榕树下"通过公司化的经营与运作,推出在国内最早产生影响的安妮宝贝、李寻欢、宁财神、韩寒等网络写手,陆幼青的《死亡日记》在2000年年底更是风靡一时。作为个人网页的"榕树下"不以盈利为目的,笼罩着"打开一扇属于心灵的窗口"的理想色彩,在其规模迅速扩大之后,巨额的运营费用成了朱威廉无法承受之重。朱威廉坦承:"当时并没有考虑赚钱,估计每年要投入一百万,这个我是能够承担的。现在不一样了,一年需要一千万才能运营这个事业,必须要有广告的支持。我们的网站是一个团队,我作为总裁要考虑到大家的利益。"②在入不敷出的压力之下,在理想与金钱、信念与利润之间拔河的"榕树下"最终以牺牲文学作为抵押,同时把大陆网络文学送上了将人气兑现为金钱的不归路。

不遗余力推动跨媒体战略是榕树下网站核心的商业模式,此举对中国大陆网络

---

① 林淇瀁:《书写与拼图——台湾文学传播现象研究》,台北:麦田出版社2001年版,第213页。
② 曲茹:《点击网络文学:朱威廉 李寻欢 宁财神》(访谈录),《作家》2001年第9期。

文学产生了极为深远的影响。基于此,朱威廉认为把网络文学"改成'文学在网络'更贴切一些","所谓网络文学,就是赋予文学更广阔的天地,赋予大家更平等的机会,让文学有更肥沃的土壤,让它在大众的生活中去自由生长"①。"榕树下"除了连续三年举办网络原创文学作品奖评比之外,先后与上海人民广播电台、东方广播电台联合制作文学节目,同上海《文学报》合作开辟"榕树下·网络文学专版",同上海文艺出版社合作出版"榕树下·原创网络文学"丛书。2000年10月构建起来的"榕树下在线作品交易平台",成为沟通网络作者与传统媒体的桥梁,为出版社、期刊、报纸等传统媒体寻找网络稿源,榕树下也从版权代理中获得一定报酬。尽管榕树下也与北京红线影视合作,投资拍摄了30集电视连续剧《都市守望者》,但反响寂寥,其真正具有活力的还是与平面媒体的合作。通过与多种形式媒体的合作来拓展广告业务,尤其是构建全国范围的广播网,也是"榕树下"盈利模式中的重要一环。榕树下的跨媒体战略有力推动了网络文学的"下网"趋势,为传统媒体带来新的生长点,也扩大了网络文学的影响。2002年"榕树下"与贝塔斯曼公司签署战略联盟协议,2006年被民营传媒集团"欢乐传媒"收购。事实上,作为新生力量的博客的崛起,对"榕树下"曾经的王牌——自助式个人文集而言无异于釜底抽薪,尽管在技术支持和网络服务都无法与大型门户网站抗衡,但"榕树下"不仅对危机缺乏有效的应对,还一味在商业开发上用力,这无异于杀鸡取卵。2004年之后,不思进取、耽于娱乐的"榕树下"风光不再,只剩下末路英雄的那份空架子。

如果用一个形象的比喻,榕树下就是一个以文学为主题的巨型网络沙龙。榕树下借鉴了纸面媒体的审稿制度,贯彻朱威廉倡导的"始于平凡生活,源自真实感受,挥洒浪漫随想"的编辑理念,一方面提高了发布的帖子的质量,另一方面限制了写手的自由度,也使小资趣味成为网站的文化标签,略显单一和刻板。朱威廉是沙龙的主人,编辑成了相关议题的召集人。榕树下按照传统文体分为小说、诗歌、散文板块,这类空间犹如大客厅周围的小客厅,而个人自助文集则如分布在大客厅的长廊两侧的小包厢或卡座。由于有门卫(编辑)看护,榕树下毋宁说是一个有限度开放的文学圈子。而其整体风格也与欧洲贵妇人举办的文学沙龙有某种隐秘的相似性,用

---

① 曲茹:《点击网络文学:朱威廉　李寻欢　宁财神》(访谈录),《作家》2001年第9期。

昏暗、朦胧的灯光制造浪漫而暧昧的氛围,激发参与者的灵感、话锋与情调,言说方式有激情澎湃的高谈阔论,但占据主导的是娓娓道来的闲言碎语。从语言风格来看,追求典雅优美,也难以避免矫揉造作的怪圈。这种精致路线瞄准的受众群体是大中学生和受过良好教育的城市白领,但画地为牢的局限使其丧失了循环流动的活力,顾影自怜、无病呻吟、东施效颦的文字的反复出现,必然激起曾经的追捧者的餍足心理和逆反心理。因此,榕树下的衰落有资本运作方面的原因,而这种模式的天然不足此前一直不曾受到重视。

天涯社区的啸聚江湖模式

1999年3月,由海南天涯在线网络科技有限公司创办的"天涯虚拟社区",被誉为"国内第一人文社区"。网民自己管理、自由表达是其独步天下的人文特色,网民志愿担任版主,这也帮助网站以低成本运作安然度过IT业的寒冬。兼容并包的海量信息,网络民意的多元碰撞,激发了经常出入天涯社区的网民的参与精神,每天3万份左右的原创帖子和150万份左右的跟帖数量,表明天涯社区培育了自己的作者,更吸引了一大批介入性的读者。按照程序,社区把申请公开论坛版主资格和开设新版的权力向全体成员开放,2006年还对不同层级的社区管理成员和版主提供一定的物质补助。作为综合性论坛的天涯社区正所谓"家事国事天下事事事关心","关天茶舍"版坚持独立的思想立场和学术品格,老冷、王怡等版主摆脱了脱离现实的学究气,将学术讨论与推动公共空间建构的现实关切结合起来,以苦心经营提升了天涯社区的人文品格。正因为此,在网络文学作者和网络文学读者基本持平的2001年,天涯社区的崛起使渐显冷落的榕树下黯然失色。陈村、宁财神等榕树下的台柱在天涯安营扎寨,折射出榕树下沙龙分崩离析的凄清。榕树下对作者资源和版权资源的过分关注,个人自助式文集以作者为本位的模板设计,这种关门路线使其成为网络写手自我迷恋的空间,那种逐渐定型的腔调和游离于现实之外的姿态必然遭到网民的弃绝,无人喝彩。2004年1月,天涯社区建立的天涯博客人气高涨,迅速成为顶尖的草根博客网站之一。值得注意的是,天涯的人文品格最为集中地表现在"关天茶舍"版,其他板块具有高度黏性的网民对于公共事件的介入热情和责任意识,也在某种程度上点燃了来自民间的最为朴素的现实关怀,但当这种以正义化身自居的优越感被滥用时其负面性同样不能忽视。天涯社区的不同板块汇聚了身份、背景、价值观念悬殊的网民，他们在明晰的社区主题分类下自由组合，汇聚一堂，颇有笑傲江湖的气派。因此，发布在天涯文学板块上的帖子中，通常情况下只有民间学者的思想随笔具有或隐或显的人文品格，而小说尤其是连载的长篇小说往往具有浓厚的江湖色彩，像西门大官人、慕容雪村笔下的人物更是不时爆出江湖黑话，病态与崇高、纯情与背叛、温情与磨难如同连体婴儿难分彼此，作品的总体基调显得压抑而沉闷。

天涯社区影响最大的文学版是"舞文弄墨"，2001年西门大官人的长篇连载《你说你哪儿都敏感》、雷立刚的大量小说和散文、心有些乱的长篇小说《新欢》犹如连珠炮发，提升了社区在原创文学领域的影响力。众擎易举，社区网民的追捧也制造出草根化的明星。2002年任首席版主的慕容雪村贴出连载的长篇小说《成都，今夜请将我遗忘》，作品以肆无忌惮的极端化书写呈现生存的残酷、现实的荒诞和人性的黑暗，轰动一时，作者也成了天涯社区的文学标牌。2006年在天涯首发的历史长篇小说《明朝那些事儿》，一炮走红，至今余波不息。不可回避的是，天涯社区的异质性也使其呈现出复杂的面相，它在重庆"最牛钉子户"事件中发挥了舆论监督作用，另一方面，卖乖露丑的芙蓉姐姐和兜售性隐私的流氓燕都在此曝得大名，女教师"竹影青瞳"在天涯博客张贴裸照的事件更是以单日访问量150万人次"弄瘫了天涯社区"。2005年，在引发主流媒体围观的"卖身救母"事件中，进行真相调查的八分斋、金官人在正义的名义下对当事人构成不公正的侵犯。2006年天涯网民在"铜须门事件"中通过"江湖追杀令"展开极端"人肉搜索"的过激反应，危害了当事人的隐私权，对他们的生活造成了极其恶劣的影响。

天涯社区的这种江湖习气和草根气质，也使在此受到追捧的原创文学作品具有内在的幽暗性，或者说是明灭不定的野火性格。就具体创作而言，最为典型的恰恰是影响最大的《成都，今夜请将我遗忘》，男主人公陈重沉醉于放纵的生活，甚至勾引最好朋友的未婚妻，他以无节制的欲望追逐毁灭了婚姻，却把罪责归结为妻子赵悦的背叛。外来打工妹"油条西施"因陈重的肉欲泛滥而自暴自弃，主人公却有这样的内心独白——"是什么让这个单纯质朴的姑娘变成了一个舞女，甚至是一个妓女？在那间阴暗龌龊的舞厅里，我想，是我，是这个城市，还是生活本身？"这种追问与质疑用伪装的道德感来掩饰自身的道德沦丧，将自身的罪责嫁祸给"生活"和"社会"，用抒情的追忆与感伤的独白作为赤裸裸的肉欲描写的玫瑰色包装。"社会批判"成为开脱自我的遮羞布,这真是一种帮助阅读的网民解除道德焦虑的特殊疗法,而且多次放纵之间放慢节奏的过渡,在某种意义上又是强化悬念的手段。由于"点击率至上"是网络上草根明星得以走红的秘诀,半遮半掩的"欲望辩证法"和"暴力美学"就成了出奇制胜的利器。另外,天涯社区为了改变在盈利上长期弱势的状态,试图建立多元的收益机制,即传统网络广告、社区精准并互动的广告、开发虚拟人生游戏相互结合,借助朋友圈和明星墙,把天涯网民较强的认同感转换成商业推广的信誉度。正如天涯社区的总编辑胡彬所言:"涉及民意的网络论坛要搞实名制,不是做不到,而是没有好处。中国人有个特点,一实名就讲假话,那就不好玩了,也就没有价值了,匿名才说真话,才有看头。但是电子商务不实名没法做。中国一方面鼓励互联网产业发展,一方面又担心它动摇现有体制。"①这种民意与信用之间的冲突,人气指数与商业价值的两难,也必然对其文学版的书写风格与阅读趋向产生潜移默化的影响。

起点中文网的娱乐资本模式

"起点中文网"2002年6月由吴文辉、林庭峰等玄幻小说写手建立,起初是规模不大的个人网站。2003年10月全面实行付费阅读,推行分级付酬的网络版权签约制度,商业化运作迅速提升其知名度与影响力。付费阅读模式并非起点中文网的原创,但其运作模式获得了超高的媒体关注度,也得到受益的网络写手的拥护。起点中文网开发的VIP阅读模式的主要特点为:"一是对网上优秀作品进行签约,前半部供读者免费试阅,后半部需付费阅读;二是以章节为单位,按每千字2分钱的价格进行销售,如仅选择部分感兴趣章节,费用更低;三是作者可获得用户付费额的50%—70%作为基本报酬,且按月结算;四是作品创作、发布、销售、反馈以分钟为间隔,作者与读者实时互动;五是尊重版权、严格准入,每个作者必须提供真实身份,对新上传作品必须声明版权所有权。"②2004年10月,起点中文网被主营网络游戏的上海盛大公司以1 600万人民币全资收购。据盛大文学公司CEO侯小强介绍:"现在付

---

① 李幸:《Web2.0对新闻、文化传播与流通产业的影响——与天涯社区总编辑胡彬聊天记》,《现代传播》2008年第5期。

② 黄坚:《盛大开辟网络文学新"起点"》,《解放日报》2008年6月9日。

费阅读是我们最重要的模式,占了60%以上。我们在努力拓展新的商业模式,无线看书、线下出版、广告、影视改版、游戏授权,等等。《盘龙》游戏版权,我们卖了300万元,之前《星辰变》游戏版权也卖了100万元。我们的作者中,通过版权运营,收入过百万的作家已有10人,收入过10万的有近百人。"① 2008年7月,盛大文学公司成立,旗下包括起点中文网、晋江原创网和红袖添香网。晋江原创网创立于2003年8月,红袖添香网1999年由孙鹏等几位网络文学爱好者创立,这两个网站是中国大陆影响最大的网络原创女性文学基地,纸面出版的言情小说版权80%来自这两家网站。

主流化、产业化、社区化是盛大文学公司的核心战略,其实消弭网络文学与传统文学分野的主流化与加强互动性的社区化都只是手段,产业化才是真正的目标,即通过与传统文学制度的结盟,不断提升加盟网站的流量与人气,实现版权代理的利益最大化。盛大文学通过与中国作家协会的合作来推动主流化进程:2008年在起点中文网推出"30省作协主席小说巡展",一年后仅有的一位正主席张笑天以《沉沦与觉醒》战胜一干副主席夺冠。媒体认为有"议官排文"嫌疑。作协主席们的大作在网上的最高点击率仅为230万,远输于网络作者动辄数千万的点击率。大量网民认为主席们"自取其辱"。② 2009年6月,中国作家协会下属的鲁迅文学院与盛大文学公司、中文在线联合举办一期"网络文学作者培训班"。在网络文学进入正统文学体制的发展过程中,强化主流弱化边缘是无法逆转的主旋律。值得注意的是,网络文学依靠庞大的年轻网民的高点击率与舆论支持,借助其时尚色彩与强大的吸金能力,在一个利润至上的商业语境中具备了成长为新主流的可能性,对以权力观念和等级意识为核心的主流体制产生冲击与改塑作用,边缘与主流在相互渗透、相互融合的互动中呈现出更为复杂的结构。这样,网络文学采用不同的表意形式和文化姿态对主流形成挑战,在暧昧的对抗中建构自己符号化的形象和身份,最终和主流文化达成妥协。

盛大公司总裁陈天桥认为文字是故事的起点,并宣称:"文学是一切娱乐的起点。"③对于网络原创文学而言,盛大文学公司真正感兴趣的只不过是以玄幻、盗墓、

---

① 黎炜:《出版,一切都有可能——访盛大文学CEO侯小强》,《中国编辑》2009年第4期。
② 茅中元:《张笑天笑傲文坛 郑彦英位居亚军——"30省作协主席小说巡展"公布结果》,《大河报》2009年9月1日。
③ 吉颖新:《盛大文学:文的国还是商的国?》,《中国企业家》2009年第16期。

言情为核心的类型小说,其旗下网站根据题材类型设置板块的结构就是明证。起点中文网在《鬼吹灯》《星辰变》《盘龙》等长篇类型小说版权运营上的成功,使这种偏废的文类倾向得到商业激励,变得日益突出。另一方面,起点中文网的"天行健"作者签约计划要求作者每月发稿量至少 10 万字,把故事拖得越长越好。高点击率的网络小说在出版纸质书时都采取系列化形式,像《鬼吹灯》出满了 8 卷,《星辰变》总共有 18 集,《盘龙》总共有 21 集。文字越来越拖沓,篇幅越来越长,文学的抒情、诗意、形式创新、语言修饰等经典元素统统被抛弃,只剩下冗长的情节和离奇的故事。

"文学"作为资本运营的一种概念,作为包装的外在糖衣,迅速被强势介入的商业力量所粉碎。侯小强认为:"现在我们对文学的态度,不是把它看作一般意义的文学作品,而是一个个有价值的商业版权。"① 其实,在公司的框架下,"文学"怎么样并不重要,关键是具有商业价值。盛大文学建立"网络作品—电子收费—书籍—电视剧本—漫画和动画—网络游戏"的版权流通机制,其重要目标是包装上市。盛大公司在娱乐传媒产业内部以参股、收购等资本运作方式进行全方位的行业扩张,整合行业资源。盛大网络旗下包括盛大游戏、盛大在线与盛大文学三大核心业务,而其中最优质的资产——盛大网游的目标是在纳斯达克上市,盛大文学以及盛大在线业务也将被分拆上市,最终将盛大网络打造成一家控股公司。② 盛大文学公司仅仅是多元化产业格局中的重要一环,通过娱乐与资本的双向整合挖掘行业内部的资源协作价值、资本增值价值和品牌衍生价值;在"大娱乐"观的视野中构建多元互动的娱乐营销平台,形成环环相扣的娱乐产业链,开发新型娱乐产品。

四

曾经为网络文学摇旗呐喊的陈村从坚信网络文学"前途无量"③到慨叹"我的希望落空了"④,见证了网络文学从无限可能的宁馨儿成长为一个随波逐流、五味杂陈

---

① 吉颖新:《盛大文学:文的国还是商的国?》,《中国企业家》2009 年 16 期。
② 参见曹敏洁《盛大吞华友,文学业务先上市》,《东方早报》2009 年 6 月 10 日。
③ 陈村:《网络两则》,《作家》2000 年第 5 期。
④ 张英、漆菲:《"我的希望落空了"——老网友陈村目睹网络文学十年怪现状》,《南方周末》2008 年 10 月 9 日。

的混世魔王的浮沉。网络文学作为一个"妾身未明"的暧昧存在,具有瑕瑜互见的"恶魔性"特征。"德语中的'恶魔性'(DAS DAMONISCHE),既是指一种以'创造性与毁灭性的因素同时俱在'为特征的、宣泄人类原始生命力的现象,又强调其运动过程中毁灭性的因素是主导的因素,是在破坏中隐含着新生命的创造。"①

我使用"混世魔王"概念,意在概括网络文学的四重面相:其一,网络文学在与传统文学的对抗、渗透中改塑文学生态,对既定的文学秩序不断产生冲击或扰乱作用,点燃了传统文学阵营的潜在抵触。这正如贾政在《红楼梦》第三回中对贾宝玉的排斥:"我有一个孽根祸胎,是家里的混世魔王。"网络的技术优势所带来的某种程度的不可预测性,也容易激发传统文学主体的内在恐慌。其二,网络文学对于戏仿、恶搞等手法的偏爱,对迷乱的欲望和时尚的声色的沉迷,导致了娱乐倾向的过度泛滥。有研究者认为:"近几年在网络上兴起的所谓玄幻文学,其现实根据则基本上是被抽空的,文本专注于对魔法、异能、魔力、宝物、怪异事物、神秘气氛的渲染,在奇思异想、玄思妙想、胡思乱想的纵情驰骋中,放逐了对现实社会的指向和内在的生活逻辑根据。在以绚丽的幻景和奇异的魅影建构的一片片硕大的废墟漂浮物中,唯独'人'的形象已消失得无影无踪。"②网络写手对主流的不满与抗拒,往往通过嬉皮笑脸、鼠首两端的扭曲方式表达出来,最终沦为恶作剧式的胡闹。其三,网络文学在混杂的乱象中呈现出菁芜共存的杂糅现象,但用过即扔的垃圾化倾向是其很难绕过的陷阱。更为重要的是,膨胀的享乐意识与善于变形的投机倾向可以随时改变其旨趣与方向,当商业利益和主流文化向它伸出橄榄枝时,它迅速地改头换脸,成为利益的傀儡与走卒。其四,网络空间相对自由和开放的舆论环境,为受到传统媒体排斥的审美追求与异质声音保留了生长的空间,也为草根化的文学新人的成长提供了土壤。综合运用图像、动画、音乐元素的跨媒介互文写作和超文本多向性写作,也为新文体、新风格的孕育、生长和发展带来了可能性。当然,这些可能性也往往在复杂的场域中凋零,或在扭曲的状态中变异。

---

① 杨宏芹:《试论"恶魔性"与莱维屈恩的音乐创作——关于托马斯·曼的〈浮士德博士〉研究》,《当代作家评论》2002年第2期。
② 武善增:《"人"在幻象与魅影构建的废墟中失踪——浅析网络玄幻文学的审美困境及其表征的文化症候》,《扬子江评论》2008年第3期。

◎ 第十章　影视时代的小说危机

本雅明在1936年的《机械复制时代的艺术作品》中认为,19世纪末20世纪初录音和电影技术的出现,使机械复制第一次获得了独立于自然和现实,独立于艺术作品"原作"的价值,它以一种复制的众多性取代了创作的独一无二性,这导致了传统的分崩离析。同时,机械复制把艺术作品从对仪式的依赖性中解放出来,使其展览价值占绝对优势。视听文化的出现改变了人类文化传播的总体格局,尤其是电视传播兼容了言语、音乐、图像等各种传播介质,成为继空间艺术(绘画、雕刻、建筑)、时间艺术(音乐、诗歌)、综合艺术(舞蹈、戏剧、电影)之后的"综合的综合艺术"。形象、直观、共时空的电视传播有力地挑战着语言文字在文化传播中的霸主地位。20世纪90年代,中国大陆电视传播已基本形成中央和地方混合覆盖、无线和有线相结合的现代化传播网络,据1997年《中国广播电视年鉴》统计,电视的收视人口覆盖率已达86.2%,电视成为大众获得信息和娱乐的首要渠道。文学在80年代初期的中心地位,逐渐被经济建设挤到边缘,而且,文学的印刷传播方式也被影视传播挤到边缘。于是,文学的"触电"成为拓展生存和传播空间的文化选择。在文学与影视的交融与互渗中,文字媒介与视听媒介相互补充,文学与影视对共同面对的现实进行了相互呼应的文化阐释。但是,文学对影视的趋同使小说与影视剧本的文体界限名存实亡,文学与影视的独立性同时面临着严峻考验。

影视趣味对于小说创作的影响,在这个文学市场化的年代里,正日益显现其威力。在某种意义上,影视剧本写作的规范正在摧毁传统的、经典的小说观念。回顾世界电影中的经典作品,多从小说改编而成,像《乱世佳人》《绿野仙踪》《呼啸山庄》《傲慢与偏见》等精品都以文学作品为先导。20世纪40年代末,好莱坞还兴起"文学电影"潮流。60年代弗·纳博科夫的小说《洛丽塔》、艾里亚·卡赞的《欲望号街车》,

80年代伊·迪纳森的小说《印度之行》和《走出非洲》、欧内斯特·汤普森的剧本《金色池塘》,90年代迈克尔·布莱克的小说《与狼共舞》、托马斯·金内利的《辛德勒名单》,都成为电影的蓝本,并且在此基础上打造出经典的影像。新时期的中国电影,诸如谢晋的《芙蓉镇》和《天云山传奇》、凌子风的《骆驼祥子》和《边城》、颜学恕的《野山》、吴天明的《老井》、胡炳榴的《乡民》(改编自贾平凹的《腊月·正月》)等等,这些80年代的好电影均从小说改编而来。值得注意的是,这些经典小说和影片分别通过语言手段和视觉手段,艺术化地表现了两种不同形态的美,但两者之间交相辉映,相得益彰。作为新生的艺术形态,影像艺术兼容了言语、音乐、图像等各种传播介质,而且逐渐地摆脱依附于戏剧对白、小说叙述的艺术逻辑,在表现直观的、空间的、从不间断的生活状态方面,显示出其独特的优势;另一方面,小说艺术在咄咄逼人的影像艺术面前,不得不进一步开掘语言表达的艺术潜能,像法国作家加缪的《局外人》《瘟疫》等作品,尤其是乔伊斯的意识流小说如《尤利西斯》,显示了语言艺术在表现回忆、梦境、幻想、意识流动等微妙的内心状态方面的非凡的创造力。正如乔治·布鲁斯东所言:"电影可以安排外部符号让我们看,或者让我们听到对话,以引导我们去领会思想。但是电影不能直接把思想显示给我们。它可以显示角色在思想,在感觉,在说话,却不能让我们看到他们的思想和感情。电影不是让人思索的,它是让人看的。"①我在此要重点讨论的问题就是:自20世纪80年代末期以来,中国的小说家们运用语言手段,模仿视觉化的场景,按照影视剧本的规范写作小说,正所谓挂小说的羊头,卖剧本的狗肉,这种现象的根源是什么?这种现象使小说创作出现了什么样的变化?这种现象给古老的小说文体带来了什么样的冲击?

一、小说的脚本时代

自20世纪90年代以来,小说家与电影的联姻成为时尚。王朔、苏童、刘恒、莫言、余华、铁凝、池莉、方方、叶兆言、史铁生、李晓、刘醒龙、张抗抗、周大新、朱文、述平、鬼子、东西、刘震云、尤凤伟、冯骥才、杨争光、阎连科、叶辛、梁晓声、陆天明、周梅

---

① 乔治·布鲁斯东:《从小说到电影》,中国电影出版社1981年版,第51页。着重号原有。

森、柳建伟、张平、邱华栋、何申、二月河等作家的一部甚至多部作品被改编成影像作品。电影电视在1993年几乎把中国最优秀的作家一网打尽,当时被作为例外的张承志和王安忆,前者不久改编了自己的《黑骏马》,后者为陈凯歌的《风月》做编剧。而且,还有一些作家本来不被关注,只是在某一部作品被改编成影视之后,一炮而红,像陈源斌(其《万家诉讼》被改编成《秋菊打官司》)、述平(《有话好好说》的小说原著作者和电影编剧)、万方(其《空镜子》被改编成同名电视连续剧)、凡一平(其《寻枪记》《理发师》被改编成电影)等人。就世俗影响而言,李冯此前写过的大量小说,也赶不上为《英雄》编剧所带来的社会知名度。难怪《康熙王朝》的编剧朱苏进会说:"在影视圈做事,完全是一次被动的选择。最初是谢晋导演请我编写《鸦片战争》电影剧本,从此就开始被拖下水,到现在也没浮上岸来。就好比是雅鲁藏布江的水,你伸进一个手指,想浅尝辄止,没想到一下被吸进去一个手臂,你赶紧想把手臂拔出来,结果你已整个人掉进江水里。就这么一个裹挟力极大的处境。当然这里面是有原因的。一是我觉得中国影视很有可为。影视是很大众化的艺术形式,影响力奇大,其他任何艺术形式都无法与它比拟。如果有几个严肃作家进入这个圈子,应当是件好事。再一个原因就是物质利益丰厚,这点我从不讳言。"①市场经济的风起云涌,使"下海"成为许多知识分子的选择,而"触电"则是文学"下海"或者说"以文养文"的重要方式。1992年,以王朔为理事长的"海马影视中心"正式登记,成员名单几乎包括了20世纪80年代中国大陆文坛的重要作家。1993年,王朔、冯小刚、彭晓林创立"好梦影视公司",王朔任艺术总监;杨争光辞职创办"长安影视公司",出任总经理;谌容、梁左、梁天等一家人也成立"快乐影视中心"。王朔、刘毅然、朱文、刘恒还干脆当起了导演,王朔执导根据自己作品改编的《我是你爸爸》,刘毅然执导根据茅盾小说改编的《霜叶红于二月花》,朱文执导独立电影《海鲜》并且获得威尼斯电影节评审团特别奖,刘恒担任电视剧《少年天子》的总导演。刘恒说:"作家辛辛苦苦写的小说可能只有十个人看,而导演清唱一声听众可能就达到万人。"②

1990年,我国第一部大型室内电视连续剧《渴望》播出,获得了出乎意料的成功。这部由王朔等人"侃"出来的剧目,被视为中国电视剧发展的历史性转折,奠定了通

---

① 朱自奋:《影视编剧,我只是客串——作家朱苏进访谈》,《文汇读书周报》2003年5月2日。
② 刘江华:《刘恒讲述当导演的幸福生活》,《北京青年报》2002年11月27日。

俗的、娱乐的、商业化的类型剧的地位。《渴望》的主题用其主创人员的话说，无非是"丢孩子、捡孩子、养孩子、找孩子、还孩子"，但这种缺乏想象力的情节模式却"提供了一种借大众文化的形式，以抚慰人群、移置无法解决的社会问题的恰当对象"①。在随后的《编辑部的故事》《爱你没商量》《海马歌舞厅》等剧中，这种品格不断地得到强化和反证。这些剧目都是以都市大众为消费对象，根据市场规律批量生产的文化产品。而《北京人在纽约》和《过把瘾》的成功，在于其巧妙地穿越了主流话语和精英话语的屏障，在"个人"的名义下制造出面向大众的公共梦想。用王朔的话说："通俗剧是糖，卖出来的必须是甜的。"②1995年，杨争光的公司召集贾平凹、苏童、叶兆言、格非、余华、刘毅然等十一位作家联袂推出电视系列剧《中国模特》，铩羽而归。作家们没有了解"游戏规则"的大胆实验，依然没有摆脱小说创作中的审美惯性，显得力不从心，简单地演绎着插科打诨的无聊闹剧。为了适应文化市场的要求，创作者必须束缚自己的个性，必须为导演和投资人做嫁衣，必须使自己成为工业化生产流程中的一个部件。文化资本和影像形式凌驾于文字之上，获得了一种潜在的权力。王朔说："我觉得，用发展的眼光看，文字的作用恐怕会越来越小，一个时代有一个时代的最强音，影视就是目前时代的最强音。"③

影视把文学作为自己的题库，在文化与审美资源方面表现出对文学的寄生现象。张艺谋就说："我一向认为中国电影离不开中国文学，你仔细看中国电影这些年的发展，会发现所有的好电影几乎都是根据小说改编的。……我们研究中国当代电影，首先要研究中国当代文学。因为中国电影永远没离开文学这根拐杖。看中国电影繁荣与否，首先要看中国文学繁荣与否。"④优秀的小说作品成全了张艺谋，以至文化界流行着这样的笑谈：中国的小说读者只剩下一个张艺谋。张艺谋对小说原著大刀阔斧地进行删改，尤其是《红高粱》获得国际声誉后，纳入导演视野的小说往往被彻底地改头换面。以国际影展获奖为主旨的创作路线，使张艺谋注重刻画具有仪式性、象征性和寓言化的东方造型，诸如影片对红色的渲染，诸如《大红灯笼高高挂》中关于"灯"的仪式，诸如《菊豆》中的染坊，诸如《活着》中的皮影戏。张艺谋在小说改

---

① 戴锦华：《犹在镜中——戴锦华访谈录》，知识出版社1999年版，第233页。
② 白小丁、王朔：《大浪淘沙　该失落的就失落》（访谈录），《电影艺术》1995年第2期。
③ 白烨、王朔、吴滨、杨争光：《选择的自由与文化态势》，《上海文学》1994年第4期。
④ 李尔葳：《张艺谋说》，春风文艺出版社1998年版，第10页。

编中往往只保留原著中的情节线索,而其历史、文化、人性的底蕴与深度,则被弃若敝屣。这种随心所欲中潜在地反映出一种等级关系,影视对文学的权威性、遮蔽式的驱遣造成了平等互动的交流的中断,文学的自主性在多重挤压下风雨飘摇。最为典型的表现是张艺谋向苏童、北村、格非、赵玫、须兰、钮海燕等六位作家"订购"以武则天为题的长篇小说,号称"同题作文,相互竞争,以便于电影改编",而赵玫、须兰的《武则天》合集的封面上,更是印着"张艺谋为巩俐度身定做拍巨片,两位女性隐逸作家孤注一掷纤手探秘"的广告语。这种好莱坞模式的集约化流水作业,最大限度地遏制了作家的艺术个性,雇佣写作不是"艺术"而是"手工艺","前者人看做好像只是游戏,这就是一种工作,它是对自身愉快的,能够合目的的成功。后者作为劳动,即作为对于自己是困苦而不愉快的,只是由于它的结果(例如工资)吸引着,因而能够是被逼迫负担的"①。

作家对于导演对自己作品的篡改和肢解的默认,表现出作家对小说的影像化的热情,同时也反映出文学自身的尴尬境遇。王朔说:"影视不同于小说大概也就在于那体现的是一个集体意志,很多人参加劳动,最终都参与了意见,在角色上倾注了自己喜爱的品质,最终还你一个陌生人。当然,影视于今在于牟利,受欢迎便是成功,你要问我原作的想法,我没这意思,写那么多废话就为了给大家树一个好人。"②《白鹿原》被改编成秦腔、陶塑和连环画后,陈忠实认为影视改编"再不能拖下去了",并说:"包括许多世界名著的改编,也不无遗憾。我作为小说作者,不能不关心,但管不上……比起任何形式的改编,影视无疑是最好的形式。如果把电影和电视比,最好还是电视连续剧。……我也寄希望未来的导演,能给读者一个直观的形象,对作品的体现和传播都有好处。"③大众对影视传播的盲从,使其成为主宰公众观念的权威。印刷传播的弱化"一方面使人们心目中的世界的形象远比过去完整和准确,而另一方面却也限制了语言和文字的活动领域,从而也限制了思想的活动领域。我们所掌握的直接经验的工具越完备,我们就容易陷入一种危险的错觉,即以为看到就等于知道和理解"。④ 文学对于影视包装的重视,远远超过了对文学的影视版本的审美价

---

① 康德:《判断力批判》上卷,商务印书馆 1964 年版,第 149 页。
② 王朔:《现在就开始回忆》,《看上去很美》,华艺出版社 1999 年版,"自序"。
③ 耿翔:《陈忠实坦言改编〈白鹿原〉》,《中华读书报》2001 年 8 月 8 日。
④ 鲁道夫·阿恩海姆:《电影作为艺术》,中国电影出版社 1988 年版,第 161 页。

值的关注;影视传播能够给文学作品带来更加广泛的覆盖面,能够刺激相关图书的销售,能够给作家带来更高的知名度和可观的经济收益。这种崇尚形式忽视内容的趋向,将对观众的审美判断力产生很大程度的损害,受众对于视觉接受的过度依赖也将使其阅读接受水平持续下降,而受众的趣味又会反过来影响文学,这就形成了一种恶性循环。作家尤凤伟为了维护小说《生存》的著作权而把姜文告上法庭的案例,是20世纪90年代文学与影视的不正常关系的最好写照。姜文的"阳光灿烂公司"1999年以十一万元收购作品的改编权,但随后又对改编权和拍摄权进行了交易。尤凤伟说:"对方说,这种做法在过去电影圈里是司空见惯的,也就是说,一切都属正常。……当一个作家面对自身权益被剥夺、人格被嘲弄的状况,每个人都有权利和责任保护自己,讨个公道……此案被告在改编中不仅将原著题目以及人物和地域名称全部改变,而且对绝大部分内容予以砍杀,又不向原作者通告,这就明显违犯了《著作权法》。"①具有悠久历史的文学规范、经验与传统为影视提供营养,影视则攫取其中成熟的元素,从观众的趣味出发将之改写成通俗的画面与音乐。先锋文学作家在"触电"潮流中的表率作用,表明了"先锋性"的脆弱,他们对消费文化采取日益开放的态度导致了先锋小说在90年代的转向。先锋与通俗的角色开始相互串换,区分高雅文化与大众文化的基础逐步瓦解,"随着消费文化中艺术作用的扩张,以及具有独特声望结构与生活方式的孤傲艺术的解体,艺术风格开始模糊不清了,符号等级结构也因此开始消解"②。

20世纪90年代的影视导演中,仍然有有识之士强调电影的文学性。谢飞就建议年轻导演"应该加强你们电影里的文学价值",并对不同类型电影的文学价值的要求进行了阐述:"要有原创的、真切的生活体验,有对人生、文化艺术独特的真知灼见,有艺术家独特的个性,这是文化艺术电影的要求。'主旋律'电影不一定要求这个,商业片更不要求这个。商业片应该表现社会公认的主题,如爱情、正义压倒邪恶、大团圆,才会赢得最大的市场。如果你违反了这些规则,要加入你个人独特的超前的见解,那么这个商业片肯定是不会成功的。"③但是,90年代影视的类型划分也

---

① 田川流:《从容应对鬼子来了——尤凤伟访谈录》,《文学世界》2000年第1期。
② 迈克·费瑟斯通:《消费文化与后现代主义》,译林出版社2000年版,第37页。
③ 谢飞:《对年轻导演们的三点看法》,《电影艺术》2000年第1期。

呈现出模糊不清的趋向,尤其是"文化艺术电影"急剧萎缩,贴上这一标签的作品的运作方式也明显地烙有商业片的痕迹。张艺谋导演的《摇啊摇,摇到外婆桥》《有话好好说》和《幸福时光》在反复地召开剧本讨论会、影片的主题定位、明星路线和商业推广方面,都与冯小刚导演的贺岁片异曲同工。艺术冲动与超越文化价值的沉迷仅仅成了一种余绪。1993年何平导演的《炮打双灯》兼有西部片(类似于何平的成名作《双旗镇刀客》)和情节剧的特征,而东方风情的奇观化展示已经成为一种烂熟的"个性",过于夸张的审美意趣和商业片的煽情如出一辙。1995年高成本高产出的《红樱桃》奉行明确的消费路线,当事人王朔这样解释自己"看中这部片子"的原因:"主旋律,写一批中国孩子在苏联卫国战争期间的事情,是个高级的主题。而且既是主旋律,又不妨碍它成为一部艺术片,又符合商业性的一些需求,比如战争场面、俄罗斯的风土民情,能使片子好看。"①随着国际的接轨,尤其是1995年引进"十部进口大片"之后,好莱坞模式的冲击加速了中国影视的商业转型。1998年陈凯歌利用跨国资本的《荆轲刺秦王》虽然"负有文化使命",但是在寂寥的市场反应下被迫修改影片的无奈,表明艺术电影已经很难在文化品位与商业成功之间两全其美,"艺术"似乎只能在梦想中才能寻找到自己的飞地。在这样的氛围中,如谢飞所说的"文化艺术电影"的文学价值也只能成为梦里云烟。

迫于影视传媒对印刷传媒的压倒性优势,不少作家觉得自己的声音处在传媒的包围和信息的淹没中,认为仅仅依靠文字来传递信息已无法完全体现创造的价值,孤芳自赏只会故步自封。1993年,上海的宗福先、贺子壮、陈村、张献等三十三位剧作家签署了一份旨在保护自身权益的文件,名为《931约定》,约定规定了剧本的最低稿酬标准:电影剧本每部15 000元,三集以下的单本剧电视剧本每集为3 000元,多本剧每集为2 500元。② 这种最低稿酬标准已经远远超过了印刷出版的收益。有意思的是,作家对自己参与创作的影视的艺术水平往往不以为意,王安忆这样谈论《风月》:"《风月》是很奇怪的东西。陈凯歌带着一个很简单的故事雏形来我这儿。他一定要两男一女,一定要中间去过上海。他有一定的条件在那儿。我就把它写成一个

---

① 白小丁、王朔:《大浪淘沙 该失落的就失落》(访谈录),《电影艺术》1995年第2期。
② 综合参考1993年1月16日《作家报》消息《上海剧作家提出剧本的最低稿酬标准》,1993年1月14日《文学报》消息《要想卖好,先要写好》。

合理的有日常生活面貌的故事。我的工作非常简单,我写得非常快,一个星期不到就写好。大部分时间就在听他啰唆,叫他讲讲讲,然后我要说服他,大部分时间花在这儿。写好以后,他又请人统了一遍。最后我没看到样片,他也没请我看。别人送了我一张碟片。碟片模模糊糊的,不大好吧,反正就觉得晦涩得很。"①作家对于影视的艺术水平是怀疑的,甚至是不屑的。这就使影视与文学的结盟构成一种利益交换的关系,而不是基于共同的审美理想的艺术同盟。作家的精英意识和导演的新贵身份产生了意味深长的碰撞和龃龉。潘军更直白地说:"电视剧是个破东西,不过很赚钱。"②影视与文学的关系折射出高雅文化与大众消费文化在本性、功能、趣味等方面的潜在对抗与合流,而两者的融合往往是以丧失文学的独立性为前提。国内的很多自由撰稿人把影视写作作为生存保障,但工匠式的写作潜移默化地损耗着作家的审美理想。自由撰稿人张人捷说:"以写电视剧为生,就是不敢将全部的期望寄托在小说之上,怕人变得脆弱……还是把电视剧当成了自己的工作……"③影视培养了作家的市场意识,但是当市场意识过度生长时,一个作家就消失了,剩下的是一个追求作品数量的、从事文字复制的写手。

　　为了借助影视传媒强大的社会影响力和越来越高的人口覆盖率,更是为了获得巨大的经济报偿和提高自己的社会声誉,小说家们开始越来越主动地为影视度身定制,写作以改编影视剧本为主旨的"小说"。现在许多作家在创作时采取"一鱼二吃"的策略,在写小说的时候就考虑到以后改编的因素,或者干脆先写剧本,等影视播映时再改编成小说,推出所谓的"影视同期书"。这种写作忽略了那些很难转化成镜头语言的小说叙事艺术,诸如小说的哲学含量和心理分析,而这恰恰是语言艺术的精髓所在。"触电"的文学不能不"修改"自己的个性,正如刘恒所言:"因为写小说基本上是沿着自己的个性在写作,我想写成什么样子,你读者只有一个被动地接受的问题。但电视剧反作用非常大,时时要考虑的是面对着数不清的观众,如果还坚持自己的个性的话,我觉得是不合时宜的。"④在 20 世纪 90 年代以来的语境中,小说在某种程度上失去了文本和审美的独立性,正日益沦丧为从属于影视剧本的文学"脚本"。

---

① 夏辰:《王安忆说》(访谈录),《南方周末》2001 年 7 月 12 日。
② 潘军:《答何锐先生问》,《山花》1999 年第 3 期。
③ 张人捷:《有一种力量》,《山花》1999 年第 9 期。
④ 刘恒、萧阳:《刘恒谈写作》,《电影艺术》1999 年第 6 期。

二、独创性的幻灭

当下中国的文化语境是影视与文学的共同背景,也是它们共同的阐释对象。影视剧本对文学的寄生性和影视创作规则对文学叙事的渗透,进一步加深了两者的精神联系。在共同的文化系统中,影视与文学在主体选择、表现主题、价值判断、审美姿态、批评话语等方面都产生了奇妙的呼应,在文化潮流中互为犄角,以不同的审美形式负载着相通的文化关怀和人文使命,在多元互动中交相辉映,相互促进。悲哀的是,影视与文学之间的交流,典型地体现了艺术独创性的幻灭。

20世纪90年代以来的影视与文学都表现出较为明显的类型化倾向,而且两者的分类标准产生了惊人的一致。当前流行的"三分法"把影视与文学划分为主旋律主导型、艺术主导型和商业主导型。这种倾向反映了90年代文化的主题定位、社会功能、接受趣味的裂变与分化,即由大众传播走向更加细化和规范的小众传播,不同类型的作品都针对自己的目标受众采取相应的策略。之所以在各种类型后加上"主导"的限定成分,根源于各种类型的交叉与互渗,主旋律作品也可以具有畅销的商业品性,商业作品也往往会在其中吸收主旋律型和艺术型作品的文化元素。陈凯歌就一直尝试着使自己的作品在商业与艺术之间保持特有的张力,而莫言、刘恒等作家更是一直在做着这种平衡游戏,希望作品能既叫好又叫座。尹鸿采用的是"四分法":"如果把中国当前的电影看成一个金字塔的话,那么商业电影就是它的基座,尽管这个基座有点摇摇晃晃,'主旋律电影'和'新民俗电影'是它的塔身;而'新体验电影'则是它的塔尖。商业电影体现着电影工业的生产本质,主旋律电影则是国家意识形态的首席代表,新民俗电影则是电影的艺术性和商业性在国际化背景下的一种特殊组合,而新体验电影则预示着中国电影美学的新的萌动。"[①]其实,新民俗电影和新体验电影在本质上是相同的,仅仅是同一种审美形式与时俱进的潮流转换。所谓的艺术商业片算得上是20世纪90年代的新生事物,它有意识地将艺术与商业熔于一炉,被尹鸿划分为"新体验电影"主将的李少红、孙周、夏钢和执导《红河谷》《黄河

[①] 尹鸿:《世纪转折时期的中国影视文化》,北京出版社1998年版,第62—63页。

绝恋》《紫日》的冯晓宁等人就一直进行着这种尝试,但艺术与商业并没有双翼齐飞,在关键时刻被牺牲的总是艺术,它不幸地成了点缀在商业蛋糕上的彩色奶油。毋庸讳言,艺术主导型作品在夹缝中艰难绵续着,曲高和寡使它成为边缘的边缘,成为复制性文化的后备资源。有趣的是,影视与文学的交流也呈现出相应的类型化格局。比如张平、周梅森、陆天明、柳建伟、刘醒龙等作家的主旋律小说被改编成相应类型的影视作品,这些清一色的现实主义作品具有某种程度的文化批判色彩,表明渗透着主流意识形态的文化随机应变,改变了传统的说教与训导姿态,以为民请命的立场寻找到了政治疏导与大众情绪的新的结合点,对民心起到了安抚与鼓舞的作用,商业模式的引入也使其传播实践变得更富有成效。

  在创作主体方面,影视与文学出现了相应的分层现象。文化代群的划分与自我认同导致了一种"代群重复"现象,同一代群的创作主体的作品惊人地相似,不同代群的作品形成了严重的隔膜,作品中体现出来的过于鲜明的文化代码阻碍了代际之间的自由交流。这种精神代沟奇怪地继承着中国古老的、等级化的人伦关系,也与20世纪90年代开始流行的自恋文化密切相关,在我个人看来不无人为的痕迹。电影界的第四代导演的代表作品往往改编自"伤痕"与"反思"小说,文明与愚昧的冲突成为其难以忘怀的情结。第五代导演垂青的往往是以知青一代作家为主体的作品,"寻根文学""先锋文学"和"新写实小说"成为其偏爱有加的题材库。《菊豆》《活着》等根据"新写实"风格的小说原著改编的作品,以及孙周的《心香》、李少红的《四十不惑》和吴子牛的《大磨坊》等作品,都表现出"新写实"的审美倾向,揭示出为琐事和环境所制约的生存状态,在无奈和无序中闪现"无情世界的感情"。《秋菊打官司》以偷拍手法打造"真实电影"的追求,更是把"还原生活"的神话色彩推到了极致。至于《红高粱》《霸王别姬》《五魁》《炮打双灯》《红粉》等作为第五代招牌的"新民俗电影",综合吸收了"寻根文学"的文化猎奇与神秘主义、"先锋文学"的虚构策略,历史寓言与象征化手法,在此基础上将语言符号置换成影像造型。陈凯歌根据史铁生小说《命若琴弦》改编的《边走边唱》镂刻着知青一代特殊的精神烙印。小说原著主要表现三代瞎子艺人反抗绝望的心灵史,而电影却将平凡的老瞎子纳入了一种身份政治,即表现老瞎子在"瞎子""疯汉""神神"之间的戏剧性转换,作品的上下两部分分别表现了老艺人"由瞎子变神神"与"由神神变瞎子"的命运怪圈①。老艺人在拉断一千根琴弦,发现"药方"竟然是"空白"后,表现出信仰破灭后沉重的受骗感,通过砸打自己一直虔诚朝拜的师父的墓碑来发泄愤怒。电影中的"石头"(小说中的名为"小瞎子")最终拒绝成为"神神",他没有像小说中那样继续师父的救赎之路,琴匣里装的不再是祖传的"药方"而是自杀的恋人兰秀的信。尽管电影中熔铸了导演个人对"文革"的反思与忏悔,甚至可以理解成自传《少年凯歌》的影像化转换,但是,电影中寓言化的历史处理遮蔽了史铁生的个人体验。应该说,史铁生的原著是基于个人化的残疾体验的沉痛感悟,是关于存在与虚无的个体言说;而电影的"解神圣化"改造则具有了更为鲜明的代群特征,其整体性的文化关照具有了宏大叙事的文化品格。

最值得注意的是第六代导演和新生代作家之间的精神纽带。第六代导演的作品很少从小说改编,多是自己写或找同龄的编剧写,写自身的生活和体验,演员也多为同代人。第六代导演兴起了一种"独立制片运动",戴锦华的定义是"出现于20世纪90年代、脱离官方的制片体系与电影审查制度的、以个人集资或凭借欧洲文化基金会资助拍摄低成本故事片"②的文化潜流。贾樟柯则说:"目前国内的独立电影是一个很不正常的状况,一部电影并不能走完从创作、拍摄到发行放映的完整过程,而只是到拍摄完成就中止了。许多独立电影只能到国外去寻求机会。"③代表作品有张元的《北京杂种》、王小帅的《冬春的日子》和贾樟柯的《小武》等,这些作品大都表现摇滚歌手、流浪艺术家等都市边缘人的生存状态,以民间和底层视点表现个人化的生活与情感体验。张元说:"寓言故事是第五代的主体,他们能把历史写成寓言很不简单,而且那么精彩地去叙述。然而对我来说,我只有客观,客观对我太重要了,我每天都在注意身边的事,稍远一点我就看不到了。"④这种放弃寓言,以旁观的视角和情绪化的描述展现生存本相的手法是一种"日常叙事"⑤。第六代的生存方式、审美观念与新生代作家殊途同归,后者当中有相当数量的自由撰稿人,像朱文、韩东等人更以"断裂"行为标榜自己的自由理念,他们的作品同样以动荡不居的城市生活作为

---

① 参见陈墨《陈凯歌电影论》,文化艺术出版社1998年版,第225页。
② 戴锦华:《雾中风景》,北京大学出版社2000年版,第385—386页。
③ 李宏宇:《假如艺术院线来临》(访谈),《南方周末》2001年9月13日。
④ 郑向虹:《张元访谈录》,《电影故事》1994年5月号。
⑤ 参见拙文《日常叙事:90年代小说的潜性主调》,《上海文学》1999年第10期。

主题,以第一人称的独白口吻表现主人公无处栖留的"漂着"状态。值得注意的是,新生代代表作家之一的朱文担任了章明导演的《巫山云雨》、张元导演的《过年回家》的编剧工作,而且执导了独立电影《海鲜》,以妓女小梅的视点展开叙述。都市题材也只有到了他们手里才成为一种声势浩大的"合唱",一扫"王朔腔"一枝独秀的单调和沉闷。当然,他们也不是铁板一块,胡雪杨、娄烨一直在体制内发展,王小帅等开始转向体制内的主流创作,商业化倾向在这一群体当中有着更为厚实的精神基础。胡雪杨的《留守女士》、娄烨的《周末情人》、管虎的《头发乱了》、王瑞的《离婚了,就别来找我》、李欣的《我血我情》、金琛的《网络时代的爱情》、张扬的《爱情麻辣烫》和《洗澡》等都有或浓或淡的商业意味。张扬就说:"我觉得好电影就具有商业性。……让观众感觉到,触动他就够了,这就是商业性、观赏性。"①《洗澡》中儿子大明对父亲老刘的"澡堂"生活从不屑到珍视的重新发现,折射出这一创作群体由反叛传统到文化恋父的价值转变。而且,主旋律作品也成为第六代导演全面展示自己的"体制内的才华"②的崭新领地。王瑞的《冲天飞豹》借鉴好莱坞模式重塑"主旋律",他说:"大家都看得出所谓美国大片中,有许多其实就是我们的所谓'主旋律'。为大多数观众所喜欢的、接受的电影是电影产业的主流。……我们这部电影是一部'献礼片',我们想把它们做成属于这种'主流'的电影类型。"③第六代导演的分化与新生代作家的选择具有一种内在的共鸣。"个人化写作"在自由名义下,对隐私进行奇观化的演示,表演性的商业价值与独立性的艺术价值相互转换,显得暧昧不明。而且,像邱华栋、述平、何顿、丁天、卫慧、棉棉等作家的创作一开始就表现出较为明显的物欲化倾向。

影视主体与文学主体的呼应共同印证着当下中国的文化逻辑。但是,这种过度膨胀的代群化特征抑制了创作个体的文化独创,同时也使影视与文学的交流缺少互补的良性循环,精神基调的过分一致使影视与文学难以相互激发,也使文化格局显得相对单调而不够丰富。这种局面和大众消费文化的繁荣互为因果,商业模式的敏锐能够把那些具有独立创意的但尚未成熟的作品迅速地复制和推广,以大众趣味淹没脆弱的个人性。而且大众传播法则向来重视规模化运作的"合唱效果",游离于法

---

① 张扬:《好电影就具有商业性》,《电影艺术》2000年第2期。
② 相关论述参见钟大丰《体制内的才华》,《电影艺术》2000年第1期。
③ 王瑞:《为什么要拍这部电影——〈冲天飞豹〉导演阐述》,《电影艺术》2000年第1期。

则之外的"独唱"显得湮没无闻自然缺乏商业价值,现实处境往往迫使"独唱"融入众声,成为"合唱"的一个声部。

在世纪末的全球化浪潮中,"走向世界"的焦虑同样笼罩着影视与文学。1993年元月,广播电影电视部颁布了著名的"广电字(3)号文件",迈出了电影体制改革的重要一步,规定电影制片厂可以直接向省市级发行放映公司或影院发行放映影片,把社会和经济效益作为检验电影市场的标准。尴尬的是,"终于获取了'自由'的中国电影业,却发现他们虽然临近了'金羊毛',却没有美迪亚的丝线为他们指引庞杂多端的市场迷宫"①。中影公司1995年独家专营、以分账形式引进的"十部大片"(其中七部为好莱坞电影,三部为香港成龙电影)更加衬托出了民族电影在市场竞争中的弱势地位。商业实力的悬殊更加坚定了中国导演通过参加国际电影节以赢得世界的认同的决心。张艺谋的成功使"新民俗电影"成为时尚,陈凯歌的《孩子王》《边走边唱》两度在戛纳电影节受挫,最终以《霸王别姬》折桂。应该说,《霸王别姬》已经放弃了陈凯歌热衷的本土立场与历史使命,京剧文化与性别错位的交织迎合了西方化的东方想象。戴锦华为此感叹:"如果陈凯歌/中国文化不能征服戛纳,那么不妨让戛纳/西方对东方景观的预期来征服陈凯歌吧。"②何平的《炮打双灯》"瞄准国际电影节","打算送到一个国际A级电影节参赛"③,这种初衷的限制使作品很难避开"新民俗电影"的基本套路。而黄建新拍摄都市题材片《脸对脸,背靠背》时更是怀着这样的顽强:"我就不相信中国城市电影不能被世界接受。"④第六代的"独立影片"的目标完全避开了市场,这种几乎可以视为个人行为的艺术创造把漫游国际电影节作为了主要使命。尴尬的是,张元、王小帅的影片的获奖与西方世界对中国先入为主的错误认知有着隐秘的关联。当电影成功地获得世界性反响时,作为相关艺术门类的文学自然无法无动于衷。诺贝尔奖情结或焦虑始终在折磨着中国作家的神经。文坛每一年都会为获奖者而激动,尤其是本土作家入围提名的年份。李敖《北京法源寺》借获得提名的传闻而热销就颇具喜剧性。与世界接轨的冲动使西方的文学话语被轮番操练,浪漫主义、批判现实主义、现代主义、后现代主义等历时性的审美潮流

---

① 戴锦华:《雾中风景》,北京大学出版社2000年版,第422页。
② 戴锦华:《雾中风景》,北京大学出版社2000年版,第259页。
③ 老梅、何平:《再造辉煌——何平新片瞄准国际电影节》(访谈录),《电影故事》1994年2月号。
④ 戴锦华1993年2月在西安与黄建新的谈话内容,引自《雾中风景》第363页。

在中国成了共时性的文化景观,模仿西方作家的风格似乎成了文学的惯例。以先锋文学为例,其陌生化的创新往往是对西方现代派小说的模仿,以一种翻译式的转换照猫画虎,"由衷的崇拜和热爱使得先锋作家甚至在遣词造句等最微小的小说层面都师法和模仿着他们的大师,这样就使得'马尔克斯句式'席卷整个先锋文坛,而谈玄说怪的拉美式魔幻、机械分类按图索骥的略萨式结构、情绪宣泄毫无节制的福克纳式意识流、末流相声般的海勒式黑色幽默以及吞吞吐吐不得要领的博尔赫斯式语言游戏更是搅得文坛风生水起。这些作品仿佛都经由同一位外国文学教授翻译而出,每一部作品都被其模仿'母本'的光辉照耀着。"①当先锋作家的"偶像"和卡夫卡、普鲁斯特、加缪等顶尖作家不再能够激发模仿激情时,卡尔维诺、巴塞尔姆等让人感到眼生的作家又成了20世纪90年代"陌生化"的精神导师。值得深思的是,中国作家进入诺贝尔奖视野的狭窄的桥梁却是马悦然、葛浩文等执着于译介中国文学的西方汉学家。难怪朱文、韩东在"断裂"问卷调查中会设置这样的问题:"你是否会重视汉学家对自己作品的评价,他们的观点重要吗?"②诺贝尔奖和汉学家的西方视角与中国的本土视角的冲突,往往造成了难以对话的文化误读,而这种外部误读又往往成为本土意识觉醒与自我认同的契机。张颐武、王宁等人把20世纪90年代影视与文学的国际化视为"后殖民语境"的文化表征,并张扬第三世界文化反抗的意义。③尽管论述在表层显得圆满,但不无悖谬的是,"后殖民"理论同样是对西方话语的"摹仿"与"挪用"。必须指出的是,西方话语作为外在于自我的文化参照系,至少可以成为重新认识自我的外在标杆。也正是在此意义上,全球化与本土化是一个双向互动的历史过程,两者既冲突又重合。

在题材与主题方面,影视与文学也常常是声应气求,这最为典型地表现在"历史"上。一方面是历史学无人问津的凄凉,大众对于日本的侵略史和"文革"已经感到一种普遍的隔膜;另一方面是历史成为影视和文学的"宠儿"。更为重要的是,影视和文学的热情不在于忧患地揭示历史的真相,也不是为了诠释克罗齐"一切历史都是当代史"的深刻蕴涵,而是以所谓的"新历史主义"把历史改造成文化商品。"人

---

① 吴义勤:《中国当代新潮小说论》,江苏文艺出版社1997年版,第451页。
② 《断裂:一份问卷和五十六份答卷》,《北京文学》1998年第10期。
③ 参见张颐武《后新时期中国电影:分裂的挑战》,《当代电影》1994年第5期;王宁《后殖民语境与中国当代电影》,《当代电影》1995年第5期。

们对于历史的兴趣十分有限;多数人对于修复历史真相或者阐明形而上的'历史精神'无动于衷,他们想看到的是'好玩'的历史。……历史正在成为一个抢手的文化商品;电视或者电影的轻佻风格表明,历史的权威正在另一种意义上丧失。"①消费模式对历史的篡改和虚构不仅没有强化严肃的历史意识,还以其浩大的声势遮蔽了那种饱含"良史之忧"的历史视野。真假莫辨的"戏说"正以其喜闻乐见的形式耗损着大众心目中原本脆弱的历史良知,当一些"走出象牙塔"的历史学权威成为"戏说"的"顾问"时,当"游戏历史"的《鹿鼎记》的作者成为历史学的博士生导师时,历史权威是否正在落入消费权威的圈套?《戏说慈禧》《戏说乾隆》《戏说乾隆续集》的导演范秀明这样阐述自己的导演设想:"电视连续剧一般在家庭室内播放,观众又以平民百姓为主,如果去如实表现乾隆如何凶残、霸道,很难在他们中间引起共鸣,更不要说老少咸宜。所以我们另辟蹊径,走一条喜剧加武功片的路子,把皇帝当平民来写,当传奇人物来刻画,去表现他微服私访,几下江南,侠义之肠,英姿飒飒,嬉笑怒骂皆成文章。观众果然认同了。"②"戏说"取消了创作主体表达的内容与受众寻求的内容之间的差距,这种迎合和怂恿使主人公成为观众无意识欲望投射的对象,使他们在感同身受的状态下充分享受沉浸于白日梦的乐趣,在满足对神秘帝王的好奇心的同时体会一种天马行空的权力幻想。《还珠格格》被其拥戴者贴上了"自由""个性""反抗"的标签,小燕子的弄性尚气更是赢得了众多儿童的追捧;但剧中的自由与个性却是以皇权的荫庇为前提,而所谓的"反抗"在我看来仅仅是一种怨恨:"怨恨是依赖的反面;当一个人给出了一切,他总觉得收到的回报还不足够。"③这种悖论是作为编剧的琼瑶的"怨父"主题的重复和延续,一如《烟雨濛濛》中在自尊与自卑的冲撞中形成爆发型人格的陆依萍,因遭遗弃而对父亲实施的严厉报复,而其精神内核依然是恋父,是求爱不得的消极抗议。④ 在父权制社会中,君主作为一国之父在社会大家庭里君临一切。有意思的是,琼瑶在《还珠格格》获得强烈的市场反响后,又召集原班的演员阵容出演根据《烟雨濛濛》改编的《情深深雨濛濛》。在某种意义上,戏说帝王的历史剧兜售的是奴颜婢膝的价值观。至于文学,陈忠实、李锐、李佩甫、莫言、余华、

---

① 南帆:《消费历史》,《当代作家评论》2001年第2期。
② 转引自吴迪《历史剧:两种不同的"文化文本"》,《中国电视》1995年第1期。
③ 西蒙娜·德·波伏娃:《女人是什么》,中国文联出版公司1988年版,第406页。
④ 参见拙文《台湾女性文学的父亲主题》,《晋阳学刊》1996年第1期。

阎连科、苏童、刘震云、叶兆言等作家都表现出重新解释历史的冲动。"家族"成了进入历史的隐秘通道;但《白鹿原》《旧址》和《羊的门》都试图在家族史的框架中容纳政治、文化、血缘、人性等相互交叉和并列的内涵,在呈现出被习惯遮蔽的历史的"另一面"的同时,历史的"这一面"也发生了倾斜,结果使历史呈现出破碎化、个人化、幻觉化的迷离景象。但这些作品中承载的历史忧患和文化关怀绵续着一种对真实和人性的尊重。苏童的《我的帝王生涯》和《米》有着鲜明的虚拟化倾向,这在很大程度上都只是关于历史的想象,历史的逻辑和规范被游戏所取代。刘震云的《故乡天下黄花》《故乡相处流传》和《温故一九四二》以第一人称切入历史叙述,他以戏谑的口吻面对历史中的权力法则;但是,作家"循环论"式的历史叙述在反讽与消解了历史权威的同时,留下的只是虚无主义与相对主义的文化幽灵。最具有黑色幽默色彩的是叶兆言的《一九三七年的爱情》,作品书写"感情疯子"丁问渔的近乎非理性的爱情故事,其痴情的留守使自己在日军进城前的慌乱中死于非命。尽管作者不断地让蒋介石、冯玉祥等政治要员登台亮相,但背景的真实性的强化更加映衬出作品整体的闹剧色彩。作者在书的《写在后面》中说:"一九三七年的南京不堪回首。"又说:"小说最后写成这样,始料未及,我本来想写一部纪实体小说,写一部故都南京的一九三七年的编年史,结果大大出乎意外。……写小说的人,难免本末倒置,计划写一部关于战争的小说,写到临了,却说了一个非驴非马的爱情故事。"王小波、李冯、崔子恩、李修文等作家对历史和中国古典文本进行戏仿的小说显露出另一种才情,尤其像《青铜时代》在对唐传奇的拼贴式重写中释放出一种变形的"文革"记忆;但是作家缺乏节制的戏仿只能是以一种荒唐嘲笑另一种荒唐,价值基点的缺乏使戏仿成为价值迷乱的文化表征。正如瑟罗所言:"毁弃历史,取消当代人和先辈们人生经验的社会机制是20世纪末的一种'怪诞现象'。"① 在历史与现实的错乱中,人们在消费着历史的表象的同时,既逃避了历史,也在虚幻的欲望满足中逃避着现实。"戏说"历史的"影视史学"以消费关系把历史当成可以随意打扮的小姑娘,与此相比,新历史小说负载着相对纯粹的文化内涵。小说创作的相对独立以及小说与文化市场的相对疏离,使新历史小说折射出人文知识分子在20世纪90年代的精神位移。新历史叙事对宏

---

① 瑟罗:《资本主义的未来》,中国社会科学出版社1998年版,第84页。

大叙事和史官文化的脱逃,反映出以群体为本位的启蒙意识的困境,同时也是个人在家族、历史中解除旧的灵魂枷锁寻求新的精神联系的文化见证。但是,消费的诱惑常常通过影视文化的渗透浸入文学,那些有意味的历史思索在环境的挤压中成为惨淡的星光。从改编自二月河的小说的《雍正王朝》就可见一斑,编剧刘和平说:"电视剧的叙事应该是动作与动作的连接,这个动作包括外部动作和心理动作,动作性不强,注定要丧失观众。因而小说叙事转化到电视剧中,首先考虑的就是增强它的动作性,这是基本的起码的要求。"①在从语言向动作的转换中,意义被电视场景悬搁或终止了。而影视向文学的反馈更是加剧了这种倾向。

在当下中国的语境中,与影视、文学之间的审美交流相比,消费法则对两者的贯通具有更为重要的地位。"海马影视创作中心"成立时,"海马宣言"强调:"保证质量,讲究信誉,是我们这个文化团体所遵循的信条。"②工业生产的游戏规则进入文化生产领域,市场杠杆成为文化产品的试金石。共同的商业诉求削弱了影视与文学的独立性,使它们在相互依赖中有可能成为文化产业中的分支机构,在共同的系统中分担着不同的职能,文学成为影视的"脚本工厂",影视成为文学的包装与销售机构。小说作家杨争光的长安影视公司就引入了商业制作模式,他说:"自己拍片可以避免一些投资方和制作方、剧本创作上的分歧,可以按照自己的艺术标准拍出质量好的片子来。我们现在是投资、剧本创作、拍摄制作一条龙。"③商业意志的渗透使文学出版同样呈现出流水线作业的特征,在从选题策划到宣传发行的生产流程中,创作仅仅成为一个中间环节。消费法则要求生产者必须以消费者的需求来制定生产规划,对于版税、票房和收视率的追求,迫使生产者在生产中体现群体意志,工业化的体制制约着生产者的个人性,集体力量的复合限制了个人灵感的文化空间。比如从事所谓的"电视小说"写作的海岩,写作基本上是被动的"命题式","只要不违背自己的兴趣,别人叫写什么就写什么,让三个月交稿就交稿"。《永不瞑目》获得巨大的市场成功后,有约稿方要求海岩再给写一部缉毒题材的,还要求"放一个西部开放的大背景,再加点情感戏",于是就写成了"西部+情感+缉毒"的《玉观音》。④ 作为反例,

---

① 阎玉清:《〈雍正王朝〉编剧刘和平访谈录》,《中国电视》1999年第11期。
② 参见祁述裕《市场经济下的中国文学艺术》,北京大学出版社1998年版,第36页。
③ 张英:《西北硬汉——杨争光访谈录》,《作家》1997年第5期。
④ 参见许攀《海岩与金庸:只是武器不同》,《齐鲁晚报》2001年7月6日。

"奉命而作"《紫檀木球》的苏童在接受研究者的访谈时,有这一番感想:"这个长篇写得很臭,我不愿意谈它。我的小说从根本上排斥一种历史小说的写法,而《武则天》恰恰做的就是这样一件事情,可以想象它跟我希望的那种创作状态是多么不一样,而且一开始写的时候我就想,不能虚构,武则天这么个人物不好去虚构她的。结果是吃力不讨好,命题作文不能作,作不好。"①商业成绩的刺激使适应市场需求的消费文化迅速膨胀,而"作品的价值大致与市场的大小成反比",所谓的"高级文化"成为一种违背市场规律的"没有市场的文化"②。鉴于此,好莱坞导演兼制片人福斯特深有感触地说:"对于一个导演来说,存在着需要遵循的商业原则,在我们的职业里,一次艺术的失败算不了什么,一次商业的失败则是一个判决。"③不过,在雅俗分赏的语境中,那些数量有限的、队伍稳定的、眼光挑剔的、趣味超俗的读者群的存在,依然为高雅艺术的发展保留了狭小的生存空间;但这无疑是一条布满荆棘的、寻美的险途,它要求这类风格的作品必须更加精粹,更加富于独创性。

三、离心灵越来越远

自 20 世纪 90 年代以来,受影视趣味的影响,我们的小说家们的创作越来越重视故事的吸引力,作品的情节变得越来越曲折离奇,人物关系也变得越来越波谲云诡;但是很少有作家着意地雕琢作品的语言,推敲叙述的意境与氛围,更谈不上表现人物的思想、感情、情绪和回忆的动态轨迹。由于编剧在改编小说原著时,他们只是把小说看成一堆素材,而不是把小说看成主题、人物、情感与语言无法分割的有机整体,他们重视的只是小说的题材、故事、情节和人物,而且他们的目标正是把这些成分从语言形式中剥离出来,用画面来讲述故事的来龙去脉。一些编剧甚至没有通读原著,他改编时参考的仅仅是根据小说缩写而成的故事梗概。正因为此,在影视趣味的引导下,我们的不少作家多在编故事时花费一些心思,对于如何讲述故事并不热心,因为语言叙述是时间艺术,影视的画面叙述是空间艺术。杰出的小说叙述往

---

① 林舟:《生命的摆渡》,海天出版社 1998 年版,第 79 页。
② 皮埃尔·布尔迪厄、汉斯·哈克:《自由交流》,三联书店 1996 年版,第 68 页。
③ 转引自杨剑明《论好莱坞类型电影的美学特征》,《戏剧艺术》1998 年第 1 期。

往在描写外部行动时,通过暗示性的语言裸露内心思想;在推动情节的绵延时,也多方位地揭示性格的复杂内涵;在展现社会现实时,也挖掘出被遮蔽的心理现实。遗憾的是,影视所能够表现的只能是看得见的生活,无法表现内心思想、人物性格、心理现实等"看不见的生活"。那些在表现"看不见的生活"方面有突出成就的小说,总是给影视改编带来了严峻的考验与巨大的挑战,随着这种改编的不断失败,这类小说也就被归入"不适宜改编"的行列。既然写得再复杂再深奥再意味深长的作品,在影视的视野中只剩下那些感性的、奇观的、非常的故事与素材,那么何必在别的地方浪费心神呢?于是,形式上浅显易懂的、叙述停留于故事层面的、情感上煽风点火的、主题集中于肉体(性和暴力)的影像化叙事大行其道。白先勇在给欧阳子的《秋叶》作序时,说了这样的话:"欧阳子小说中严谨的形式控制,使她的小说免除了我们中国小说的两种通病:一种是感伤主义(sentimentalism),一种是过火的戏剧性(melodrama)。"[①]白先勇所批评的中国小说的两种通病,也正是这类影像化叙事的通病。更确切地说,影像化叙事在审美情感上是滥情主义,而不是感伤主义。

综观评论界对"新写实"的评论,对于这种还原现实生活原生形态的叙事潮流,多从社会变革、审美风尚、主体定位等方面去挖掘其文化根源,认为"新写实"的出现是对"十七年"和"文革"期间变形的现实主义的反拨,是知识分子在启蒙情境幻灭之后的无奈选择,是从幻想的天国向世俗的日常生活的回归,是市场经济时代的务实风尚在文学创作中的体现,修正了先锋文学以形式游戏冲淡现实意指的倾向。这些论断固然不错,但影视趣味对小说的影响,也巩固和强化了"新写实"的客观化叙述的倾向。因为就影视的画面语言来说,它只能呈现"看得见的生活",摄像机的镜头和小说的叙述者不同,镜头是冷漠的、客观的,影视中人物的情感与内心只能通过其看得见的表情、身体语言和周围环境的氛围显示出来,它不能像小说的叙述者那样通过表达自己的好恶与喜怒,来感染小说读者的情绪,更不能像小说叙述者那样直接洞察人物幽深的内心世界。"新写实"所谓的"情感的零度介入"与"冷漠化客观化叙述"与影视剧本的写作规则不谋而合。"新写实"小说中的叙述者的视角既然只扮演着旁观者的功能,不再有立体的透视功能,它所叙述的只能是目击的平面化的场

---

① 白先勇:《蓦然回首》,文汇出版社1999年版,第139页。

景,只能发挥着类似于摄像机的功能。这让人联想到法国新小说派的代表作家罗伯－格里耶,他的作品"企图把人从世界中驱逐出去",仅仅呈现人的外部特性,表现出从物到物的"写物主义"倾向。他与意识流小说聚焦阴郁的内心世界的路向背道而驰,精确地描写清晰的物质世界,他像油画家一样,用文字素描街道风景、室内布置、像模特一样摆出固定姿势的人。罗伯－格里耶从事电影顺理成章,他那种不加评论精确描写物质世界,注重视觉效果的风格,用电影来表现可能比用小说来表现更为合适。1961年,他的第一部"电影小说"《去年在马里昂巴》由法国新浪潮导演阿兰·雷斯尼拍成电影,罗伯－格里耶写出了详细的拍摄脚本,导演基本遵照其脚本来执导。罗伯－格里耶自己编导的第一部电影则是《不朽的女人》(1963)。这两部电影前者获威尼斯电影节大奖,后者获德路克电影奖。其电影小说还有《约会的房子》(1965)、《纽约革命计划》(1970)、《欲念浮动》(1974)等。作家试图通过电影小说带给读者"一种没有任何东西能真正取代的直接感受性",甚至提供一种再现电影结构的"彻底分镜头"的努力[①],我认为根本不可能提高小说的可读性与审美力度。夹杂其间的技术性术语,以静止为主的场景,表情冷漠、反应迟缓的人物,如同平静的梦呓一样的对话,使阅读变得乏味而冗长。与罗伯－格里耶相似的还有杜拉斯,她编写了《广岛之恋》的剧本,导演了《印度之歌》等著名电影,根据其小说《情人》改编的电影也产生了广泛影响。与罗伯－格里耶不同的是,杜拉斯把小说创作的重要性摆在电影的前面,她因为小说的"枯燥乏味"而向电影寻找快乐,又因为电影的"腐朽堕落",片面追求数量和盈利而回归文学。因此,与其说"新写实"受法国自然主义小说的影响,毋宁说它更多地受法国新小说的影响,这尤其表现为:"新写实"与新小说一样,越来越臣服于影视的审美趣味。

进入20世纪90年代,"新写实"作家逐渐背离了"情感的零度介入"的叙事法则,他们的创作多有煽情的倾向。这从池莉的《来来往往》《小姐你早》《看麦娘》《有了快感你就喊》等作品中,就可以看出它们与作家前期作品的区别。作品中的主人公都经历过物质和精神双重匮乏的岁月,在面对汹涌而来的市场和欲望大潮时,都有点措手不及,在惊慌中找不到自己的位置,一些反常而滑稽的举动具有鲜明的戏

---

① 参阅克洛德·托马塞:《新小说·新电影》,天津人民出版社2003年版,第52页。

剧色彩。之所以说这些作家的作品滥情,在于作品中人物的情感都是表演出来的,他们在对白和行动中穿梭,显得夸张而做作,但我们从作品中无法感受到他们内心深处的困惑、犹疑以及欲说还休的隐衷,作品中的人物性格没有立体感、丰富性和复杂性,他们多是脸谱化的人物。刘恒笔下的张大民也不例外,其永远改不了的"贫嘴"与油滑并无本质区别。事实上,进入 90 年代中期,所谓的"新写实""新生代"作家在趣味上越来越接近,他们的叙事在日常生活的泥淖中难以自拔,叙述变得越来越琐碎;另一方面,为了避免使自己的作品变得庸常无奇,他们大都热衷于表现引人注目甚至是耸人听闻的奇闻。以"身体"为道具的欲望场景,成为众多作家吸引小说读者和影视观众的眼球的法宝。作家们习惯用过火的激情来激化拙劣的戏剧冲突,而不是通过波澜不惊的生活演绎那种不露痕迹却深入骨髓的灵魂挣扎。不少作家关注的是文本能如何吸引媒体和大众的注意力,而不在乎作品能否打动人的心灵,更谈不上提升受众的灵魂。

  在美国颇有声誉的悉德·菲尔德把电影剧本分成三幕:开端(也称为建置),对抗,结局。开端和结局各占篇幅的四分之一,对抗占篇幅的一半。剧本的主题就是其中的动作和人物,要明确人物的需求,然后对这些需求设置障碍,戏剧就是冲突,要在第一幕和第二幕的结尾设置情节点。① 国内一位剧作家写了一本《电视剧创作手册》,他认为电视剧创作的基本要领是:三分钟进戏,让人物陷入左右为难的尴尬境地,误会是一种戏剧境遇,设置悬念要达到"五分钟紧张一次"的效果,结构要环环紧扣,场面要发挥起承转合的作用,细节要小题大做,戏剧性陡转要让观众惊喜和惊叹,对白要能抓人,选择非常规题材。② 有意思的是,时下的不少小说越来越符合影视剧本近乎教条的写作规范。张欣早期的小说如《爱又如何》中尽管同样有矫揉造作的痕迹,但笼罩着一种"重拾浪漫"的玫瑰色光环。随着作家的小说不断地被改编成影视剧,其故事变得越来越离奇,也变得越来越不真实,编造的痕迹极为明显。像改编成同名电视连续剧的《浮华背后》,其反走私题材闪动着"远华案"的影子,杜党生从一个孤儿成长为一个干练的海关关长,却因为纵容儿女而沦落为死囚。杀人灭口,易容逃亡,爱着彭树的莫眉殚精竭虑地要置对方的儿子于死地,为受害的女儿复

---

① 参见悉德·菲尔德《电影剧本写作基础》,中国电影出版社 2002 年版。
② 参见姚扣根《电视剧创作手册》,云南人民出版社 2001 年版。

仇,这些过分戏剧化的情节使作品饱含着闹剧的成分。再看看改编成《曼谷雨季》的《浮世缘》。潘瑞平为了出国留学,抛弃了多年的女友落虹,想不到跟着未婚妻梦莉到泰国后,梦莉家的公司已经在亚洲金融风暴的冲击中破产,潘瑞平沦落成建筑工地的苦力。而自暴自弃的落虹给香港富豪当了二奶,最后也辗转到了泰国,与阔少亚肯萍水相逢,随后是亚肯遭到绑架,接着是落虹落入黑社会的虎穴,亚肯与瑞平联手救出了落虹,落虹回到国内一年后,亚肯死于先天性心脏病。最无聊的是其新作《泪珠儿》,看看其故事梗概:"一个遭遗弃的女孩,七岁起被做了各种整容手术,凄苦的日子与泪相伴。女孩变得多疑、沉郁、性格叛逆。她痛苦、迷惘、疯狂、堕落,被邪恶的链条越捆越紧……"离奇的偷情、弃婴、易子、杀母……这都是三流电视剧的手法。一个曾经在个人情趣中自我陶醉的作家,已经臣服于庸俗的影视和地摊趣味。迟子建的新作《零作坊》写的是一个当过二奶的离婚女人开非法屠宰场,卖灌水生猪肉的故事,通过一个私人作坊,把刑满释放犯、拾垃圾者、下岗工人、倒卖假文物者纠集在一起,使作品显得不伦不类的是:女主人公作坊前任主人——一位陶艺家的柏拉图式的情感,年轻的杨生情在杀猪场贴出文人化的诗歌向女老板表达爱慕的举动,倒卖假文物者把陶罐放到新坟里的造假手法。这些猎奇的叙述使人物成了缺乏主动性的木偶,在起伏的情节的操纵下毫无生气,在作家的支配下上天入地,人物的命运根本不可能按照其自身的性格逻辑向前发展。

先锋的转向同样是值得注意的问题。先锋从形式实验的高地撤退,是对其过度偏离传统阅读习惯的矫正,但同样不能忽略先锋主将对影视创作的热忱。余华的《活着》与《许三观卖血记》对于重复的苦难的叙述,体现了其扎实的叙事功底;但是,福贵面对接二连三地死去的亲人以及许三观对于反复卖血的态度,变得越来越麻木,甚至陷入一种强迫性重复状态,内心渐渐地丧失了悲痛的能力。在这样的情境下,作品只能在故事的表层制造紧张状态和戏剧冲突,但当事人福贵和许三观似乎与这种紧张和冲突无关。也就是说,作品中的紧张与冲突是"一种可见的紧张"①,是典型的影视化手法,通过可见的活动,将冲突人物化;但其弊病是无法将冲突内在化,无法表现人物内心世界的挣扎与灵魂深处的搏斗。在所谓的先锋作家中,频繁

---

① 约翰·霍华德·劳逊:《戏剧与电影的剧作理论与技巧》,中国电影出版社1978年版,第462页。

"触电"的北村的后期创作有着更为明显的戏剧化倾向。其早期创作中,像《施洗的河》中的刘浪从沉沦走向皈依的道路,就略显突兀。他的中篇近作《强暴》中的丈夫去嫖妓,接待他的竟然是自己的妻子,这种突兀的巧合有点像民间传奇的话本写法。《消失的人类》《公民凯恩》《被占领的卢西娜》都有类似的戏剧性。值得尊重的是,作品的主人公在向罪的渊薮堕落的过程中,常常伴随着一种自我觉醒,这也使作品具有鲜明的宗教倾向。对于神性的向往,我素来充满了敬意;但是,如何使信仰的感召显得更有说服力和感染力,而不是通过文学的虚构,戏剧化地演绎从堕落的极端走向救赎的极端,这是一个需要深入思考的问题。只有这样,外来的基督精神,才可能与我们的民族性格相互生发,补偏救弊。

在更为年轻的一代作家中,影视趣味对于小说创作的影响更加深刻,他们对于影视手法的运用,也变得更加娴熟。他们与影视之间似乎有一种天然的纽带,这当然与影视传播日益强大的力量密切相关,影视的熏陶已经在他们的成长过程中留下深深的精神胎记。李修文的小说弥漫着谷崎润一郎和村上春树笔下的残忍的阴柔,展示着一种带毒的美丽,也有日韩爱情剧的影子。《滴泪痣》演绎的"爱与死"的悲剧,将所谓的"浪漫"与"消极"的悖论推到了极致。作品中"我"与扣子、安崎杏奈与辛格、筱常月与他的前后两个丈夫之间,上演的都是灵魂与肉欲、向往与恐惧、欢悦与不幸、燃烧与毁灭、唯美与颓废的双重变奏。《捆绑上天堂》关注的依然是边缘人的爱恨情仇。在城市打工的沈囡囡爱上了身患绝症的"我",其触发动机是"我"长得很像她已经病死的弟弟。为了赚钱给弟弟治病,沈囡囡才来到城市谋生;而为了找钱给"我"治病,沈囡囡走上了偷窃的歧途。为了逃避失窃者的追踪,沈囡囡失手杀人;而为了逃避警察的追踪,跑到钟楼窗台的沈囡囡在听取警察的劝说时,她紧抓着的窗户突然脱落,坠楼而死。"我"以自杀殉情。作品中,影视的画面切换与转场手法成为结构的中枢,《滴泪痣》中抒情的心理描写被紧张的情节铺排所冲淡,那种富于张力的人物语言也被日常化的语言所取代。在激情叙事之中,作者寄寓了一种忘我的同情,它强化了情节的紧张性,这种极端美学具有强烈的审美感染力,紧紧地抓牢了读者的眼球,使他们欲罢不能。这种浪漫化的激情叙事是对一度流行的冷漠化叙事的修正。不过,"浪漫化"同样是一柄双刃剑,其中也有种种陷阱,最为典型的就是浪漫化的历史性弊病,那就是相信欲望万能的理念、矫揉造作和浮华激越的风格。

毕业于戏剧文学系的西飚,穿梭于小说与剧本之间,其小说带有明显的影视化风格,像其作品《河豚》的情节一波三折:一对男女青年阿舟和林雁前往东海上一个小岛,为了寻找阿舟祖父的旧情人埋在天香庵地下的宝藏,结果一无所获。与此同时,岛上信用社的百万巨款被盗,整个岛被封锁了起来。阿舟和林雁只得留在岛上,却又发现真正的天香庵在岛的另一边,他们又赶了去,还是一无所获。在返回的客轮上,他们却意外发现那个窃取百万巨款的家伙就在船上,于是又一轮"拼死吃河豚"的欲望追逐上演了。作品的喜剧风格,以及通过场景、人物来组织叙述的手法,作品中一环套一环的悬念,都使作品扣人心弦。但是这种情节迷宫和马原的叙事圈套一样,都有太过明显的技术化痕迹,给人一种炫技的阅读感受,缺乏审美层次和人性深度,有平面化和概念化的特征。值得注意的是,西飚对于影视趣味有着一种难得的警惕,他说:"我觉得作家在进行创作的时候不能为着电影去写小说,这样会使小说的创作路子越走越窄,小说越写越粗。影视对小说的威胁是值得重视的,那种粗糙那种影响渗透在每个角落。如果每个作家都这么去写,那么小说创作的故事会越来越简单化、平面化。我觉得每个作家都应该重视这个问题,警惕这个问题。"①

20世纪90年代中期开始火遍神州的反腐小说,其中的多数作品都被改编成影视,在黄金档期和黄金频道播映。尤其是周梅森和陆天明的作品,到了供不应求的地步。到了90年代后期,这类作品多是先写剧本,再改编成小说。作品的结构留有明显的分镜头剧本的痕迹,小说的一个场景就是电视剧的一个镜头,作家按照摄影机的角度调整和焦点变化来转换场景。而且,作家为了渲染权力斗争的惊心动魄,作品越来越模式化:腐败分子多为手握实权的高官,腐败势力多和黑恶势力盘根错节,并在公安内部安插了自己的亲信,而坚持正义的男主角总是历经磨难,一开始被上级怀疑,被家人误解,冒着生命危险,在个人生活上一律是外表铁面无情内心善解人意。更值得注意的是,不少观众指出反腐题材有"展示腐败"的倾向,对权术游戏、感官享受津津乐道,甚至在"人性"的名义下展示阴暗、邪恶的生活状态与内心世界。事实上,作者对于"内幕"的热衷,使作品成为一个表面化的故事,而且这故事讲述得越火爆,就越容易沉湎于具体的事实,使作者成为一个机械的记录员,却遮蔽了具体

---

① 罗望子等:《影视拯救了小说还是伤害了小说?》,《北京日报》2003年2月9日。

事实背后的真实本质与人性黑洞。

过分偏重形式的小说缺乏可读性,而且小说也不能完全排斥故事、人物、情节、细节等传统小说元素,因此"新写实"对先锋小说的反拨有其合理性。但是,小说也不能仅仅只有故事、人物、情节、细节,而没有氛围、性格、心理、韵味。在我看来,在好的小说家的笔下,故事、人物、情节、细节就像是漂浮在海面上的冰山,而隐藏在海面下的三分之二正是精神氛围、人物性格、心理现实和艺术感觉。

影视手法只能表现可见的世界,当它面对所有不可见的真实尤其是人物的内心世界时,只能是手足无措,而且它无法通过编剧对生活和社会的认知与观念来体现影视化的冲突。所以,改编者在改编小说时,根本无法呈现人物的思想运动的轨迹,也很难将小说中那些富有诗意的象征性语言转化成影视语言。对于影视手法的这些局限性,我们的作家似乎并没有采取扬长避短的应对措施,而是极力地迎合,使作品能够有更高的概率被改编成影视剧。作家们不断地追逐着那些具有新闻特色的奇特素材,使故事和情节变得越来越紧张离奇,使人物关系变得越来越扑朔迷离,也使气氛变得越来越让人心惊肉跳。结果是,小说作品变得越来越没有想象力,作家过度使用悬念、陡转、扑空等手法,只会使作品变得越来越虚假,剧本写作所迷信的"动作就是人物"[①]的理念,使人物在激烈的行动中变成机械的、被动的符号,其内在的性格无从展示,显得平面化、脸谱化。商业影视的类型化,与影视写作的这种天然局限有密切关联。更为重要的是,视觉艺术的表面化特征,以及影视艺术以画面语言为基本元素的审美逻辑,导致了小说家的近视,其想象力不再具有从现象深入本质的穿透力,不再能够从具体的、特殊的故事中揭示一般的、普遍的本质,不再追求表现人物性格的丰富性、复杂性与分裂性。而且,小说作为时间艺术,其结构应当张弛有致,人物塑造不能一味依靠动作,应当是动静相兼,但影视化写作对于视觉冲击力的追求,使小说叙事不再有节奏感和艺术张力。面对影视趣味对小说创作越来越强大的渗透,小说离心灵越来越远,我不得不思考这样的问题:作家们除了猎奇与煽情,还能不能通过对寻常生活的叙述,表现人物内心欲说还休的踌躇?未来的小说是不是不再关注这个世界的精神问题?如果人性和灵魂的矛盾只能通过戏剧化的

---

① 悉德·菲尔德:《电影剧本写作基础》,中国电影出版社 2002 年版,第 37 页。

冲突来表现,这究竟是艺术的真实还是美丽的谎言?是否有一天,小说只相信看得见的真实,拒绝那些看不见的世界?如果小说家仅仅是发挥摄影机的功能,那么,小说家的眼睛是否最终会被取代——发达的电子技术通过特殊设计的计算机程序或者机器人不断地复制出所谓的"小说",就像时下不断翻新的电脑游戏?

四、小说的新生或者终结

20世纪90年代以来影视的"改编"潮流和作家的"触电"热忱,共同催生了一种影像化叙事。八股文是明清两代应举的一种文体,试官规定了排偶体制,限定字数。行文必由破题、承题、起讲、入手、起股、中股、后股、束股八部分组成,因此被称为"八股",死套这种模式写出的文章便是八股文。八股文所要求的"按题命意,依注作解,答题对策",无非是用自己的嘴说官方的话,代古圣人立言,既不允许联系实际,有个人见解,更不允许指陈时弊,离经叛道。任何形式的文学创作不能信马由缰,不受任何文体规范的束缚;但是,如果写作死套文体模式,在形式上千人一面,没有任何的独创性,那么,作者的思维必然受到禁锢,其创造性受到严重的抑制,想象力必然变得苍白而贫乏。当一个小说家在创作过程中,竭力地使自己的作品适合影视改编的要求,甚至考虑着投资方的趣味,迎合受众的观赏习惯时,所谓的文体规范就变成了限制自我的囚衣,这就像穿着不合尺寸的鞋子奔跑。对于影视导演和制片人而言,他们寻找的小说脚本当然必须具有基本的影像元素,故事精彩,情节动人。对于那些在叙事过程中穿插着过多的议论和内心独白的作品,他们的职业敏感会本能地产生一种排斥心理,因为这种作品缺乏必要的视觉冲击力,不适合视听形式的审美接受,而且很难转换成画面语言。在这样的情境下,为了影视而度身定制的小说,必然放弃对小说文体的多种可能性的追求,以剧本化的艺术形式迎合影视趣味,逐渐地形成一种时髦的"影视八股"。对画面感的强调,使小说创作完全忽略了那些无法看见的世界,诸如人物的内心冲突、超越现实法则的神话世界、隐藏在故事背后的精神逻辑、历史和现实生活中的模糊状态等等。对视觉效果的片面强调,必然导致作家在创作时只表现那些看得见的、浮在事物表面的东西,遮蔽了那些内在的东西,作家的审美视野必然缺乏穿透力,他们是在用眼睛写小说,而不是全身心投入其艺术创造,其心灵与想象被表象世界所蒙蔽,自然无法自由地飞翔。小说创作的剧本化现象,给小说文体带来了不容忽视的影响,强势的商业话语正通过影视的文化渗透,不断地促动着小说文体的内在变异。

首先是语言的审美功能的退化。影像化叙事以影视的规则阉割了语言在开掘内心世界、描述思想细节、展示生活的复杂性等方面的优势,艺术语言的模糊性、多义性、弥散性被放逐,取而代之的是客观化、场景化、视觉化的语言。视听兼备的影视文化以其可感的形象性解放了人们被传统的语文传播所限制的视觉经验,但是,作为语言艺术的小说叙事的影像化处理,表明深度的想象空间正被直接的视觉感知所蚕食。那种通过调动读者的理解与感悟机制来唤起共鸣的思想,变成了直观的、表面化的思想。在影像化叙事中,传统语言艺术的时间化手法被转换成场景的堆砌,小说向分镜头剧本靠拢,频繁的空间转换使叙事缺少必要的铺垫与过渡,更主要的是人物的心理世界完全被戏剧性的动作化处理所淹没,诸如痛苦外化成哭的表情,快乐外化成笑的表情。将整体切割成块的镜头语言使叙事呈现出零散化、碎片化的特征,景物场景的诗意的、心灵化的描述被戏剧性的、概括性的背景交代所取代,关于时间、地点、天气等等的例行性的、三言两语的敷衍严重损害了景物场景的完整性和丰富性。安德烈·勒文孙说过:"在电影里,人们从形象中获得思想;在文学里,人们从思想中获得形象。"①但是,在影像化的文学作品中,那种迂回曲折的精神挣扎、似断实连的心理逻辑、入木三分的性格刻画、峰回路转的情感历程、欲说还休的生命况味消失了,人们从中无法获得思想,只能"看"到喋喋不休的"台词"、走马灯式的动作、支离破碎的人物、浮光掠影的造型和又臭又长的篇幅,这种表面化手法提供给读者的只能是残缺不全的形象。在语言与画面的夹缝中,文学的灵魂在逐渐地枯萎。

影像化叙事在很大程度上是作家对市场的让步与妥协。莫言的《红高粱》被张艺谋改造成功之后,作家与张艺谋有过几次合作的企图。"我曾经为他写过一个名为《英雄·美人·骏马》的历史剧本,还为他写过一个故事性很强、写作时就想到让他改编成电影的中篇小说《白棉花》,但都没有成功。从此我觉悟到,一个小说家不

---

① 转引自爱德华·茂莱《电影化的想象——作家和电影》,中国电影出版社1989年版,第114页。

应该跟在导演的屁股后边,他必须保持自己的独立性;也就是说,应该是导演来找小说家,不应该是小说家去迎合导演。"①莫言算得上是迷途知返,但在其20世纪90年代作品的场景处理中,被强化的画面感阻止了审美意蕴的复合性和心理刻画的纵深感,像《透明的红萝卜》中的天才式的灵感迸发、《红高粱》中赤裸裸的生命燃烧开始弱化,技术性的渲染开始增强。张欣的《伴你到黎明》被擅长都市题材的夏钢改编成电影后,她感叹道:"当然我也从中看到了自己写作的问题,那就是具体的描写信息含混,使导演难以把握分寸。毕竟我是一个生活在南方的北方人,我对南方生活的理解是否准确,还有待于进一步摸索。"②其实,语言艺术相对于视觉艺术的"含混",不仅不是缺点,还正是其优势所在。语言艺术刻意地拒绝"含混"追求"准确",是一种舍本逐末的行为。米兰·昆德拉感于影视对文学的胁迫,刻意要创作一部无法被改编的小说。这种努力是文学在影视刺激下的自我拓展和独立创造。诺贝尔文学奖得主汤姆森·富尔森·艾略特也立志于重塑文学语言,以摆脱那种在视觉艺术挤压下变质的语言模式,他最大限度地开发着文学语言在表现缥缈无形的、没有边际的、无法物化的想象世界的潜能。语言艺术重建自主性的文化选择,能够使艺术世界变得更加丰富。具有厚重的历史依托的文学经验的新变,也能对相关艺术的发展提供启示和动力。

其次,文学对影视的趋同导致了文类的混融,现在流行的所谓"电影小说"和"电视小说"便是这样的新生事物。通行的"电视小说"的概念是指发挥电视直观、形象的优势,在保留小说文学叙述手段的前提下,通过电视的屏幕造型手段将小说转化成具有声画艺术特质的"屏幕作品",并使其具有浓厚的文学氛围。③ 江苏电视台就成功地把欧·亨利的小说改编成电视小说,获得了别开生面的艺术效果,并对电视小说的概念作出了独到而明确的诠释。这样的电视小说保留了原作的风格韵味,电视在其中产生的是辅助性的媒介作用,文学规范依然占据主导地位。而作家出版社在推出"海岩电视小说书系"时,刊于每册书封套上的广告词对"电视小说"的文体价值大加褒扬:"海岩在电视与小说的结合部走出了一条自己的路子……它不是一般

---

① 转引自张芳林《感悟莫言》,《热风——文学圈》2001年第3期。
② 张欣:《关于风格》,《当代电影》1997年第4期。
③ 参见王雪梅《试论电视小说本体特征》,《中国电视》1998年第4期。

意义上的影视剧本,而是一种全新概念的电视小说。读者既可以从中领略到作者小说的原汁原味,又能欣赏到本该在电视荧屏上才能欣赏的精彩画面,可谓一举两得。"①但是,从《便衣警察》《一场风花雪月的事》《永不瞑目》《你的生命如此多情》《玉观音》等作品中,小说文体的本体特征已经成了被牺牲掉的代价。以《一场风花雪月的事》为例,一开始就是自成一段的"傍晚,大饭店咖啡厅"。对话者的名字、身份如"记者"和"提琴手"等字眼反复出现,这种琐碎、繁杂的叙事对于演员背诵台词有很大的帮助,对于文学阅读而言只会产生间离和中断效果。作品按电视的剧集划分章节,这就以视听的逻辑关系取代了阅读的逻辑关系。影视的欣赏具有共时接受的特征,而文学阅读则是历时性的接受方式,读者可以通过反复的阅读慢慢地咀嚼、回味,而海岩的电视小说的画面分割、剪辑与组合使阅读的想象空间几乎完全丧失。作品中"行动"着的角色的内心世界无从进入,过渡性叙述的缺乏使他们在语言世界中成为傀儡,支配他们行动的是一种神秘的外部力量,而不是他们的大脑和内心,因为读者从文字中得不到丝毫关于他们的大脑和内心的信息。再来看看鬼子根据莫言的《师傅越来越幽默》改编的"电影小说"《幸福时光》②,作者在"备忘录"中非常繁琐地交代了自己痛苦地写了六个故事和反复地开讨论会的过程,从中我们不难看到这种写作的反个性状态,这算得上是戴着镣铐跳舞的"影子"文学。有意思的是,作品一开头就是这样一句话:"五十来岁的丁十口是个模样像赵本山似的老头,现在,正在家里和一个胖太太相面。"仅仅从话中的肖像描写和时间确认中,就不难看见其中的尴尬:以演员作为人物的摹本表明作家想象的预设性、条件性,而贯穿始终的"现在进行时"时态在传统小说叙事中堪称禁忌。而所谓的"电影小说"和"电视小说"往往采取单一的、平面化的顺叙手法,它使作为时间艺术的小说失去了穿行于历史、现在、未来之间的自由感与纵深度。影视意识对作家观念的渗透,使 20 世纪 90 年代以来的小说叙事变得单调,顺叙手法独占鳌头,倒叙手法无人问津,插叙和补叙已被电影化的"蒙太奇"手法所取代;而 80 年代风光一时的意识流尽管也吸收了"蒙太奇"的优点,但是它对内心世界的深度表现与影视的画面呈现背道而驰,这种手法

---

① 引自海岩《一场风花雪月的事》封套广告语内容,作家出版社 2000 年版。

② 鬼子的《幸福时光》在封面上标注着"电影小说"的字眼,是漓江出版社 2001 年 1 月出版的"影视同期书"丛书中的一种,包括"电影小说""拍摄剧本"和"备忘录"三部分。丛书还包括东西根据铁凝的中篇《永远有多远》改编的同名长篇"电视小说"。

已经难见踪影。因此,把电影小说、电视小说改称电影戏剧或电视戏剧可能更恰当一些,因为小说元素在其中变得面目全非,过度的戏剧化使它们在文体上与戏剧更为接近。典型如 90 年代初期兴盛一时的"室内剧",简单的舞台化布景完全取代了具有层次感的小说场景。正如美国著名电影理论家劳逊所言:"改编者更多的是受戏剧的影响,而不是受小说的影响。他们以为影片的动作来自情节。"①但是影视对于速度的追求、对于空间的表现性的削弱、对于说话艺术的忽视等等都偏离了戏剧精神。影视对小说和戏剧的实用主义的改造带来的只是四不像的"种类混杂"②。爱德华·茂莱对"电影小说"的艺术特点作出了精彩的概括:"肤浅的性格刻画,截头去尾的场面结构,跳切式的场面转换,旨在补充银幕画面的对白,无须花上千百个字便能在一个画面里阐明其主题。"③

　　为影视写作的姿态导致了小说的文体变异,甚至导致了如米兰·昆德拉反复申述的"小说的死亡"④。但在 20 世纪 90 年代以来的小说创作中,更为普遍的则是小说在影视的渗透下潜移默化,在小说观念和叙事手法上出现了缓慢而持续的位移。杨争光的创作是典型的个案。《黑风景》《棺材铺》《赌徒》《老旦是一棵树》等作品都以其冷峻、深刻的人性剖析和文化批判,在 90 年代小说中独树一帜。更值得注意的是作家在驾驭语言方面的特殊语感,作品中的人物对话简短有力,恰到好处地表现了人物内心的紧张状态。《黑风景》中鳖娃用镢头砸死老眼时,竟产生了这样的感受:"他感到镢头砸在人头上和砸在硬土块上一样。"这种匪夷所思的语言将心理的幽暗和人性的冷漠揭示得淋漓尽致。《棺材铺》中的杨明远为了挑起事端,制造仇杀,巧妙地运用了语言的模糊性和歧义性,以安慰受害者的姿态唤醒其复仇欲望。但是,这些作品的戏剧化倾向还是非常明显,如作家所言:"我写的小说,利用了电影手法,充分地故事化、情节化。不仅有故事,有情节,而且故事情节发展得有声有色,叫读者意想不到。我写的小说最能改编成电影。"⑤但是,作家长期担任的电影厂职

---

① 约翰·霍华德·劳逊:《电影的创作过程》,中国电影出版社 1982 年版,第 243 页。
② 伊哈布·哈桑:《后现代景观中的多元论》,见王岳川、尚水编《后现代主义文化与美学》,北京大学出版社 1992 年版,第 129 页。
③ 爱德华·茂莱:《电影化的想象》,中国电影出版社 1989 年版,第 306 页。
④ 米兰·昆德拉:《小说的艺术》,三联书店 1992 年版,第 14 页。
⑤ 王兰英:《人性·命运·文化——杨争光谈小说创作》,《作家报》1993 年 9 月 11 日。

业编剧的角色渐渐地消磨着其独特的小说语感。像《流放》是从剧本改编成小说的,作者自己说这非常艰难,前后改了一年,改了四稿;而剧本《双旗镇刀客》向小说的改编一直没有成功。① 穿梭于影视与小说之间的双重角色也带来了思维的混同,发表于《收获》1999年第3、4期的长篇小说《越活越明白》是"布老虎丛书"的一种,"布老虎"的广告性评语是:为世纪末中国文坛不可多得的扛鼎之作。但我个人认为这是一部不成功的作品,也是一部典型的采取影像化叙事的作品。小说的主人公安达在经历了漫长的知青生涯后,艰难地回城当了工人,幸运地考上大学后又成了学者,然后是下海淘金,在搞清"我就不是个东西"后纵情声色。作品浓墨重彩地书写了主人公在知青时期与胖嫂的性关系、回城后出没与妻子与情人之间的三角关系、信念破灭后变换花样嫖娼的荒唐,这些情节诡谲地闪烁着商业片的叙事套路。在结构上,时间上采用顺叙,空间上在每一章节的下面设置了若干概括性的小标题,把作品切割成相对独立的单元,每一单元都是一个独立的场景,而且对话场景占据主导地位。这样的模式与分镜头剧本已经相差无几,影视的画面切换与转场手法成为结构的中枢,作家原来擅长的简约的心理描写已经销声匿迹,那种富于张力的人物语言也被日常化的语言所取代。以事件作为作品的核心使作品停留在事象的表面,无法触及生活中隐而不彰的内在逻辑,更没有描写那些复杂然而常常是同义反复的思想细节,对可见动作和表面描写的偏爱排斥了对内心状态的深入分析,从"文革"到世纪末的历史跨度与人物黯淡的个性使作品显得有点大而无当。周梅森的一系列被拍摄成影视剧的作品也是对现实生活进行摄影式的再现,以《中国制造》为例,作品由一系列的场景组合构成,每一个场景都标明时间和地点,场景之间的组接原则是时序化的线性结构,以"1998年6月23日19时 省委大院"开始,以"1998年9月23日8时 平阳市委"结束。王朔的《看上去很美》的失败也与其小说语言的台词化有很大关系,尖锐泼辣、率性而为、油腔滑调的小说语言是王朔小说获得成功的重要砝码,但《看上去很美》的叙述语言已颇有隔靴搔痒的肥皂剧语言的风范。大量地从事剧本写作的潘军的《对门·对面》就明确地借鉴了电影手法,充分的画面化使叙事时间被高度地空间化,不间断的场景的高速运行与紧密拼接,使作品的情节线索严丝

---

① 参见张英《西北硬汉——杨争光访谈录》,《作家》1997年第5期。

合缝,作者对此也不无自豪。① 但是,从另一个角度看,这样的作品缺乏丰富的、耐咀嚼的意味。小说的叙事速度必须迂回有致,给读者留出想象的空间,否则,紧锣密鼓的叙事拒绝了阅读者的审美参与,缺少枝蔓的情节拖着读者往前赶,留给读者的也都是些事件的碎片。其实,小说中那些难以言传的意味往往在一些情节和事件的缝隙中升腾起来,并且成为起承转合的胶黏剂与润滑剂。

再次,影像化叙事的流行,在某种意义上刺激着章回体的复活。章回体叙事多为线性结构,其中的一连串故事既可以独立成篇,串联在一起又具有整体性的审美效果,这种环环相扣的结构与电视连续剧的结构极为相似。金庸的武侠小说就非常适合电视剧这一载体的特点,它独特的章回体结构给剧本改编带来了很大的便利,作品的故事丰富,人物关系众多,而作为中心人物的侠客通过其行动统摄作品的整体结构,使作品显得繁复但不松散,既有贯穿性主干的凝聚力,又有枝叶纷披的扩张性,既大众化又有娱乐性,其中的一个小故事很容易就可以改编成电视连续剧中的一集,作品中出人意料的情节发展更是适应多年来观众的收视习惯。另一个值得注意的作家是二月河,其帝王小说的畅销及其改编成电视剧后的热播,与其采用的新章回体同样具有一种隐秘的关联。二月河在表现权谋之争的血腥场面时,那种近乎冷酷的老辣难免让人想到金庸的笔法,在写清初几位帝王应对潜在的政变危机和反清复明的抗争时,又善于运用传统公案小说设套解套的连环手法,使作品的悬念丛生,并使这些悬念不断地延宕,使故事越来越紧张。而且二月河擅长运用因果链结构,作品中的情节发展像推倒的多米诺骨牌一样,只要碰倒第一张,后面的骨牌就应声而倒。而且,二月河的作品和金庸作品一样,其作品的冲突并不是由最后的结局来解决,他们也不仅仅在作品的结尾处设置唯一的高潮,而是不断地有一些次要的矛盾进入高潮,一个矛盾正在酝酿和发展时,另一个矛盾已经是箭在弦上,使作品中的众多人物如棋盘上的棋子一样,各尽所能,各显神通。这种文体特点是电视连续剧最为需要的,因为多集的电视连续剧,不能将精彩的内容留到最后,每一集都必须有看点。不然,面对沉闷的开端,观众往往没有耐心挨到剧情的结束,他们很可能一集没看完就转换了电视频道。回顾二十世纪的中国小说,不少通俗文学大家都选择

---

① 参见林舟《建构心灵的形式——潘军访谈录》,《花城》2001年第1期。

了章回体,时下不断有作品被改编成电视连续剧的张恨水,其作品就运用章回体来表现现代生活,其作品取材广阔,新闻性强,追求情节的曲折起伏和故事的生动有味,注重语言的平易晓畅,注意读者的审美心理和欣赏习惯,通过扬长避短的形式改良,使章回体重新焕发了艺术生命。他在 20 至 30 年代初所写的言情小说《春明外史》《金粉世家》《啼笑因缘》,通过恋爱悲剧反映军阀统治下的黑暗现实,将言情内容与传奇色彩融为一体,在传统章回体式中掺入一些西方小说技法,吸引了各个层次的读者,风靡一时。而鸳鸯蝴蝶派作家的作品,不少选择了章回体,其作品时下的行情不断看涨,我个人预计这些作品被改编成影视的将越来越多。眼下,坊间流行的所谓"影视同期书",有不少采取了章回体形式,比如贺绪林、庞一川编剧,作家出版社出版的《关中匪事》,据此拍摄的电视连续剧共有 30 集(导演为张汉杰),而这本冒称小说的剧本也有 30 回,一回就是一集,这种形式的对应耐人寻味。还有一些"影视同期书"没有在目录中标明章回的外部形式,但其结构多为异曲同工。影像化叙事与传统章回体的结合,很可能带来章回体的复活。当然,这仅仅是本人的一种预测。不过,就历史题材作品而言,采用章回体的作家正越来越多。

  小说对影视的借鉴并非毫无可取之处。电影艺术的多时空、多线索、多视点结构对于小说的立体透视思维产生了良好的影响,小说的吸收借鉴打破了传统叙事艺术的封闭性故事结构。而电视剧尤其是连续剧却乏善可陈,其结构往往是流水账式的,对日常生活进行仿真性的再现。不幸的是,电视在传播上的优势使肥皂剧的叙事大行其道,并对小说叙事产生了强有力的改塑。林白的小说叙事在局部借鉴了一些电影手法,她自己谈到广西电影制片厂的四年工作与学习"给我以很大的启发",使她跳开了小说的线性叙述,《同心爱者不能分手》《子弹穿过苹果》在意识的流动中构造出心理化的场面。但是,这种启发与作家"心理现实主义"的写作风格有关,电影的情节化、事件化手法能够弥补小说过分虚化的不足,使其虚实相间。值得注意的是,20 世纪 90 年代小说的整体倾向不是过分的虚化,而是过分的实化。另外,线性叙述在肥皂剧中也日益成为一种定式。爱德华·茂莱阐幽入微地考察了小说与电影的关系,他很欣喜地捕捉到了乔伊斯的《尤利西斯》中的电影化手法,更为难得的是,这种借鉴还超越了电影想象的局限,电影对小说的改编遭遇到了前所未有的挑战。"把《尤利西斯》拍成电影的尝试是注定要失败的。虽然乔伊斯的小说里充满了和银幕上使用的技巧很相类似的技巧,这些技巧在书本里是用词句来完成的,或者是在语言的和理性的层次上运用,并非电影摄影机所能摄录。我们如果想了解乔伊斯笔下的人物,就必须进入——深深地进入人物的内心。电影的再现事物表象的能力是无与伦比的;然而,在需要深入人物的复杂心灵时,电影就远远不如意识流小说家施展自如了。"①茂莱认为伍尔芙和福克纳等意识流小说家对电影技巧的借鉴都是良性互动的,海明威、菲茨杰拉尔德、韦斯特和格林也富有成效,构造文字的图像而不是银幕的图像。但是,让茂莱遗憾的是,乔伊斯的创造性转化难以为继,随后的小说家的借鉴往往以牺牲小说的独立性作为代价。"1922年而后的小说史,即《尤利西斯》问世后的小说史,在很大程度上是电影化的想象在小说家头脑里发展的历史,是小说家常常怀着既爱又恨的心情努力掌握20世纪的'最生动的艺术'的历史。"②小说的完全影视化和影视的越来越小说化,艺术形式的混乱已无可避免,而对文学的考验尤为严峻。基于此,爱德华·茂莱说:"如果要使电影化的想象在小说里成为一种正面力量,就必须把它消解在本质上是文学的表现形式之中,消解在文学地'把握'生活的方式之中。换句话说,电影对小说的影响只有在这样的前提下才是有益的:即小说仍是真正的小说,而不是冒称小说的电影剧本。"③

  小说必须保持自己的本体特性,另一方面,影视的突破也必须摆脱对小说文本的寄生性。电影艺术大师爱森斯坦就是电影剧作家和电影理论家,其蒙太奇理论的影响举世瞩目。他的许多名作都是自编自导,并且通过创作来验证、发展、完善自己的电影理论,他试图将《资本论》拍成电影的努力就怀有明确的审美目标。文学只有避免成为影视的附庸,影视也只有避免生吞活剥文学资源,不以牺牲文学价值的代价来片面追求影像感,影视与文学的结盟才能相得益彰,否则,就意味着两败俱伤。因此,小说与影视只有在相对独立而不是相互吞噬的前提下,才能相互补充,相互促进,实现真正的良性循环。

---

① 爱德华·茂莱:《电影化的想象》,中国电影出版社1989年版,第140页。着重号原有。
② 爱德华·茂莱:《电影化的想象》,中国电影出版社1989年版,第5页。
③ 爱德华·茂莱:《电影化的想象》,中国电影出版社1989年版,第302页。

◎ 第十一章　当代文学评奖的文化反思

从新中国成立一直到"文革"结束,中国大陆只进行过一次文学评奖,中国人民保卫儿童全国委员会为促进儿童文艺创作,在1954年6月举办评奖。1962年,在周恩来的倡议下,《大众电影》设立了"百花奖",此外不再有其他文艺评奖。在小说领域,仅有《太阳照在桑乾河上》《暴风骤雨》分别获得苏联的"斯大林文学奖"二、三等奖,胡万春的自传体短篇小说《骨肉》(发表于《文艺月报》1956年1月号)在1957年世界青年联欢节的国际文艺竞赛中获奖。

从1978年开始,以"全国优秀短篇小说评选"为先导,全国优秀中篇小说评选、全国优秀报告文学评选、茅盾文学奖、全国中青年诗人优秀诗歌评选、全国优秀新诗(诗集)评选、全国优秀剧本评选、全国优秀儿童文学评选、全国民间文学评奖、全国少数民族文学创作奖评选等接踵而至。这些名目繁多的全国性奖项的设置,"其初衷可能是为了对抗长期来对文学界只有打击、整肃,没有鼓励、嘉奖的恶劣现象"[①]。到了20世纪年代,文学奖项越来越多,新设的具有官方色彩的全国性奖项有"五个一工程"奖(1991年设立,与文学相关的为"一本好书奖")、鲁迅文学奖(1997年设立)、国家图书奖(1993年建立,2007年被整合为中国出版政府奖),各省市作家协会也纷纷设立省级文学大奖,报刊与出版机构设立的文学奖、民间机构举办的文学奖、商业性文学奖更是遍地开花。埃斯卡尔皮认为政府主办的文学奖是一种间接资助形式,"这种办法的好处在于国家花费不多,因为奖金本身数额不大,但却能确保得奖作者的作品有很好的销路,从而有所得益"。[②] 值得注意的是,20世纪90年代以来由报刊和民间机构主办的文学评奖,通过赢得商业赞助的支持,不断提高文学评

---

① 丹晨:《关于1985—1986年中篇小说获奖作品的答问》,《当代作家评论》1995年第3期。
② 罗贝尔·埃斯卡尔皮:《文学社会学》,符锦勇译,上海译文出版社1988年版,第57页。

奖的奖金额度,《大家》红河文学奖开巨额奖金的先河,随后的《当代》文学拉力赛、华语文学传媒大奖杰出成就奖、红楼梦世界华文文学奖都以其高额奖金引起广泛关注。

好的文学评奖,必须以独立的、自由的价值评判拒绝外部干预,彰显被忽略和被遮蔽的文学价值,有效地引导作家的创作,间接调节文学生产,激浊扬清,是披沙拣金的文学经典化过程的重要环节。而坏的文学评奖,往往以追逐利益为首要目的,屈服于权势、金钱、人情的压力,指鹿为马,丧失了公信力,流毒深远。新世纪以来,围绕文学评奖的争议与日俱增,迫切需要对文学评奖的深层机制进行深入反思。

一、话语权的博弈

反观新时期以来的全国性文学评奖,感觉总是受艺术标准以外因素的影响太多,而艺术标准在政治、商业、时潮、读者舆论、宗派与圈子等种种声音的夹击下,往往成为最早被牺牲的价值。正因如此,名目繁多的评奖往往都不能坚持独立的艺术判断,使艺术标准成为其他更加强势的文学评价体系的附庸。正如王彬彬所言:"影响文学奖的非文学因素,可就太多了。……这种种'规则',首先决定着谁能当评委谁不能当评委,首先保证着谁'必须是'评委谁'绝不能'是评委;其次,才决定着谁能获奖谁不能获奖,才保证着谁'必须'获奖谁'绝不'获奖……其结果呢?其结果,就是文学奖非但在社会上毫无影响,即便在文坛上,也少有人关心。许多人听说谁获了奖,哪怕是'大奖',也像听说邻居的猫下了崽一样漠然。所以,在咱们这边,文学奖是组织者、评委和获奖者的一次自助餐。"①文学评奖过程,是权力、商业、人情等各种力量犬牙交错、相互博弈的过程。布尔迪厄在讨论"场"时谈道:"场作为各种力量所处的地位之间的客观关系的一种结构,加强并引导了这种策略,这些地位的占据者通过这些策略个别地或集体地寻找保护或提高他们的地位,并企图把最优惠的等级体系化原则加到他们自己的产品上去。"②权力与金钱是控制文学场的最重要的干

---

① 王彬彬:《文学奖与"自助餐"》,《文学报》2004年11月25日。
② 布尔迪厄:《文化资本与社会炼金术——布尔迪厄访谈录》,包亚明译,上海人民出版社1997年版,第147页。

预性力量,也是影响文学评奖的最为关键的因素。

尽管新时期文学逐渐摆脱"工具论"的笼罩,但具有官方色彩的文学评奖不能不成为政治环境的晴雨表。1981 年,由于白桦的剧本《苦恋》和据此拍摄的电影《太阳和人》引起的批评和争议,为此有关部门召开了一次全国思想战线问题座谈会,提出了"反对资产阶级自由化"的问题。在当年的短篇小说评奖中,张光年认为"1981 年短篇创作的情况是:写矛盾不深刻,有一点回避重大社会矛盾。矛盾不尖锐,影响到新人形象的塑造,就不那么生动"。魏巍在评委会上发言:"思想与艺术都应该考虑,特别是在思想战线座谈会后,更应该保证思想上健康、艺术上有一定水平。"①在1979—1980 年全国中青年诗人优秀诗歌评奖中,叶文福的《将军,不能这样做》(发表于1979 年 8 月的《诗刊》)得票最高却没有获奖。1981 年 11 月以后,不少文章予以尖锐批判,认为该诗的小序是"捕风捉影,以假乱真",为了"蛊惑人心而'胡乱编造',起了挑拨官兵关系和破坏军民关系,破坏安定团结的有害作用",诗中"歪曲我军将军的形象",是对"我们党、国家和社会的本质,进行放肆的诋毁"。② 1985—1986 年的短篇小说、中篇小说、报告文学、新诗评奖,本来应该在 1987 年秋天之前完成,但由于开展"反对资产阶级自由化",直到 1988 年 4 月才确定获奖篇目。1987—1988 年的文学评奖,由于受政治风波的影响,评奖没能按照原来方式进行。1989 年第 7 期的《小说选刊》发布了《关于举办 1987—1988 年优秀中短篇小说评奖的启事》,其中有言:"为了检阅我国小说创作成果,推荐小说佳作,中国作家协会举办过多次优秀中短篇小说评奖。为保持这项评奖的连续性,经与中国作家协会议定,此项活动将由人民日报文艺部和《小说选刊》杂志社联合部分著名企业承担。为此,我们将在近期内举办 1987 年—1988 年全国优秀中短篇小说奖。"1989 年第 10 期的《小说选刊》公布了获奖名单③。在崔道怡的"短篇小说评奖琐忆"④系列文章和洪治纲的《权

---

① 参见崔道怡《喜看百花争妍——短篇小说评奖琐忆(三)》,《小说家》1999 年第 3 期。
② 参见潘旭澜主编《新中国文学词典》,第 906 页。
③ 短篇小说获奖作品为杨咏鸣的《甜的铁,腥的铁》、雁宁的《牛贩子山道》、马烽的《葫芦沟今昔》、周大新的《小诊所》、陆文夫的《清高》、谢友鄞的《马嘶·秋诉》、朱春雨的《陪乐》、刘震云的《塔铺》、陈世旭的《马车》、柏原的《喊会》、阿成的《年关六赋》,中篇小说获奖名单为王星泉的《白马》、池莉的《烦恼人生》、方方的《风景》、刘琦的《去意徊徨》、苗长水的《冬天和夏天的区别》、谌容的《懒得离婚》、李晓的《天桥》、叶兆言的《追月楼》。
④ 连载于《小说家》1999 年第 1—4 期。

威的倾斜——对新时期以来全国历次短篇小说奖的巡回与思考》①和《回眸：灿烂与忧伤——对新时期以来全国历次中篇小说奖的回顾与思考》②中，都没有提到这次评奖，认为1987—1994年间全国中短篇小说评奖空缺。崔道怡还有这样的表述："(1987—1988)的短篇小说评奖，就该在1989年内举办。但是，由于众所周知的原因，评奖活动未能进行，而且从此休眠十年。"③他还提到《小说选刊》举办的1987年短篇小说评奖④，并评述道："这次评奖，毕竟是由《小说选刊》主办的，只选该刊所转载的作品；尽管自有特殊意义，却难以说成是中国作家协会主办全国优秀文学作品评奖的接续。"事实上，《小说选刊》同时举办了1987年中篇小说评奖⑤。《小说选刊》创刊于1980年10月，茅盾撰写的《发刊词》中有言："为评奖活动之能经常化，有必要及时推荐全国各地报刊发表的可作年评奖候选的短篇佳作。因此，《人民文学》编委会决定编辑部增办《小说选刊》月刊。"1983年10月，《小说选刊》与《人民文学》分离，独立建制。1989年12月，该刊停刊。因此，中短篇小说评奖中断的年份应该是1989—1994年，一直拖到1997年5月，第一届鲁迅文学奖才浮出水面，对1995—1996年间的中短篇小说进行评奖。再譬如茅盾文学奖，第三届读书班原计划于1989年6月7日举办，受政治风波的影响，评奖工作中止，1990年7月才再次启动，1991年3月颁奖。在这一届评奖中，五部获奖长篇和两部获得荣誉奖的作品不是现实主义题材就是历史题材，而在获奖年度内的《古船》《浮躁》《活动变人形》《金牧场》《玫瑰门》等在新时期文学中堪称经典的作品纷纷落马，这与当时的政治形势不无关系。更为有趣的是，按照常规应该三年评选一次的奖项，第四届一再拖延，直到1995年中国作协党组主要负责人更替后，才予启动，不得已将评选年度延伸为1989年至1994年，跨度为六年。⑥ 人事环境对于评奖的影响，由此可见一斑。

---

① 载于《小说家》1999年第1期。
② 载于《小说家》1999年第2期。
③ 崔道怡：《春兰秋菊留秀色 雪月风花照眼明——短篇小说评奖琐忆（四）》，《小说家》1999年第4期。
④ 获奖作品为朱春雨的《陪乐》、陆文夫的《清高》、陈世旭的《马车》、谢友鄞的《马嘶·秋诉》、林和平的《腊月》、王蒙的《来劲》、郑万隆的《古道》、刘震云的《塔铺》、杨咏鸣的《甜的铁、腥的铁》、雁宁的《牛贩子山道》。
⑤ 获奖作品为方方的《风景》、池莉的《烦恼人生》、何士光的《苦寒行》、谌容的《献上一束夜来香》。
⑥ 参见胡平《我所经历的第四届茅盾文学奖》，《小说评论》1998年第1期。

20世纪90年代以来,商业力量对于文学评奖的控制日益加强,这尤其体现在那些依靠商业赞助作为资金支持的文学评奖中。正如杨扬所言:"文学评奖在近些年慢慢在变化,它正脱离原有的推举优秀作家作品的轨道,而成为包装某些作家作品的图书推销方式。……那些'文学'奖的出资人与其说是赞助文学评奖,还不如说是借文学来投资。"①曾经有传媒集团组织文学评奖,评委的选票还没有寄出,结果却已经公布了。近几年,圈子化的诗歌评奖呈现出泛滥的势头,有些诗歌奖,评委挨个获奖之后,评奖就没有下文了,而一些网络诗歌比赛的评委居然不懂诗歌。不少投资人尤其是书商毫不掩饰地操纵评奖结果,把文学评奖当成了物美价廉的商业广告。1997年11月,"布老虎"丛书在两年的期限内用100万元的天价征集一部"金布老虎爱情小说"书稿。这次征稿共收到来稿678部,其中专业作家来稿61部,编辑部在审读后认为仅有皮皮的《比如女人》比较接近标准,其余作品均存在不同程度的偏差。② 2000年又爆出铁凝的《大浴女》获得百万大奖的传闻。趋之若鹜的作者愿意为巨奖而接受出版商的严格限制,愿意以牺牲个性为代价。有趣的是,这个悬赏的巨奖最后居然不了了之。另一方面,随着主旋律文学在商业上的成功,文学评奖被视为资本化运作的重要环节,商业资本对于重要的文学奖项尤其是官方文学奖项的渗透也呈现出日益加强的趋势。隆重加冕带来的象征资本所具有的潜在商业价值,成为推动图书销售的无形力量,根据获奖作品改编的影视也能借梯上树,获取超额的商业回报。比如张平的《抉择》原载《啄木鸟》1997年第2、3、4期,由群众出版社出版后获"五个一工程"奖、建国50周年十大献礼小说和第五届茅盾文学奖,被改编为电影《生死抉择》后更是在全国范围内产生强力震动,引发了猖狂的盗版潮流。这还带火了由作家出版社出版的《十面埋伏》,仅2000年就销出了27万册。作家出版社出版的长篇小说《中国制造》获得1999年国家图书奖、中宣部"五个一工程"奖,并被推举为"共和国五十年全国十部献礼优秀长篇小说",当年发行数也高达8万册。③文学评奖成为一种商业工具,投资人以商业经营的思维操纵文学评奖,这是市场化

---

　　① 杨扬:《文学评奖与商业炒作》,《文学报》2003年4月17日。
　　② 参见张景勇《"金布老虎爱情小说"重奖征稿已两年　大奖至今无得主》,新华社北京1999年12月25日晚报专电。
　　③ 参见李春林、秦晋《作家出版社坚持正确导向大力推进改革　成为传播先进文化的生力军》,《作家文摘》第403期,2000年10月24日。

语境中文学评奖最为值得警惕的文化蜕变。

在日益商业化的过程中，读者的口味对于文学创作的反制作用越来越大。但是，除了在《小说月报》"百花奖"等极少数奖项中，普通读者在文学评奖中的话语权不断被削弱，甚至完全丧失了发言权。从 1978 年至 1982 年的短篇小说评奖中，群众选票在评奖中起了决定性作用。1978 年全国优秀短篇小说评奖当选作品的前五篇《乔厂长上任记》《小镇上的将军》《剪辑错了的故事》《内奸》《李顺大造屋》，"它们既是得'票'最多的，又是受到评委一致赞赏的切近现实社会课题之作"。刘白羽在评议中说："《乔厂长上任记》得了那么多票，说明人民的渴望，对文学关怀而且有要求。"① 1980 年的当选作品，"大部分是得'票'最多和较多的。按得'票'顺序排列的前十二名，只有一篇没能入选。其原因，也只是考虑到对蝉联三届者应有更高的要求"②。选票代表了"人民"的愿望，这就使评奖有一种从众倾向，这在那个文学齐声合唱的年代里，也有一定的合理性。有趣的是，到了 20 世纪 90 年代后期以来，群众选票成了摆设和废纸，譬如北京举办的第二届老舍文学奖，就在不少媒体刊登了读者选票，但在新闻发布会上，组委会人士进行公开答复，承认读者选票在终评中不会起作用。群众选票从"人民的渴望"到"花瓶"的两极震荡，也折射出文学和文学评奖从广场撤退到小圈子的历史过渡。为此，80 年代的获奖作品多为当时产生重大社会影响的作品，但这种创作对于时势的屈服，缺乏独立的审美追求，大多数都只能成为速朽的时文；而鲁迅文学奖开评之后，一些作品连从事当代文学研究与批评的专家都没听说过，在获得报告文学奖的作品中，甚至有一些是被宣传的单位掏钱买版面、开研讨会的广告文学。看到这样的"帮忙"或"帮闲"文字获得了以自己名字冠名的文学奖，鲁迅还活着的话，不知有何感想？

文学评奖是不同的政治倾向、审美判断、文化趣味相互撞击的过程，评委们在求同存异的妥协中，往往牺牲了那些艺术特色最鲜明、形式探索最激进的作品，成全了那些四平八稳的、能被普遍接受的作品，因而，中庸趣味的作品往往能最终胜出。不妨来看看 1980 年短篇小说的评奖过程，冯牧认为《西望茅草地》"写得很偏激"，"消极作用大于积极作用"，主张"加上《最后一个军礼》"；草明认为《被爱情遗忘的角落》

---

① 参见崔道怡《春花秋月系相思——短篇小说评奖琐忆（一）》，《小说家》1999 年第 1 期。
② 参见崔道怡《第三个丰收年——短篇小说评奖琐忆（二）》，《小说家》1999 年第 2 期。

"强调生理本能,表现性欲冲动,会在青年人中起不好的作用";唐弢认为《被爱情遗忘的角落》"意图好,但效果不好";严文井支持《西望茅草地》;王蒙认为《被爱情遗忘的角落》"不是黄色,完全不牵涉到性不可能",认为《西望茅草地》"优点非常突出,但又存在很大缺点。选不选,我犹疑"。主持评奖的张光年(时任《人民文学》主编)在妥协中求得平衡:"民主讨论,互相补充。我吸收大家的意见,重新回到原来的立场,对《被爱情遗忘的角落》,愿把问号改成圈儿。《西望茅草地》可以加进去,但妥协的办法是把《最后一个军礼》也加进去。《空巢》如能当选,则二十、三十、四十年代的作家济济一堂,可称文坛佳话。"①崔道怡回忆:"汪曾祺的《受戒》,在评1980年度奖时,虽被某些评委心中默许,却还未敢明确而公开地指认该作理应获奖。及至评1981年度奖时,据我所知,有些评委是怀着补偿的心情,坚持要评上汪曾祺的另一篇别致佳作《大淖记事》的。"②就艺术个性而言,《受戒》显然要更加出色。但《大淖记事》的获奖也是费尽周折,草明认为它"没什么艺术性,是猎奇。……那地方妇女强悍,但性关系不好。'号长'实际上是强奸,巧云也不抵抗,舆论也不谴责。"唐弢也认为"《大淖记事》也不理想,四十年代我编刊物就发过他的东西,他学沈从文,文笔淡淡的"。葛洛也认为"《大淖记事》作为艺术品我赞赏,但其思想内容我不赞成"。幸亏有严文井和冯牧支持他,严文井认为《大淖记事》有"艺术性",即"小说的散文化、诗歌化、寓言化";冯牧认为它"独树一帜","缺的是如何进一步从思想上对其题材加以提炼。……在作家群中有这么一个,在评奖中就应该有这么一篇"。③再看看1983年的评奖,王蒙"呼吁给《除夕夜》和《旋转的世界》投票,虽不深刻,但亮色足"。邓友梅与之形成呼应:"我盲从王蒙,也投了《旋转的世界》一票,但我真不希望有更多这样的小说。"④由此可以看出,评委要坚持自己的艺术立场,绝不容易,甚至违心地支持自己不欣赏的作品。事实上,每个评委说话的分量是不一样的,有一言九鼎的,也有说话不算数的,充当一种凑数的摆设。

---

① 参见崔道怡《第三个丰收年——短篇小说评奖琐忆(二)》,《小说家》1999年第2期。
② 崔道怡:《春兰秋菊留秀色 雪月风花照眼明——短篇小说评奖琐忆(四)》,《小说家》1999年第4期。
③ 参见崔道怡《喜看百花争妍——短篇小说评奖琐忆(三)》,《小说家》1999年第3期。
④ 崔道怡:《春兰秋菊留秀色 雪月风花照眼明——短篇小说评奖琐忆(四)》,《小说家》1999年第4期。

再反思一下茅盾文学奖,第四届、第五届的评奖差强人意,总体上依然具有妥协游戏的特征。巴金一贯主张"宁缺毋滥""不照顾""不凑合",从这样的角度来说,就没必要非评上一部贴近现实生活的作品来凑数不可,这样的鼓励无异于纵容平庸。评奖条例中有言:"弘扬主旋律,提倡多样化,坚持导向性、公正性、群众性,注重鼓励关注现实生活、体现时代精神的创作,推出具有深刻思想内容和丰厚审美意蕴的长篇小说。……对于深刻反映现实生活,较好地体现时代精神和历史发展趋势,塑造社会主义新人形象的作品,尤应重点关注。"从这样的指导思想出发,我们以纯粹的艺术原则来评价茅盾文学奖,无异于缘木求鱼。按照思想优先性原则,评委会要求陈忠实以修订的承诺来换取几位评委的投票,也就变得顺理成章。《白鹿原》的责编和终审何启治在接受笔者的访谈时说:"在中国的国情之下,在关键时刻作适当的妥协,可以达到更重要的目的,而且对中国当代文学的繁荣有好处,我认为是可以接受的。不要过多去苛求或责难作者,应该说陈忠实修改《白鹿原》,比柳青修改《创业史》要好得多了。他比柳青幸运。"①我们没必要苛求陈忠实的妥协,却有必要质疑这种以"改写"为前提的评奖游戏。一种权威性奖项是对它所严格奉行的价值和审美标准的弘扬,作为一种追求完美的文学理念实在是无可非议,但如果它必须让获得这一奖项的"不完美"的作品付出"改写"自己的代价,缺乏必要的包容度,那么它就会抑制文学发展所必需的多元性和丰富性。幸好,时间才是最好的筛选者,大奖的光环既能够提升真正的好作品的艺术地位,也能够把那些"幸运者"的瑕疵反衬得更加刺目。

历届全国性评奖的落选作品中,仅就小说而言,诸如短篇中的宗璞的《鲁鲁》、汪曾祺的《受戒》、阿城的《遍地风流》、郑万隆的《老棒子酒馆》、韩少功的《归去来》、张承志的《绿夜》和《残月》、林斤澜的《溪鳗》、徐星的《无主题变奏》、苏童的《桑园留念》和《拾婴记》、余华的《十八岁出门远行》等作品,中篇中的礼平的《晚霞消失的时候》、王润滋的《鲁班的子孙》、贾平凹的《商州初录》、韩少功的《爸爸爸》、张承志的《黄泥小屋》、莫言的《透明的红萝卜》、马原的《冈底斯的诱惑》、朱文的《尖锐之秋》、苏童的《一九三四年的逃亡》、余华的《一九八六年》等作品,长篇中的《古船》《九月寓言》《玫

---

① 根据2003年9月16日笔者与何启治的访谈记录,修订稿以《用责任点燃艺术》为题发表于《文艺研究》2004年第2期。

瑰门》《在细雨中呼喊》《心灵史》《日光流年》《檀香刑》等作品,我个人以为更能经得起时间的考验。有趣的是,评委似乎总是把艺术性作为陪衬,而且故意要遮蔽那些具有鲜明艺术个性与审美冲击力的作品,使评奖显得老成持重,缺少活力。非常值得注意的是,在迄今为止的官方评奖中,先锋作家和新生代作家差不多是群体缺席,叶兆言的《追月楼》成为点缀其中的一抹亮色,尽管先锋文学也有它自身的局限性,但评奖的结果和这些作家的创作实绩实在是不相称,甚至构成一种反讽式的对比。而且,叶兆言是具有较为扎实的传统写实功底的作家。由此可以看出褊狭的现实主义趣味已经积重难返。这当然和评委组成的超稳定性以及老年评委主宰局面有密切关系,保守的成见与偏见使单一的趣味成为普遍的衡量标准,文学发展过程的丰富多彩的、生机勃勃的、多元共生的局面被熟视无睹。难怪韩东、朱文的"断裂问卷"中会设置这样一个问题:"对于茅盾文学奖、鲁迅文学奖,你是否承认它们的权威性?"黄梵说"它们的腔调是从流水线上下来的"。于坚这样回答:"谈不上承认不承认,它评它的,我写我的。事实上它们并不是为文学设立的。"徐江这样回答:"奖并没有权威性。世上最有说服力的东西在有些人眼里永远只是两种:权和钱。"①

二、为获奖而写作

有生命力的文学奖总是要倡导一种具有普遍意义的文学价值,譬如诺贝尔文学奖始终不渝地推举文学的理想主义品格,强调作家必须以永远的怀疑精神挑战权威和传统。但是,如果一种文学奖所倡导的价值定于一尊,排斥异己,甚至要求作家完全屈从于自己的标准,逼迫作家为获奖而写作。那么,其确立自己权威的代价是牺牲了文学审美创造的丰富性与复杂性,使文学生态丧失了多元互动的活力,在一体化的进程中陷入异口同声的合唱状态,以表面繁荣的情境掩盖灵魂平均化的沉寂。在中国的文学奖项中,茅盾文学奖的影响最大,对作家最具有诱惑力,其价值导向对于作家的改塑也最为典型,也确实催生了不少为获奖而写作的长篇小说。在20世纪80年代的获奖文本中,张洁的《沉重的翅膀》的经历可谓一波三折。作品在《十

---

① 《断裂:一份问卷和五十六份答卷》,《北京文学》1998年第10期。

月》1981年第4、5期连载后,产生巨大反响,批评意见也接踵而至,"当时来自上面的批评意见就多达一百四十余条,有的批评很严厉,已经上纲到'政治性错误'",编辑家韦君宜反复劝说作者进行必要的修改,"又很有耐心地亲自找胡乔木、邓力群等领导同志,为这部长篇小说做必要的解释和沟通工作"。这样,1984年人民文学出版社出版的第四次修订的《沉重的翅膀》,已经是"大改百余处、小改上千处",并以此获得了第二届茅盾文学奖。① 到了90年代,《白鹿原》为了获奖而修订则是另一个经典案例。作者在第四届茅盾文学奖评委会的要求下做了修改,对此,《白鹿原》的责任编辑和终审之一何启治说:"评委会的主要修订意见是'作品中儒家文化的体现者朱先生这个人物关于政治斗争翻鏊子的评说,以及与此有关的若干描写可能引起误解,应以适当的方式廓清。另外与表现思想主题无关的较直露的性描写应加以删改'。目前来看,删去的文字主要集中在两段,前后加起来只有两千多字,所以不存在'面目全非'。"②有意思的是,修订本当时还没有出版,陈忠实却以此获得第四届茅盾文学奖。不妨来看看陈忠实自己对"改写"的回答:"没有人直接建议我改写,我不会进行改写,那是最愚蠢的办法。我知道过去有人这么做过,但效果适得其反,而且《白鹿原》在读者心目中已经有了基本固定的印象,后面再改也很困难。"③一种权威性奖项是对它所严格奉行的价值和审美标准的弘扬无可非议,但一种审美标准如果沾染了"改写"别人的冲动,它就与文学发展所必需的宽容性和丰富性背道而驰,它与权力意志的距离就形同虚设。

对于茅盾文学奖的史诗情结,洪治纲的《无边的质疑》和王彬彬的《史诗情结的阴魂不散》都提出了尖锐的质疑。但我个人倾向于认为,茅盾文学奖不仅钟情于史诗风格的作品,而且其获奖作品大多体现出宏大叙事的旨趣。不管是历史题材的还是现实题材的,都追求大场面、大气象,强调高屋建瓴的总体把握,力求揭示历史规律与时代精神,在思维路向上强调概括和归纳,注重对必然性、最高法则、绝对真理的形象化阐释,却忽略了对复杂性和差异性的审美观照。因为一味求大,多数作品都不无理念化倾向,教化和认识价值的膨胀削弱了作品的审美感染力,对于社会意

---

① 参见何启治《文学编辑四十年》,第57页。
② 引自孙小宁《尘埃何时落定——也谈第四届茅盾文学奖》,《中国文化报》1998年2月17日。
③ 张英:《白鹿原上看风景》,《文学的力量》,民族出版社2001年,第205页。

识的敏感遮蔽了对于人性和灵魂的洞察。求大的倾向必然导致鸿篇巨制的盛行,返观历届的茅盾文学奖,系列化或多部头创作的获奖比例是惊人的。如《李自成》《黄河东流去》《平凡的世界》《金瓯缺》《战争与人》《白门柳》《茶人三部曲》,而且,《李自成》《白门柳》和《茶人三部曲》都是以"未完成"的形式参评并获奖。第六届获得读书班提名的宗璞的《东藏记》是其系列小说《野葫芦引》的第二部,熊召政的《张居正》洋洋洒洒140万字。追求规模效应是新时期长篇创作的一种发展走势,这和茅盾文学奖的倡导不无关系。20世纪90年代以来,长篇小说大都追求对历史的整体把握,对一个时代的艺术概括,对人类生存的人性反思。在"史诗性""纪念碑""传世之作"等宏伟目标的召唤下,许多作家都陷入了大而无当的尴尬。观念先行成为痼疾;情节枢纽雷同;表现形式大同小异,题材和艺术手法缺乏创新;叙事结构处理草率,文气不连贯。获得茅盾文学奖的系列化创作,几乎无一例外地越写越糟,这实在是耐人寻思的。

作家对于"系列"的偏爱显示了创作题材的狭窄和风格的过分成熟,将自己限定在一块自留地上造成了叙事情感的自恋。即使不考虑这些作品在情节、细节方面的重复,它们在故事结构、人物关系、价值判断、情感表达等方面也存在雷同化倾向,不少作品的场景、对话和结局也是如出一辙。确实,系列化创作要求风格的基本一致,但不意味着缺乏变化。在我个人看来,长篇创作的系列化倾向,在很大程度上是作家对自身的精神资源进行过度开掘的表征,也是传媒的市场化运作将写作引入机械化、规模化的结果。有些评委分析长河小说《第二十幕》之所以败给《茶人三部曲》,就是因为前者是完整的作品,写到后面已经显露出疲态,而后者以前两部参评,水平显得比较整齐。这种解释暴露了程序上的漏洞,修订前的评奖办法规定"多卷长篇小说,一般应在全书完成后参加评选,但个别艺术上已相对完整,能独立成篇的多卷本中之一卷,亦可单独进入评选",这就使系列化写作进退自如,既可以单篇作品参评,也可以未完成的整体参评。事实上,《茶人三部曲》的第三部《筑草为城》以"文革"为背景,作家在叙述时仅仅把当时的文化灾难与茶文化拼凑在一起,呈现出相互游离的状态,作品结尾写到中国茶文化博物馆的建立,这更有点狗尾续貂的意味。王火的《战争和人》的第一部《月落乌啼霜满天》就曾经被送进第三届读书班。经过修订的评奖条例中增加了这样的内容:"评选年度以前发表或出版的、经过时间考验的优秀之作,也可由有关单位慎重推荐参评,通过初选审读组筛选认同并以无记名投票方式获得评委会半数以上委员的赞同后,亦可列入评委会备选书目。"这一规定意在亡羊补牢,可也会导致这样的情况:一些作品经过反复的"修订",不断地被提交到茅盾文学奖的评奖会上,就像封建时代落榜的举子,屡败屡战,文学评奖成了赶场游戏。

茅盾文学奖的获奖作品,不仅"史诗性"的写作追求宏大气象,现实题材的作品同样热衷于表现重大矛盾冲突,进行全景式的扫描。刘心武的《钟鼓楼》是获奖作品中第一部反映城市普通市民生活的作品,但过于强烈的"问题"意识淹没了人物的个性与活力,无节制地为社会代言的热情,使作品酷似新闻报刊上一度泛滥的"大特写"。尽管取材于平民琐碎而平凡的生活,但作家的笔触依然流露出以小见大的宏愿,试图从生活和现实的一角提炼出全局性的历史感。遗憾的是,这种将小事放大的写法,使作品的叙述走马观花,缺乏深度开掘,变成了"问题"的堆积。最为关键的是,作者站在生活的外部,以居高临下的姿态表现高于生活的判断,想不到对于生活的先入为主的态度,导致了种种牵强附会、隔靴搔痒的隔膜。《抉择》就更类似于硬新闻,表现与人们切身利益密切相关的政治、经济、军事、文化等方面变动的消息,题材重大,行文较为严肃和庄重。现实题材的作品多数站在历史与现实的交汇点上,力图揭示时代精神的深层内涵。像刘玉民的《骚动之秋》就让农民企业家岳鹏程置身于矛盾的旋涡之中,表现中国农民从传统走向现代的艰难过程,过度戏剧化的冲突使人物成为观念的附庸。我一直纳闷的是,这些获奖作品的中心人物为什么总是被塑造成具有"类"的特征的符号?为什么非要让他们成为时代精神的缩影?为什么不让他们成为鲜活的、不可替代的"这一个"?通过一个人或几个人去诠释、浓缩时代精神,这不就把时代精神看得太简单了吗?时代精神从来就充满了内在的冲突,具有复杂的内涵与内在的差异性,将它定于一尊不仅会削弱其活力,这也使以表现时代精神为己任的现实主义文学呈现出雷同化趋向。这些作品并没有解决好"十七年文学"遗留下来的"大而空"的问题,在预设的框架中填充平面化的人物形象和失真的细节,在观念上也常常陷入历史决定论、目的论和道德优先论的陷阱。大多是越写越拖沓,越写越匠气,叙事节奏缺乏必要的节制和紧张,把写小说和聊天当成了一回事,在套路和模式的泥潭中难以自拔。作家王兆军有篇文章《八十年代的做大与九十年代的做小》,他认为 20 世纪 80 年代的文学力争做大,而 90 年代的文学力争做小。这个说法有点绝对化,至少在长篇创作领域,90 年代的多数作家依然痴迷于"做大"。文学作为人学,必须体现出对人的尊重,而生命个体都是卑小的,对于"小"的尊重中恰恰体现出一种大境界。而我们的作家,总是倾向于表现"类"的关怀,并以此理由漠视了"小"的权利。如此的"大"架势与"大"关怀,在某种意义上是虚构出来的,也是虚伪的,这也是他们的创作格局变得越来越小的症结所在。

综观前几届茅盾文学奖的获奖作品,几乎每届都兼顾历史题材和现实题材,但很少有作品能抵达人性与灵魂的深处。也就是说,这些作品大都重视对外部世界的概括,却忽略了对内在世界的无限可能性的开掘。"做大"并不是跑马占地,只注重架势的铺排而没有深度,更不是只注重对社会表层和外部世界的描述,忽略了对内心思想、人物性格、心理现实等"看不见的生活"的深层表现。"做小"也不是两耳不闻窗外事的封闭式的审美表现,应该从小的视点中体现具有历史深度的开阔视野。余华的《许三观卖血记》之所以落选,或许正因为其"小",篇幅不大,主人公也不是什么英雄人物,甚至揭示了人性中卑琐阴暗的一面,但作家在"小"的视点中贯注着大视野。遗憾的是这样的"大"不如大而化之的表面文章来得直观,也就常常被漠视。

三、找回失去的尊严

反思近三十年的文学评奖,批评的主要矛头都指向评奖的程序和规则的混乱。各种评奖都没有建立健全的规章制度,缺乏必要的程序公正,评奖过程具有随意性与偶然性。在选择评委时,几乎没有哪个评奖能够始终如一地贯彻回避机制。譬如 20 世纪 80 年代的短篇小说评奖,冰心的《空巢》(冰心曾表示不要选她),王蒙的《悠悠寸草心》《春之声》都在作者担任评委的年度获奖。鲁迅文学奖之所以没有确立自己的权威性,首先是评奖程序和评奖规则本身就不稳定。在奖项设置上,中国作家协会在设立这一奖项时,其规划包括两年评选一次的单项奖和四年评选一次的"鲁迅文学大奖",结果"鲁迅文学大奖"不了了之,而第五届又增设青年作家奖。在评奖的时间范围上,第一届为 1995—1996 年,第二届为 1997—2000 年,第三届为 2001—2003 年,第四届为 2004—2006 年,评奖年限居然有两年、三年、四年等三种,可谓变动不已。在评奖规则上,第一届各种单项奖实行包干制,分别承包给中国作家协会直属的《人民文学》《小说选刊》《中国作家》《文艺报》等报刊,主评报刊对于评奖结果具有操纵作用,加上获奖数量泛滥,仅报告文学就有15篇获奖作品,其公正性说得上是一败涂地。回避机制不健全则是争议的焦点,譬如在第二届鲁迅文学奖评审中,铁凝是短篇小说评选的主任,其《永远有多远》获得中篇小说奖,这篇作品写得比较生动和用心,但就程序合法的角度而言,铁凝应该回避;在第三届鲁迅文学奖中,陈超是诗歌奖的评委,却获得优秀理论、评论奖;而2007年举办的第四届评奖更是有四名终评评委最终获奖,虽然获奖评委参评的是其他奖项,但其程序漏洞造成的公正性问题,却是无法回避的事实。在评奖的透明度上,如果说是暗箱操作失之偏颇的话,那么,说这些评奖是灰箱操作应该不算过分。要是没有那些评奖的见证人在回忆文章中披露一些内幕,公众根本无从知道评奖的过程与细节,只能通过评奖的结果去猜测和揣摩过程中的种种冲突与妥协。问题在于,历次的评奖结果总会有沧海遗珠和鱼目混珠的遗憾,半明半暗的灰色状态就更容易引发舆论的质疑,这样的评奖不可能体现程序公正,而程序的错乱也必然无法实现实质正义。

近年,对于"茅盾文学奖"的批评多了起来。这当然是一种进步,是文化环境日渐宽松的精神表征,批评的舆论监督也有利于克服评奖的局限性。第五届的评委有一半多是新聘任的,平均年龄也有所降低;第六届茅盾文学奖开始吸纳北京以外的评委,这些改进都是值得肯定的。但是,对于"茅盾文学奖",多数的评说者都不敢对它寄寓太高的期望。圈内人士把种种不合理视为常态,吴秉杰连续参加了几届初选,并当选第五届评委,他在《评奖的偶然性》中认为:"倘若获奖的作品中有你心目中的出类拔萃的好作品(不是全部),还有的作品也是你所认为的中上水平之作,你就不用抱怨了。"①这似乎暗合了管理学中经常提到的墨菲定律——美国一位名叫墨菲的空军上尉工程师,认为他的某位同事是个倒霉蛋,不经意说了句笑话:"如果一件事情有可能被弄糟,让他去做就一定会弄糟。"这句话迅速流传,并演变成著名的墨菲定律——如果坏事有可能发生,不管这种可能性多么小,它总会发生,并引起更大可能的损失。人类不可能不犯错误,可悲的是在意识到错误的可能性后,仍然没

---

① 吴秉杰:《评奖的偶然性》,《钟山》2001年第2期。

有程序上的防范，没有采取多种保险措施，防止偶然发生的人为失误导致灾难和损失。茅盾文学奖饱受诟病的是其经过一名评委提议、两名评委附议就可以随时增加候选篇目的规则，《第二个太阳》《骚动之秋》《英雄时代》的获奖都得益于这一条款。刘白羽的《第二个太阳》获得茅盾文学奖，也是在作者担任评委的年度，尽管作者在评选自己的作品时采取了回避态度①，但这种回避实在是暧昧的。有趣的是，评奖规则始终保持这一条款，意在避免遗珠之憾。事实上，这一条款成了劣币驱逐良币的特殊通道，也使读书班的努力受到深深的嘲弄，更是使终评委的权力缺乏必要的约束与监督。我个人认为，终评时要增加候选篇目，至少应该得到一半以上评委的附议，否则，只会给种种私愿大开方便之门。每次评奖之前，圈内人士和众多媒体似乎都对即将公布的结果心存疑虑，甚至会觉得真正公平的结果反而是不正常的。在这样的氛围下，评委在种种压力下勉为其难地走钢丝，茅盾文学奖就很难真正地确立其权威性。在第六届评奖过程中，《羊的门》和《沧浪之水》的"主动"退出，柳建伟的《英雄时代》、周梅森的《绝对权力》、关仁山的《天高地厚》、马晓丽的《楚河汉界》、吕雷和赵洪合作的《大江沉重》、潘婧的《抒情年代》等6部作品由三名或三名以上的评委联名推荐，被增补列入备选作品名单，这都使其公信力遭到质疑。更为有趣的是，一次评奖的悬念居然可以一拖再拖，拖了一年多还没公布结果，这样的难产实在是耐人寻思。评奖年度外的《马桥词典》也被联名推荐，它和入围读书班初选名单的王蒙的《活动变人形》、周大新的《第二十幕》、阎连科的《日光流年》一起，被提交评委会进行投票表决，均未获得半数以上的票选。按《条例》规定，非评奖年度内的作品参评，必须获得二分之一以上评委同意，方可获得参评资格。为了确保公平起见，这一条例和三名或三名以上评委联名推荐可以增补候选篇目的条款，都应当废止。徐林正在《茅盾文学奖背后的矛盾》一文中介绍，评委会的阅读量大大低于读书班，即使是经过大幅度年轻化的第五届评委，评奖办公室的负责人也承认，有一半的评委阅读"读书班"推荐的25部作品都有困难。②白烨在《评文学评选与评奖》③中认为，要真正改变茅盾文学奖的现状，只能采取这样的办法："作协在评委中淡出，代之以茅

---

① 参见顾骧《我所知道的中国茅盾文学奖》，《中华读书报》1997年8月20日。
② 《陕西日报》2000年6月23日。
③ 白烨选编《2000中国年度文坛纪事》，漓江出版社2001年版。

盾文学奖基金会作为主办单位,以民间的方式予以运作,以年富力强的评论家、研究家、编辑家为主组成评委会。"其实这并非问题的关键所在,如果没有程序上的完善与监督,民间的评奖同样无法免俗,引起巨大争议的"长江读书奖"就是前车之鉴。

在中国当前的国情下,要求文学评奖完全站在艺术至上的立场上,这是不现实的。官方奖项要求获奖作品必须贯彻"二为方向""双百方针"等主旋律法则,追求"思想性与艺术性的统一",这种或浓或淡的意识形态色彩几乎是难以避免的。正如邵燕君所言,这类评奖"只能是在'历史的限制'中的'现实的选择'"[①]。而那些具有商业背景的文学评奖,要一边看投资人的脸色一边寻求评判的独立,也只能是在夹缝中鼠首两端。一些民间的文学评奖以为权威性来自于高额奖金的诱惑力,这实在是大错特错。法国的龚古尔文学奖的奖金才50法郎,在新世纪欧洲实行欧元货币制之后改为10欧元,但它依靠长期不懈的努力建立起来的权威性却得到了普遍性认同。因此,文学评奖要找回失去的尊严,必须坚守自己的独立品格,拒绝把评奖当成追逐现实功利的工具。捍卫文学尊严的文学评奖都具有共同的特性:其一,文学评奖要确立文学的尊严,重要的前提是要独立于权力与金钱的压力之外。具有理想品格的文学奖项,必须长期捍卫爱与美的普适性价值,发现苦难中人性的闪光,反抗冷漠与奴役,尊重个体的自由权利。其二,公正的评奖一定要有完善的评奖规则,规则制定后不能轻易更改,在评奖的程序上要做到公开透明,将参评对象的要求、评委的遴选范围、评奖的价值标准、评审的具体过程、得票情况都公之于众,接受舆论的监督,而不是只公布评审结果。其三,建立严格的回避机制,避免人情因素的干扰。诺贝尔文学奖一共有7位瑞典作家获奖,为此而饱受质疑,但1974年两位瑞典作家的获奖成为最后一次自家人的"关门作业",从此本国人士绝迹,只能问鼎地域性的北欧文学奖,诺贝尔文学奖的地域色彩为此而淡化,巩固了奖项的权威性。其四,必须有长期规划,不能随意改期,甚至像冯牧文学奖和爱文文学奖一样昙花一现,莫名其妙地中断或停办,无法确保其规范性、连续性和稳定性。诺贝尔文学奖之所以举世瞩目,很大程度上来自于其周而复始的坚持,除了1914、1918、1940—1943年因为两次世界大战和1935年没有达成决议没能颁奖外,从未中断。

---

① 邵燕君:《倾斜的文学场》,江苏人民出版社2003年版,第209页。

对于文学创作而言，要确立自己的尊严，必须拒绝为获奖而写作，不管是为诺贝尔文学奖还是为茅盾文学奖而写作，都注定只能成为失去主体性的傀儡。被奖项所控制，意味着以事先规定的程式限制了自己的创作自由，作家的灵魂和文学的灵魂都只能在戴着镣铐的舞蹈中逐渐枯萎，使文学观念机械化、艺术形式八股化。正如康德所说："属于天才本身的领域是想象力，因为它是创造性的，并且比别的能力更少受到规则的强制，却正因此而更有独创性。"[①]独立、自由、创造是文学创作的生命，失去了这些，再重要的奖项都无法抵挡时间的无情淘洗，而像托尔斯泰、卡夫卡、乔伊斯、哈代、博尔赫斯、易卜生、普鲁斯特、契诃夫、里尔克、高尔基、左拉、瓦雷里、布莱希特、斯特林堡、曼杰什坦姆、阿赫玛托娃等被诺贝尔文学奖遗漏的大师，其作品依然历久弥新，因为它们是此前从未有过的东西，能从人的内心唤醒那些一直沉睡的审美冲动，就像一束精神的强光照亮被长期遮蔽的漆黑的心灵世界。正如卡尔维诺所说："经典是每次重读都像初读那样带来发现的书。……即使我们初读也好像是在重温的书。"[②]而一些速朽的获奖作品带给我们的却是：即使我们初读也好像是似曾相识，而每次重读都是一次精神折磨。这类写作注定为获奖而生，也为获奖而死。

[①] 康德：《实用人类学》，邓晓芒译，上海人民出版社 2002 年版，第 125 页。
[②] 卡尔维诺：《为什么读经典？》，黄灿然译，译林出版社 2006 年版，第 3—4 页。

◎ 第十二章　传媒趣味与文学症候

文学与所处时代的社会结构、文化语境、精神气候息息相关。正如丹纳在《艺术哲学》中所分析的那样,物质文学与精神文明的性质面貌都取决于种族、环境、时代三大因素。他又以每种植物只能在适当的天时地利中生长为例,说明每种艺术的品种和流派只能在特殊的精神气候中产生。在艺术品产生过程中,特定时代的社会风气、社会精神、群众思想和审美趋向等,影响很大,丹纳认为"时代的趋向始终占着统治地位",时代"不是压制艺术家,就是逼他改弦易辙"。[①] 正因如此,每个时代的文学文本就不可能呈现为一种封闭的话语范式。在文体学的视野中,"时代文体"是一个极其重要的概念,它在特定时代中占主导地位,是最能反映该时代的艺术精神结构的文体,是为一个时代造影的精神标本。因为艺术风格只有应时而变,才能成功地表现其时代的生活理想、感觉方式以及人与世界之关系的变化。20 世纪 90 年代以来媒体文化的繁荣,媒体趣味对于文学创作的深层渗透,必然导致文学生产的审美转型与结构调整。为了迎合媒体的口味,90 年代以来的文学在文体上与消息、通讯等新闻文体越来越接近,文学创作成了信息社会的文学消息;另一方面,媒体传播的新闻多有雷同倾向,要闻版面上采用的多是国内外著名通讯社采写的新闻通稿,这种行规对于文坛的熏染,使批量化写作日渐流行,缺少原创性的文学文本成了底本隐匿的备份,抄袭、自我重复,以经典文本或其他形式文本为前文本的超文性写作泛滥成灾。就像不断刷新的新闻一样,昨天的消息转眼就成了旧闻,而新闻化的文学写作的蔓延,也使今日文学患上了健忘症。

---

① 丹纳:《艺术哲学》,人民文学出版社 1982 年版,第 75 页。

一、信息化写作

　　文学的新闻化倾向,在滥觞于20世纪80年代末期的"新写实"小说中便初露端倪。像池莉的《烦恼人生》和刘震云的《一地鸡毛》,纤毫毕现的自然主义笔法和叙述人的旁观视角赋予作品以一种煞有介事的客观性,这和将客观性与公正性视为生命的新闻文体在表象层次上不谋而合。而且,"新写实"对于灰色人生的显微式的凸现手法,和新闻特写所擅长的"放大"与"再现"技法如出一辙。有趣的是,刘震云在1993年推出了中篇《新闻》,标题与正文相得益彰。"新写实"所传递的信息不是那种能够载入史册的具有历史意义的事件,而是平淡无奇、无关紧要的家长里短。这种事件恰恰是90年代以后纷纷创办的都市晚报所关注的话题,弗兰克·埃夫拉尔将这种事件称为"杂闻",并认为:"实际上,杂闻的本质是被传播,供千百万市民看、闻、读。出自家庭或私人范畴的某一事件、态度或行为却能跻身报刊文章的行列,对此该如何解释?选择某一事件使其转变为报刊故事的标准取决于事件本身:极为罕见或是新兴事物(第一位'代孕母亲')以及与之相反的老调重弹(穆斯林的面纱),临近规则(特别是一些地区报刊,它们尤为关注某一区域发生的事件),'当事人'的特点(显赫的地位、年龄等等),总之,能够产生某种影响的诸多因素均可视为选择标准。"[①]

　　把"新写实"的新闻化倾向往前推进的是《北京文学》所倡导的"新体验小说"。"新体验"以追求现时性、亲历性和主观性为鹄的,但就其创作实践而言,作家过分地拘泥于现实生活状态,捆绑住了想象的翅膀。曾经风靡大江南北的"留学生文学"同样具有"新闻"或"纪实"的品格。"新都市小说"或"新市民小说"为信息化写作提供了更为广阔的舞台,令人眼花缭乱的都市使作家顺手拈来便是题材,对效率的追寻致使他们无法潜心地提炼和沉淀,对市场的迁就也逼迫他们保留素材鲜活、粗糙和趣味的一面。因而"新都市"的纪实性与新闻性既蕴含着作家的几分刻意,又渗透着几分无奈。

[①] 弗兰克·埃夫拉尔:《杂闻与文学》,天津人民出版社2003年版,第1页。

如果说"新写实""新体验"与"新都市"关注平凡人生和世俗百态的作品借鉴了"软新闻"的笔法,那么,反腐小说则容纳了"硬新闻"的某些文体要素。在新闻学的定义中,软新闻是与人们当前的切身利益并无直接关系,仅供一般了解或消遣之用的奇闻趣事之类的消息,它取材于社会生活、日常生活中的新鲜事件,人情味浓,写法轻松,绘声绘色,可读性强;硬新闻是指与人们切身利益密切相关的政治、经济、军事、文化等方面的消息,题材重大,行文较为严肃和庄重。周梅森、陆天明、张平等人的"反腐小说",热切关注社会政治的敏感点和大众心理的兴奋点;但有的作品打着"反腐"的旗帜,其实却远离生活,更有甚者,是在那里诲淫诲盗。周梅森的"电视小说",从《人间正道》《中国制造》《绝对权力》到《至高利益》《国家公诉》《我主沉浮》,每一部都产生了广泛的社会反响。其作品与其说是反腐小说,毋宁说是官场小说。小说确实没有写成"一抹黑",给人"洪洞县里无好人"的印象,塑造的人物性格也具有一定程度的复杂性与丰富性;但其创作也越来越模式化,作品中的人物基本上被划分成两个阵营,清官如齐全盛、计夫顺、叶子菁等,贪官如赵芬芳、陈仲成、王长恭等,演绎着势不两立的正邪斗法。小说的情节演进形成了一种基本套路:矛盾激化—正义一方陷入困境—峰回路转—正义一方获得胜利。问题在于,一种模式被反复运用,不能不变得机械,缺乏活力。而且,作品中情节的陡转不无巧合的痕迹,关键的证人要么失而复得,要么起死回生,而作家对正义力量的理解似乎依然没有摆脱清官意识的窠臼,作品结尾的柳暗花明,以及抒情的笔墨,都显得有些草率,而且千篇一律,缺乏变化与创意。至于周梅森引以为豪的"《国家公诉》里连亲嘴都没有,拥抱也才两次",似乎并不构成好作品的充要条件。《至高利益》中的陈仲成竟然把自己的第二任妻子奉送给赵启功,又与赵娟娟声色犬马,还大搞色情游戏。也就是说,亲几次嘴和作品的思想艺术水平并不构成反比关系,也不能以道学家的立场排斥作品中所写的性描写。关键要看这种描写对于塑造人物性格,提高艺术表现力是否必要,如果不必要,哪怕一次拥抱也嫌多。

不容忽视的是,20世纪90年代以来以记者为职业的作家头角峥嵘,让人另眼相看。皮埃尔·布尔迪厄有言:"艺术、文学、科学,这些自主性领域反对商业法则,而今天主要是报刊将这些商业法则强加给这些领域。这种统治从根本上说是致命的,因为它有利于直接听命于商业需求的产品和生产者,正如维特根斯坦所说的'记者型哲学家'"。①我个人认为"记者型作家"同样容易听命于商业法则。刘震云、邱华栋、东西、何申、刘庆邦、须一瓜等都有供职于报社的经历,都有过采访报道的工作历练。而像邓一光一样由记者转为专业作家或由记者转为文学编辑的同样不在少数,若算上那些从事过文学编辑工作和有过基层报道经验的小说作家,这支队伍真可谓蔚为壮观。屯驻于信息的集散地,身为记者的作家得天独厚,在题材的新颖性和视野的宽广度上都胜人一筹,而对各式新闻文体的烂熟也使他们的小说不由自主地濡染上新闻性。

邱华栋在其长篇小说《城市战车》的《代后记》中说:"在一个传媒时代里,小说应该是什么样子的?我以为,更多的信息已是好小说的重要特征。信息量一定要大,否则一部分小说将很快被信息垃圾淹没。"②这种追求使其作品具有明显的文体特征,那就是小说的信息化。这就使小说的审美性让位于信息传输功能,成了一种与其他新闻文体争锋的准新闻文体。记者的职业身份使作家置身于信息的旋涡,光怪陆离的信息撞击出支离破碎的灵感火花。小说集《都市新人类》中的篇章具有不容置疑的"特写"色彩,意味深长的是,作家根据相同素材写出了一本特写集《城市的面具——新人类的部族与肖像》。作家堆砌信息的写作模式决定了作家必须以滚烫的激情之流来聚合这些五花八门的信息,一旦激情之链出现松弛迹象,作品尤其是长篇各部分便呈现出相互游离的板块状态。

须一瓜是《厦门晚报》的记者,"白天写尾条新闻,晚上写头条小说",她在接受采访时说:"在我看来,新闻是外向的,文学作品是内向的,新闻用眼睛写作,文学用心写作。新闻的好稿可能只是发现'新现象',小说的好稿却要体现本质、发现内核。语言是服务于表达的。表达什么决定了你使用什么语言。如果新闻语言像拍摄,小说语言可能更像是暗房、后期制作。"③但是,她的创作还是有明显的信息化的痕迹,《淡绿色的月亮》的素材就来自于她对一起抢劫案的采访。而《蛇宫》《04:22,谁打出了电话》《海瓜子,薄壳儿的海瓜子》《穿过欲望的洒水车》《毛毛雨飘在没有记忆的地方》《鸽子飞翔在眼睛深处》等新作,尽管多被刊登在重要期刊的头条,但模式化痕迹

---

① 皮埃尔·布尔迪厄、汉斯·哈克:《自由交流》,三联书店1996年版,第18页。
② 邱华栋:《信息化的想象(代后记)》,《城市战车》,作家出版社1997年版,第287页。
③ 刘炜茗:《须一瓜:我希望小说像把手术刀》,《南方都市报》2004年4月18日。

越来越明显,采用的多是出人意料的奇闻叙事,而结尾也擅长运用陡转手法,缺乏真实性。

《收获》2004年第1期用82页的篇幅刊登了张欣的小说《深喉》,因涉及广州报业竞争,发表后引起了媒体的普遍关注,名字的见报率骤然飞升,也带火了《收获》杂志在广州的零售几乎卖断了货。以重大新闻事件作为背景切入小说,对于相信"生活远远精彩于小说"的张欣而言,已经不是首次,此前以广州电视台女主持人陈旭然被害案为背景创作的《沉星档案》和以远华案为创作由头的《浮华背后》,都被改编成电视连续剧,使作家名利双收。作家究竟是在抄袭新闻还是在影射生活?尽管这些作品中都包含着冤案、腐败、爱情、欲望等戏剧性因素,情节曲折离奇,但我个人认为它们确实不如生活本身精彩,这些表面化的艺术手段不仅没有让我们倾听到事件背后更深层次的声音,而且极尽煽情之能事,进行猎奇的演绎,迎合大众的猎奇与窥隐冲动,在寻求感官与心理刺激的文化消费中冲淡了事件本身的悲剧意义。

20世纪90年代以来的信息化写作与媒体时代的文化语境密切相关。作家们对于现代传媒的运作方式日益熟稔,他们能够巧妙地利用传媒来谋求广阔的生存空间。信息化写作意味着文学的生产与传播被逐渐纳入新闻的生产与传播体系,文学在艺术上的独立性逐渐弱化,成为文化工业的产物。媒体时代对于速度和数量的强调,使奉独创性和经典性为圭臬的文学观念凋零为明日黄花。作家为了讨好媒体只好被迫高产,于是,快餐化、泡沫化、批量化和平面化就成为信息化写作的先天性残缺。当作家与媒体在磨合中形成共谋关系时,作家在传播方面的自由就只能以服从控制为代价。

就表象而言,信息化写作顺应了现代人对真实的日益迫切的渴求。世界急剧变化的背后,仍然掩藏着许多陈陈相因的精神秩序和集体无意识。当小说主体沉醉于浮光掠影的捕猎时,他们就很容易远离责任和义务,掩蔽现实真相。"大众传媒的精神是与至少欧洲所认识的那种文化的精神相悖的:文化建立在个人基础上,传媒则导致同一性;文化阐明事物的复杂性,传媒则把事物简单化;文化只是一个长长的疑问,传媒则对一切都有一个迅速的答复;文化是记忆的守卫,传播媒介是新闻的猎人。"①这样,在追寻真实的幌子下就暗藏着一股逃避真实的精神潜流。社会的发展并非都是日行千里的断裂,其中有持续中的变化,也有变化中的持续。真正主导一个民族和一个时代的发展大势的,往往是那些潜隐于社会机体深处的稳定性力量。因此,对摆脱旧影的过分急切的心情往往会把自己推向"瞒"和"骗"的精神逃路。只有直面惨淡人生的冷峻才能从怪诞离奇中洞见古貌古心,才能从平淡无奇中显示真知灼见。而且,小说的新闻化如果沿着堆砌物象的道路愈走愈远,物对人的最终取代就绝非耸人听闻。心灵不在场的"真实"能称得上是货真价实的真实吗?作家与现实之间如果一直保持松弛的、相互妥协的关系,主体的心灵迟早会被现实所鲸吞。没有了与现实之间的紧张状态,没有了与现实之间的审视距离,作家的心智就容易被蒙蔽,他的精神就容易变得麻木,能够唤醒他逐渐钝化的感觉的就只能是刺激而非真实。没有主体性的光照就没有经得起考验的真实。信息化写作作为一种文体现象可能会日益显耀,然而,如果拒绝承担与真实孪生的苦难和良知,它就只能不断地蒸腾出过眼烟云,而与杰作和经典无缘。

二、备份式写作

本雅明在《机械复制时代的艺术作品》(1936年)中指出复制或"可复制性"内含于艺术作品的本质和它的历史之中。19世纪末20世纪初,人们掌握了复制声音和现实形象的技术——录音和电影,机械复制第一次获得了独立于自然和现实,独立于艺术品"原作"的价值。机械复制使复制品脱离了自然和传统的范畴,并在大众观赏和私人环境中赋予复制品以新的生命。在机械复制中,本真性(Authentity)概念被逼入绝境,本真性指艺术品"原作"的独特性,本雅明把它定义为"在艺术作品碰巧出现的地方的独一无二的存在"。但他指出,机械复制把艺术作品从对仪式的依赖性中解放出来,这就使艺术品由少数人欣赏变为多数人欣赏,这在文化上具有革命和解放的意义,给无产阶级文化带来了新的广阔天地。② 这种论调招来霍克海默和

---

① 安·德·戈德马尔:《小说是让人发现事物的模糊性——昆德拉访谈录(1984年2月)》,乔·艾略特等著《小说的艺术》,社会科学文献出版社1999年版,第83页。

② 参见瓦尔特·本亚明《机械复制时代的艺术作品》,胡经之等编《西方二十世纪文论选》第四卷,中国社会科学出版社1989年版,第264—272页。

阿多诺的批评,他们在《启蒙辩证法》一书中首先提出"文化工业"(Culture Industry)的概念,指的是用工业生产方式来生产文化产品。资本和技术对文化领域的联袂侵入,造成了文化的质变,使文化从一个人类的创造性的审美活动所创造的成果变成一个工业机械生产的东西,这就取消了文化的内在本质——内在的一次性的不可替代的性质,文化艺术品的"光晕"(即一次性存在)被取消了。"文化工业只承认效益,它破坏了文艺作品的反叛性,而从属于代替作品的格式。它使整体和部分都同样地从属于格式。整体与细节严格地对立和没有联系,就像一个成绩卓著、飞黄腾达的人,他把一切都看成自己的图像和证明,而实际上这些只不过是愚蠢事迹的记录"。①

波德里亚认为缺乏原创性的文化艺术生产是一种"备份",他说:"建立在产品稀缺之基础上的艺术投机宣告终结了。由于其'无限倍备份',艺术也被浸泡在工业时代之中(有可能这些备份,由于它们的发行量还是有限的,立刻又差不多在各地变成了黑市投机物品:这是生产者和策划者的狡黠)。"②他对于备份式的精神生产还进行了这样的分析:"它们再也不是作为**作品**和意义载体、作为**开放的**含义而与其他成品相对立,它们自己也变成了成品,并进入了那一批、一堆普通公民赖以确定自己'社会文化'地位的附件的行列。"③"备份"和"附件"都是与电脑相关的术语。备份式写作的繁荣,内在地由作家被信息时代催生的日益发达的模仿能力所决定,而外在地由技术的可行性决定,亦即逐渐普及的电脑写作使之如虎添翼。备份式写作以一种复制的众多性取代了创作的独一无二性,使"原作"的意义变得无足轻重,艺术原作的实实在在的绵延被打断。备份式写作可以视为文化工业的一种生产方式,它打破了传统审美规范的诸多禁忌,追求标准化、无个性、程式化,它使陌生的创新变为庸俗的成规。它是大众消费文化对高雅文化的步步为营的侵吞和兼并,是通俗文学与严肃文学的混融和合谋。它体现出他律的商业化倾向,助长消费享乐主义的虚假意识形态,强化大众商业社会文化霸权的功能。

媒体时代的文学在存在形态上今非昔比,它不再仅仅是一种抽象的意识形式,技术的入侵使它成为一种被技术手段物质化了的交往方式,成为一种传播媒介。尼

---

① 马克斯·霍克海默、特奥多·威·阿多尔诺:《启蒙辩证法》,重庆出版社 1990 年版,第 117 页。
② 波德里亚:《消费社会》,南京大学出版社 2001 年版,第 109 页。
③ 波德里亚:《消费社会》,南京大学出版社 2001 年版,第 110 页。黑体字原有。

克拉斯·卢曼在《艺术的媒体》中指出："文学的存在基础必须是传播媒体,文学文本的存在必须依靠物质和技术手段,其传播与接受也只能通过技术手段的中介来实现,因此,文学的历史从一开始便可视为一部媒介史。"①强制性的反复输送是媒体时代的一种法则,也是媒体制造时尚的屡试不爽的法宝,这种方式的出现和运用导致了人们的知觉与行为方式的调整,媒体和读者对于作家的"上镜率"的关注要远胜于对其作品质量的琢磨。作家要赢得媒体的青睐,就必须服膺其法则,就必须将作品密集地发表,对有限的创作资源的掠夺性开发使抄袭、缺乏创造性的超文性(戏拟性)写作、自我重复成为难以绕过的暗礁。尽管一些作家也意识到自己"缺乏打磨",但唯恐被淹没的压力逼使他长驱不止,对于荣耀的迷恋也使他们无法自拔。直到媒体另有新欢时,这些失宠的旧爱才不得不黯然落幕。在某种意义上,以时尚模式对待精神生活是备份式写作最主要的生长酵素。耐人寻味的是,这种逻辑的推波助澜使一些如日中天的作家也铤而走险,干起了抄袭的勾当。也就是说,产量越高,就越容易陷入备份式写作的陷阱。

关于抄袭,蒂费纳·萨莫瓦约是这样定义的:"抄袭是逐字逐句地重复,但不被标明,而且也没有指出互异性。这种完全地据为己有也说明了由此发生一些法律问题的原因,因为它或多或少在法律意义上就文学产权的问题发生疑义。"②关于与抄袭有关的争讼,在 20 世纪 90 年代以来日渐增多。叶蔚林《没有航标的河流》就被指控剽窃了契诃夫的《草原》。1997 年,又有媒体批评其中篇小说《秋夜难忘》抄袭了山东作家尹世林的《遍地萤火》。叶蔚林随即公开承认自己的《秋夜难忘》不自觉套用了《遍地萤火》,同时向尹世林道歉。叶蔚林的坦诚实在是稀罕,值得尊重。池莉 1995 年发表的《心比身先老》获得鲁迅文学奖,刘川鄂在《两个女名人和同一个构思》一文中认为这篇小说与《武汉晚报》记者范春歌的《白玛·多尔吉》的作品结构和情节极为相似,都以"我"为原型,好几处有惊人的相似。2000 年年初,重庆作家张育仁指控余杰的《余秋雨,你为何不忏悔》抄袭了他发表在 1999 年 10 月《四川文学》上的《灵魂拷问链条的一个重要缺环》;而余杰的《我看〈水浒〉》又被指控涉嫌剽窃了朱大

---

① Niklas Luhmann:《艺术的媒体》,法兰克福 1986 年,第 113 页。转引自章国锋《文艺媒体学:高科技时代的文艺存在形态》,《外国文学动态》1997 年第 1 期。
② 蒂费纳·萨莫瓦约:《互文性研究》,天津人民出版社 2003 年版,第 39 页。

可的《流氓的精神分析》一文,主要抄袭的内容是论述武松部分。2001年年初,有中国第一记者之称的张建伟(范长江新闻奖、鲁迅文学奖获得者)的《蝉蜕的翅膀》被刘元举指责抄袭了他的《西部生命》,两部作品雷同或相似的地方多达近60处,更具有反讽色彩的是,这两部作品同时获得"中华铁人文学奖",同时在人民大会堂接受颁奖。2004年6月,上海文艺出版社出版了虹影的小说新作《绿袖子》,7月26日在上海举行了新作研讨会,会上有学者认为虹影的《绿袖子》创新乏力,并批评它有"抄袭"法国著名女作家杜拉斯《广岛之恋》的嫌疑。2004年11月7日,云南作家段平在网上发表长文《忍无可忍——中国作协副主席剽窃中国作协会员作品案》,指责叶辛新作《商贾将军》抄袭其描写云南著名实业家浦在廷的长篇纪实文学作品《急公好义》,并在文章中将两本书的细节进行了比照。2004年12月3日,北京市一中院对郭敬明《梦里花落知多少》涉嫌剽窃庄羽《圈里圈外》案做出一审判决,认为郭敬明侵犯了庄羽的著作权,赔偿庄羽20万元。2004年12月24日,河南作协主席张宇小说《蚂蚁》涉嫌剽窃了业余作者夏泊作品一案,在郑州市中级人民法院公开审理。夏泊起诉张宇抄袭了自己用多年心血创作的自传体小说《离散的音符》,两书随处都是相同的情节、段落、词句,有的整页一字不差。

至于互文性,吉拉尔·热奈特在《隐迹稿本》一书中是这样定义的:"一篇文本在另一篇文本中切实地出现","手法为引用、抄袭、暗示"①。与此相关,他还对"超文性"进行了定义:"通过简单转换或间接转换把一篇文本从已有的文本中派生出来。"②20世纪90年代以来,"新历史小说"对于正史的质疑,以及布鲁姆所言的"影响的焦虑"对于作家的刺激,使作家在"尽言矣"的悲哀中爆发出解构与戏仿的激情。90年代以来的超文性写作,有其深刻的国际背景。1995年,美国作家唐纳德·巴塞尔姆发表了小说《白雪公主》,以"后现代"的形式解构同名的格林童话。弥漫于原作中的奇幻想象与美妙童真,被巴塞尔姆的剪贴、拼凑和猥亵手法冲击得支离破碎。2001年,美国黑人女作家爱丽斯·兰道尔的小说《风已飘去》(*The Wind Done Gone*),被指控"剽窃"玛格丽特·米切尔的《飘》(*Gone with the Wind*),被美国亚特兰大联邦地区法院禁止出版发行。后来在文坛、媒体和各方人士的普遍关注下,认

---

① 蒂费纳·萨莫瓦约:《互文性研究》,天津人民出版社2003年版,第19页。
② 蒂费纳·萨莫瓦约:《互文性研究》,天津人民出版社2003年版,第21页。

为作品是"戏仿"而不是"盗版",是以黑人的立场质疑《飘》的种族主义倾向,认为如果对使用前人的作品有过多的限制,那么人类的创造性将受到扼杀。法庭经过几个星期的艰苦审理,终于作出改判,取消了禁止出版该书的判决。①

在世纪之交的中国文学中,超文性写作日益盛行。李冯的《16世纪的卖油郎》的前、后半部分别以冯梦龙的《卖油郎独占花魁》和《杜十娘怒沉百宝箱》为仿本,作品中花魁对卖油郎的情感和金钱的双管齐下的索求,绵里藏针地刺破了飞扬于时空之上的情感至上的神话。《我作为英雄武松生活的片断》是对《水浒传》的经典性文本的戏拟,武松、宋江、武大和潘金莲的性格气质与行事方式都与被仿文本格格不入。《另一种声音》则使孙行者失去创建伟业的完整的神话时空,古代与现代、现实与虚构的迅速切换使他沦落成符号碎片。《牛郎》的戏仿对象是牛郎织女坚贞不渝地相爱的民间故事,在小说文本中,织女嫌贫爱富,牛郎漂泊无依,牛郎织女主动离婚,这种悖逆传递了对情爱婚姻的像附骨之疽一样的后现代式怀疑。崔子恩的《玫瑰床榻》与《丑角登场》,叶开的长篇《口干舌燥》也都运用了"戏仿"手法,网络上流传的《悟空传》和电影《大话西游》也都是这种理路的结晶。《江南》2003年第1期推出薛荣创作的以革命现代京剧《沙家浜》为解构对象的同名小说,原作中的抗日英雄在小说中成了"风流婆"和"窝囊废",发表后引起连锁反应。《江南》杂志社在压力之下公开赔礼道歉,表示对不起江苏常熟市沙家浜镇的人民,对不起新四军战士,在《江南》杂志公开刊出"认错书",以取得读者的谅解。与此相似的是,2004年播出的电视连续剧《林海雪原》也引起争议,其中的杨子荣有私生子,在观众中引发争议,甚至激起了民愤。2004年5月25日,国家广电总局为此专门发出《关于"红色经典"改编电视剧审查管理的通知》,规定以"红色经典"改编的电视剧,经省级审查机构初审后均报送国家广电总局电视剧审查委员会终审,颁发"电视剧发行许可证"。蒂费纳·萨莫瓦约认为:"'尽言矣'和'吾以己言言之'之间并不矛盾,文学的定义既是必然的重复,同时又是自我消化;作者可以通过一种新排列或是未曾有过的表达成为其话题的'所有者',他避开低廉的抄袭者的外衣,穿着价昂的作者新装。"②但是,不客气地说,20世纪90年代以来的这种超文性(戏拟性)写作,只有王小波的《青铜时代》在对

---

① 参见陶洁《围绕〈风已飘去〉的一场官司》,《中华读书报》2003年4月23日。
② 蒂费纳·萨莫瓦约:《互文性研究》,天津人民出版社2003年版,第60页。

唐传奇的解构中融会了自己对于历史、权力、人性的创造性解释，其余作品多流于插科打诨的形式游戏，作者们试图摆脱陈词滥调，但最终还是在逆反的涂抹与篡改中做着无用功，使自己成为那些前文本的仆从与影子。

有一种"逐字逐句地重复"的情形，却不会产生法律纠纷，那就是自我重复。自我重复是指相同的文学元素在同一作家不同作品中的机械重复。自我重复又分为细节重复、情节重复和结构重复。在20世纪90年代以来的文学创作中，细节重复是最为普遍的现象，一些在作家生命体验中烙有深刻印痕的细节闪回不止。张旻对"枪"和"弹弓"特别地牵念，《枪》《叛徒》《永远的怀念》和《两个汽枪手》在细节上的重复因创作主体不愿释怀的反复渲染，使这几部作品的整体风格模糊难辨，大同小异。林白作品的鲜明的自传性使长篇《一个人的战争》和《瓶中之水》《青苔或火车的叙事》等中篇的不少细节都出现重复甚至雷同。

情节重复和结构重复在当今文坛变得日益显豁，只要系统地阅读一个作家的作品，你就不难发现不少作品都是原有作品的改头换面，一些段落只不过人物姓名改动了一下，甚至原封不动地照搬。何顿的作品在人物关系、故事情节、叙述语调和结构关系上都同出一源，《自我　无我》中的李苗、《无所谓》中的李建国、《不谈艺术》中的肖正和《生活无罪》中的湘潭人都是怀才不遇的落魄者；《告别自己》中的雷铁、《喜马拉雅山》中的"我"、《生活无罪》中的"我"和一系列作品中的人物都是辞去中学教职后转入商海的突围者。丁天的《流》以《饲养在城市的我们》中的一个人物刘军为主角，细节与情节的重复无可避免。赵波的《萍水相逢》和《异地之恋》叙述的都是一对邂逅的陌生男女之间发生的勾引与抗拒的故事。周洁茹的小说几乎都围绕着两个年轻女性的微妙关系展开叙述，而《我们干点什么吧》《点灯说话》《飞》《抒情时代》等絮絮不休地诉说着相同的人和事：梅茜辞去呼台经理后南下海南然后又转回老家，小鱼想在反抗中追求但最终还是逆来顺受。卫慧的《黑夜温柔》和《艾夏》中的三位母亲都有情人，"为了男人母亲可以抛弃孩子"，"母亲们或远走他乡，或选择死亡"。棉棉的《啦啦啦》《黑烟袅袅》和《每个好孩子都有糖吃》讲述的都是"我"和"赛宁"疯狂放纵的故事，而且《每个好孩子都有糖吃》和《一个矫揉造作的晚上》的最后一节一字不差。近年，将中篇扩充成长篇是文坛的一种新景观。中国作家在初出茅庐时多能全力以赴，将浓缩的干货用精练的短制表达出来；在成名之后则以消费名声为要务,意犹未尽地炒卖那些旧货。不客气地说,新生代作家推出的长篇多数都是代表性中、短篇的"资产重组",对个中不曾尽兴的余绪格外萦怀。

备份式写作可以视为作家对于被冷落和被遗忘命运的抗争,适得其反的是,它所唤起的受众的餍足心理和逆反心理最终加速了其被淘汰的过程。但这种近乎自杀的游戏却以其功利性和狂欢性引诱着作家趋之若鹜。在一个拜金主义盛行的时代,"为稻粱谋"的写作动机是备份式写作的最直接的内驱力。何顿在一篇创作谈《写作状态》中说:"如果写小说养活自己不了,我只怕又得去干别的了。我还是做好了转向的准备,我觉得自己对生活的适应能力还是很强。"[1]当文学被视为"挣得爱情""挣钱与成名"的工具时,想象的腾跃与诗性的飞扬自然可以被嗤之以鼻了。伏尔泰说:"那些整天计算或者俗务缠身的人,其想象一般总是贫乏的。"对他们而言,只要能赚个脑满肠肥,备份式写作实在是小菜一碟。没有体制保障的自由写作者所承受的巨大压力,使他们更容易滑向备份式写作。随着自由写作者的增多,我总有一种悲观的预感,即备份式写作恐怕会与日俱增。还有一部分早已成名却江郎才尽的作家,尽管心如枯井,但又不甘于寂寞,于是,只好像滚雪球一样将字数滚大,支取名誉的利息。

三、文学健忘症

面对市场经济的冲击,大众文化在20世纪90年代以后畸形地膨胀起来,文学的审美性逐渐成为消费性的附庸。"大众"成为主宰文学命运的至高权威,作家的独立意识日渐淡化。另一方面,作家为了使自己成为市场的新宠,开始热衷于炒作,通过刻意渲染的性描写、暴力展示和文化猎奇来制造市场热点。从贾平凹的《废都》到卫慧的《上海宝贝》,它们清晰地展现了消费策略在90年代文学中的历史演进。消费文化的商业操作模式是"注意力经济",因此,追求商业性成功的作品往往通过"个性化"手段来出奇制胜。更为关键的是,大众趣味总是在好奇和逆反之间震荡,对于所谓的"个性"极易产生餍足心理,这就意味着"个性化"成了一种毫无定性的变色

---

[1] 何顿:《写作状态》,《上海文学》1996年第2期。

龙。张欣在一篇创作谈中说:"普罗大众的背叛性风云突变,他们吃够了肯德基就一定会转向麦当劳。而急就成篇的故事他们很快就会厌倦。流行音乐脍炙人口但是缺乏经典性,许多歌曲从万人传唱到速朽要不了太多时间,纪实文学的泛滥,小品在重要的晚会上挑大梁都可以证明现代人已没有耐心品味艺术。但如果我们的理想也只停留在知名度和见报率上,在浮华的繁荣中,那么今后的几代或十几代人欣赏的经典作品仍旧是肖邦、莫扎特、托尔斯泰、雨果、莎士比亚,而我们也只好承认终其一生的努力无非充当着文化便当的作用。"①作为消费文化的文学创作是注定要被迅速遗忘的,而这种"遗忘"赋予大众文化以一种特殊的活力,因为一次性消费品迅速地更新换代,它们被淘汰的命运为"新产品"提供了广阔的市场空间。在"用过即扔"的消费观念的笼罩下,"个性"也变成了"一次性"的精神面具。在这样的文化情景下,"个性化"也就变成了"商业化"的代名词。王朔颇有心得地说:"这就是大众文化的游戏规则和职业道德!一旦决定了参加进来,你就要放弃自己的个性、艺术理想,甚至创作风格。大众文化最大的敌人就是作者自己的个性,除非这种个性恰巧正为大众所需要⋯⋯我想大众文化的底线就在这里——不冒犯他人。在这之上,你尽可以展示学问,表演机趣,议论我们生活中的小是小非,有时也不妨作愤怒状,就是我们常说的'玩个性',中国人一提正义总是很动感情,愤怒有时恰恰是最安全的。"②

"为了消费"的文学也正是"为了遗忘"的文学。"遗忘"的内涵不仅指称作品的命运,而且指称作者本人的命运。尽管作者通过"玩个性"的方式成为知名人士,但是在走马灯似的"个性"转换中,作者放弃了自我,成为一种工具和符号。而且,面对残酷的市场法则,作者承受着"被遗忘的焦虑",为了不被弃若敝屣,他们不断地亮相,深陷其中而不能自拔。布尔迪厄这样评价:"他们推销的不仅是产品,而且是生产者,也就是他们自己。为了推销自己,他们采用了推销产品的技巧(常常有意无意地剽窃,并在文化工业中实行'转包商'的办法,即使用昔日称作的'代笔人')。他们这样做并不困难,因为像这样做的'知识分子'越来越多。"③虹影在与丁天进行网上对话时这样表达对谣传的看法:"管它是什么东西⋯⋯但我听来还是很高兴的,有人

---

① 张欣:《慢慢地寻找,慢慢地体验》,《中篇小说选刊》1995年第4期。
② 王朔:《无知者无畏》,春风文艺出版社2000年版,第9—10页。
③ 皮埃尔·布尔迪厄、汉斯·哈克:《自由交流》,三联书店1996年版,第30页。

说我就好,被人遗忘是很可怕的。"①当"被遗忘的焦虑"控制了作者时,他就放弃了沉默的权利,他必须想方设法地、毫无选择地"公开表达",最终沦落为"表达"的奴隶。有屈从的沉默,有共谋的沉默,但鲜有拒绝的沉默。在众声喧哗的时代里,无法沉默的主体所扮演的只能是屈从与共谋的角色,他们也不能不被话语的洪流所湮灭。正是基于对"遗忘"的本能抗拒,王朔匪夷所思地指出:"除非全国媒体封杀此人,否则骂他的文章也要被他统计到见报率中去,这是善良的人们无从想象的。"②又说:"如今当'托儿'就要当'反托儿','正托儿'的名声都给搞坏了。"③"说"与"被说"成了作家的存在方式,但以这样的方式抗拒遗忘只能是徒劳的,因为它们与心灵、记忆、自由、怀疑……背道而驰。

消费性文学的"遗忘"功能还表现在它对现实的表现形式上。真正以"个人"名义发言的文学与现实之间存在一种既共存又对立的紧张关系,它以内在的怀疑精神对现实进行批判性审视,它不仅意识到主体自身与现实的悲剧性对抗,而且还痛切地认识到主体与现实的悲剧性关联,在此基础上进行清醒的自我批判。"个人"的文学敢于撕破种种假象,让读者感到不安,触及被自卫本能压抑到潜意识层面的集体无意识,它唤醒那些被遗忘的痛苦记忆,鞭笞所有灵魂(包括作者自己)中的冷漠与麻木,让苏醒的主体重新意识到被自己推卸的责任,并且突破那些被迫接受的、习焉不察的,甚至被视为常识的意识屏障。消费性文学往往对现实采取粉饰的策略,它对感官刺激和心理刺激的追求,使读者在假想性的欲望满足中变得麻木,在精神宣泄中乐而忘返。消费性文学通过迎合大众趣味的方式产生近似于催眠的接受效应,也就是说,它诱导读者进入一种遗忘情境,遗忘了现实处境,甚至遗忘了自我。"新写实"的审美姿态差不多成了跨世纪文学的精神底色,只有少数作家能摆脱那种"冷也好热也好活着就好"的苟且,人生的厌倦、生存的黯淡、价值的空落不但不能激发抗争的意志,反而成了沉沦与玩世的理由。叶兆言的心态在当今作家中具有普遍性:"当我开始打算成为一名小说家的时候,有一个叫高晓声的小说家谆谆教导我说,……小说家不能无病呻吟,小说家必须有感而发。……写一篇轰动小说的雄心,

---

① 虹影、丁天:《60 年代与 70 年代的网上对话》,《齐鲁晚报》2001 年 7 月 4 日。
② 王朔:《无知者无畏》,春风文艺出版社 2000 年版,第 58 页。
③ 王朔:《无知者无畏》,春风文艺出版社 2000 年版,第 90 页。

早萎缩成一片模糊的影子,遥远得像是另一个世纪的事。"①在这样的文化情境下,无病呻吟的创作不能不大行其道,写小说从精神创造沦落成谋生手艺。当作家在名利的驱赶下从事创作时,主体性只能渐渐沉入黑夜,销声匿迹。

消费性文学的盛行导致了批判性的普遍失落,进而加剧了启蒙意识的分化与衰微。中国"后现代主义者"的代表人物多为世俗化进程欢呼,甚至把世俗化、市场化等同于"后现代化"。王岳川认为:"后现代主义所禀有的颠覆既有意识话语的潜能,使它可以揭示那些潜抑在现代秩序深层的盲视和现代人难以言喻的精神空白和裂隙,书写那些被排斥在中心话语和既有的历史阐释之下的历史无意识,进而使那些堂而皇之的虚假设定、那些对终极本源的承诺在消解中现出本相。质言之,它通过对语言解拆和对逻辑、理性和秩序的亵渎,使现代文明的权力话语归于失效。……同 80 年代相比,后现代写作观成功扭转了写作中长期硬化成结的群体话语,使群体话语转向个人话语,使代神代政代集团立言转向代自我立言,从而阻死了那种借群体和历史的名义,去强加于他人思想之上,并进而为独断思想留下空间的做法。"②应该说,王岳川言说"后现代"的视角是辩证的、批判性的,是为数不多的"研究者",不以"后现代"的化身或代言人自居。张颐武认为:"商业的成功似乎是文学文本成功的唯一标准。"③将个人从群体话语的重压下释放出来,正是自"五四"以来的启蒙主义知识分子的文化目标,而其社会目标则是把中国从封建阴影的怀抱中推向现代化进程。富有悲剧性的是,置身于现代化进程之中的启蒙主体开始变得游移不定,他们痛切于商业化带来的拜金主义、道德腐败和社会无序,他们的处境颇有自食其果的意味,但他们在慌乱中无法全面反思自己建构现代性的努力,又不能因噎废食,于是就只能作出呼唤"人文精神"的道德姿态。启蒙主体在某种意义上走向了其初衷的反面,从现代化的全面鼓吹者转向有所保留的旁观,从旧道德的激烈反叛者转向守护姿态,从主张人性的全面解放转向反思欲望的陷阱。"中国的'后现代主义者'正是利用了这种含混,把西方的后现代主义直接作为批判中国'新启蒙主义'的武器,尽管中国的'后现代主义'比中国的'启蒙主义'更加含混。……中国后现代主义

---

① 叶兆言:《关于厕所》,《作家》1992 年第 2 期。
② 王岳川:《后现代主义在当代中国》,《山花》1996 年第 5 期。
③ 张颐武:《论"后乌托邦话语"——90 年代中国文学的一种趋向》,《文艺争鸣》1993 年第 2 期。

的另一特点是以大众文化的名义将欲望的生产和再生产虚构为人民的需要,将市场化过程中受资本制约的社会形态解释为中性的、不受意识形态支配的'新状态'。……在90年代的历史情境中,中国的消费主义文化的兴起并不仅仅是一个经济事件,而且是一个政治性的事件,因为这种消费主义的文化对公众日常生活的渗透实际上完成了一个统治意识形态的再造过程;在这个过程中,大众文化与官方意识形态相互渗透并占据了中国当代意识形态的主导地位,而被排斥和喜剧化的则是知识分子的批判性的意识形态。"①因此,消费意识形态具有一种覆盖、遮蔽与遗忘功能,而中国后现代主义者所宣扬的批判性(即所谓的解神圣化和个人化)本质上是借批判之名行保守之实,因为他们只批判思想本身同时肯定其经济与社会基础,这也正是他们从"现代性"走向颇有传统主义与民族主义内涵的"中华性"②的根源所在。

消费文化的遗忘功能的发散,使20世纪90年代以来文学的悲剧精神丧失殆尽。价值与文化的转型使知识分子陷入种种错位、反差与冲突,但这种悲剧性角色却无法承担拷问灵魂的悲剧精神。他们在同流合污与洁身自好之间的挣扎,在自命不凡与委曲求全之间的摇摆,赋予他们的人生以一种黑色幽默式的喜剧色彩。美被毁灭带来的痛苦,对现实存在的某种合理性的理解,对凡俗人生苦衷的默认,常常驱使作家产生对现实缺憾进行补救的愿望,往作品里面添加进一些廉价的希望。这样,本来就显得稀薄的悲剧意识又被人为地冲淡,调和主义的审美观念在90年代以来的文学尤其是新写实和新现实主义小说中占据了主导地位。作品在悲喜之间的震荡与闪回,常常造成哭笑不得的尴尬。刘恒的《贫嘴张大民的幸福生活》流露出的苦中作乐的精神,这种传统美德在某种程度上具有一种自我麻醉的意味。王朔一语中的:"最不要思想的就是大众文化了!他们只会高唱一个腔调:真善美。……商人,心中是最装着人民的,在这里'一切为了人民'和'一切为了金钱'这两个口号是不打架的,为最广大人民群众所接受的同时也是利润最丰厚的。……乐观的不一定全算娱乐,但悲观的肯定不是娱乐,也就是说艺术是往人心里搁事儿的,娱乐是从人心里往外掏事儿的。反过来说,艺术不一定全是悲观的,但娱乐一定要都是乐观

---

① 汪晖:《当代中国的思想状况与现代性问题》,《死火重温》,人民文学出版社2000年版,第67—70页。

② 参见张法、张颐武、王一川《从"现代性"到"中华性"》,《文艺争鸣》1994年第2期。

的。"①悲剧精神也正是在调侃、戏说、乐观的"娱乐"中灰飞烟灭。

说到消费性文学,就不能不提到大众传媒。大众传媒是大众文化的生产机构与传播机构。20世纪90年代以来,文学与媒体的合谋愈演愈烈,文学成为文学期刊与出版商"策划"出来的文化商品,成为影视传媒的"妃子",成为小报批评诠释市民趣味的文化脚本。传媒狂轰滥炸的反复传输成为一种权力话语,使人们的思想、情感、审美旨趣在不知不觉中受其控制。王岳川对媒体权力的论述相当精彩:"现代传媒塑造虚假的金钱神话和消费目的,在于使生活在现实各种压力中的大众,获得一种迷醉和谐的假象,通过复制一个个温馨的金钱神话和现代化神话,使人们忍受当下的精神心理压抑或下岗的苦闷,并把这种受经济权力和话语支配控制的生活当作自由愉悦的生活,把意识的灌输和强制当作自我自觉的意识,把只重金钱的消费社会所强加于个体的控制误认为是个人的自由必然体现。"②传媒的另一重功能是其信息增殖、阉割与过滤机制。知识分子的话语表达必须通过传媒才能进入公共领域,而传媒法则又不允许知识分子保持自足的独立性,这就迫使知识分子陷入两难境地,在屈从与退隐中摇摆。当知识分子一旦接受媒体法则,其个体性就日益成为一种噱头与点缀。当独立的思想成为一种与日常见闻不同的、能引起受众好奇心的、富有刺激性的不寻常的生活调料时,当文学所牵涉的隐私、调侃、猎奇因素被无限放大而审美性却被打入冷宫时,当作家的艺术成就变得无关紧要而其名声却被滥用时,传媒就成了"美杜莎的笑声",它既能化神奇为腐朽,也能点铁成金。"大众传播媒介的美学意识到必须讨人高兴,和赢得最大多数人的注意,它不可避免地变成媚俗的美学。……直到最近的时代,现代主义还意味着反对随大流,和对既成思想与媚俗的反叛。然而今天,现代性与大众传播媒介的巨大活力混在一起,作现代派意味着疯狂地努力地出现,随波逐流。比最为随波逐流者更随波逐流。现代性穿上了媚俗的长袍。"③如果知识分子参与到公众传播中,他很可能以独立性、主体性的代价换取世俗的名利,而退入象牙塔独善其身则意味着精神活动的自生自灭。因此,布尔迪厄深有感触地说:"知识界本身的独立性、自主性不断受到形形色色的外力的威胁,其

---

① 王朔:《无知者无畏》,春风文艺出版社2000年版,第13—42页。
② 王岳川:《中国镜像——90年代文化研究》,中央编译出版社2001年版,第347页。
③ 米兰·昆德拉:《小说的艺术》,三联书店1992年版,第159页。

中最可怕的外力,在今天,要算是新闻业了,而新闻业也受制于其他权力:或多或少阴险狡诈的政治权力,通过广告及广告客户而对报纸的财政状况施加压力的经济权力。"①

　　传媒的遗忘功能通过信息的反复刷新、信息的垃圾化方式来实现,"日新月异"的价值选择表明其记忆功能的衰弱。"被新闻控制,便是被遗忘控制。这就制造一个'遗忘的系统',在这系统中,文化的连续性转变为一系列瞬息即逝、各自分离的事件,有如持枪抢劫或橄榄球比赛。"②王小波的小说《寻找无双》可以称得上是关于"遗忘"的寓言。王仙客一方面固执地寻找被时间掩埋的真相,一方面是谎言的始作俑者和传播者。他反复宣称自己的童男子身份时,是以成功地遗忘自己对侍女彩萍近乎强暴的经历为前提的。他殚精竭虑地寻找无双,处在弥漫着谎言与遗忘的宣阳坊的包围中,他还坠入了自己的谎言与遗忘:他时不时把鱼玄机当成了无双,还恬不知耻地与鱼玄机梦交,甚至分不清自己是醒着还是做梦;他本来是要找到未婚妻无双来结婚的,但他找到的是无双的丫鬟彩萍并同已经沦落为妓女的彩萍结婚,为此他要宣阳坊里的君子们承认彩萍是无双,不承认就千方百计地让他们承认,这种自欺欺人是自己对自己施行的强制遗忘;忠实于记忆的良心的复苏,最终迫使王仙客再度登程,继续去寻找无双,因为彩萍终究不是无双。小说戏仿的唐传奇的原来结局是根深蒂固的"大团圆":"艰难走窜后,得归故乡,为夫妇五十年。"而清醒的王小波却在小说的最后说:"何况尘世嚣嚣,我们不管干什么,都是困难重重。所以我估计王仙客找不到无双。"王仙客的处境与试图保留文化记忆的知识分子的遭遇极为相似,对于那些走失了的文化记忆,寻找回来的往往与初衷相背离。因为这些记忆早已经被改写。如果这种遗忘意志弥漫成一种社会综合症,社会就会失去记忆,不能或拒绝思考过去会对自己造成损害,丧失思考的能力。要超越历史首先就必须记住过去,而不是对当下的撒谎和遗忘。"社会健忘症是商品社会的精神性商品"③,雅各比的这句话有力地揭示了商品社会对人们的记忆系统的抑制与损害。而米兰·昆

---

① 皮埃尔·布尔迪厄、汉斯·哈克:《自由交流》,三联书店1996年版,第28页。
② 安·德·戈德马尔:《小说是让人发现事物的模糊性——昆德拉访谈录(1984年2月)》,乔·艾略特等著《小说的艺术》,社会科学文献出版社1999年版,第83页。
③ 雅各比:《社会健忘症》,转引自·阿格尔《西方马克思主义概论》,中国人民大学出版社1991年版,第277页。

德拉的思考却更加发人深省:"忘的意志非常不同于一种想要欺骗人的简单欲望……忘:绝对的非正义同时又是绝对的安慰。"①这正如马尔克斯《百年孤独》中的奥雷连诺所面临的现实,他用给东西贴标签的办法来抵御健忘症的困扰,试图借字儿把现实暂时抓住,但一旦忘了字儿的意义,这一瞬也会被付诸脑后。当前的文学健忘症与奥雷连诺的处境异曲同工。

在我个人看来,遗忘是大众文化的内在逻辑,其统摄性作用表现在作品、作者、读者和传播中介等环节。消费性文学同样无法摆脱这一逻辑的制约。米兰·昆德拉始终关注"存在的被遗忘"问题。其小说《笑忘录》中的一个人物米莱克说了一句话:"人反对权力的斗争就是记忆反对遗忘的斗争。"他在《小说的艺术》一书中还讨论了"小说的死亡"问题,认为"小说的死亡并不是一个狂想。它已有发生。我们现在知道小说是怎么死的:它并不消失,它掉到了它的历史之外。……如果小说真的要消失,那不是因为它已用尽自己的力量,而是因为它处在一个不再是它自己的世界中。"②面对着活生生的内容被缩减为枯燥的骨架的世界,他又说:"如果小说的存在理由是把生活的世界置于一个永久的光芒下,并保护我们以对抗'存在的被遗忘',那么小说的存在今天难道不比过去任何时候都必要吗?"③这样的发问同样适合于 21 世纪的中国文学,只有直面"存在的被遗忘",真正的个人才能得到拯救,真正属于个人的文学才能回到自己的世界之中。

---

① 转引自艾晓明编译《小说的智慧——认识米兰·昆德拉》,时代文艺出版社 1992 年版,第101 页。
② 米兰·昆德拉:《小说的艺术》,三联书店 1992 年版,第 14—16 页。着重号原有。
③ 米兰·昆德拉:《小说的艺术》,三联书店 1992 年版,第 16—17 页。

图书在版编目(CIP)数据

文学传媒与文学传播研究 / 黄发有著. —南京：
南京大学出版社,2013.10
　南京大学文学院新生研讨课系列教材
　ISBN 978-7-305-11329-1

Ⅰ. ①文… Ⅱ. ①黄… Ⅲ. ①传播媒介－关系－中国文学－现代文学－文学研究－高等学校－教材　②传播媒介－关系－中国文学－当代文学－文学研究－高等学校－教材　Ⅳ. ①G206.2　②I206.6

中国版本图书馆 CIP 数据核字(2013)第 068717 号

出版发行	南京大学出版社
社　　址	南京市汉口路22号　邮编210093
网　　址	http://www.NjupCo.com
出版 人	左　健
丛 书 名	南京大学文学院新生研讨课系列教材
书　　名	文学传媒与文学传播研究
著　　者	黄发有
责任编辑	李廷斌　施　敏
责任校对	郭艳娟
照　　排	江苏南大印刷厂
印　　刷	南京大众新科技印刷有限公司
开　　本	787×960　1/16　印张 15.5　字数 243 千
版　　次	2013 年 10 月第 1 版　2013 年 10 月第 1 次印刷
ISBN	978-7-305-11329-1
定　　价	38.00元
发行热线	025-83594756　83686452
电子邮件	Press@NjupCo.com
	Sales@NjupCo.com(市场部)

＊版权所有,侵权必究
＊凡购买南大版图书,如有印装质量问题,请与所购
　图书销售部门联系调换